JN095887

新セルフスタディ IELTS(アイエルツ) スピーキング完全攻略

International English Language Testing System

JSAF-IELTS公認トレーナー
小谷延良 著

無料音声アプリ
PCでもダウンロードできる

the japan times 出版

はじめに

1989 年の実施から、2024 年で IELTS（International English Language Testing System）は 35 歳を迎えました。今では、世界 140 カ国以上、そして 1 万を超える高等教育機関において、入学条件の英語力を測るテストとして採用されています。世界での受験者数は 2009 年の約 140 万人から 2019 年には 350 万人を突破し、日本においても 2009 年の約 8,000 人から 2019 年にはおおよそ 5 万人に達したと言われています。新型コロナウイルスの影響でその数は一時落ち込みましたが、収束にともなって今後はさらなる受験者の増加が予想されます。特に近年では、海外の大学進学を目指す高校生の受験も大幅に増えおり、大きな盛り上がりを見せています。また、テストセンターの増加や受験地拡大、2019 年に始まったコンピュータ試験（CD IELTS）、そして 2022 年から実施されている自宅受験（IELTS Online）により、試験の機会や選択肢が大幅に増えました。しかしながら、他の資格試験と比べると対策本はまだ少ないため、スコアアップに苦しむ受験者が多いのも実情です。その一方で、近年では IELTS の情報を提供する語学学校やサービスが増えたことによる情報過多のため、どのソースを信頼してよいかわからない、という学習者の声もよく聞かれます。

試験を構成する 4 つのセクションの中でも、「受信型」の英語教育中心で育った多くの日本人を悩ませるのが、ライティングとスピーキングです。主な理由は、この 2 技能は、リーディングやリスニングに比べて、自学自習が難しいからです。このような状況を改善すべく、2021 年に『IELTS ライティング徹底攻略』（語研）を上梓しました。そして、今回それに続く指南書として完成したのが『新セルフスタディ IELTS スピーキング完全攻略』です。本書は私自身の 5 カ国 70 回以上にも及ぶ受験経験と、11 年間で 1,800 名を超える実践指導・研究のもとに書き上げた、魂の集大成です。今回は、内容の精度をさらに高めるべく、長年の指導経験があり、IELTS 試験官も務めたことがあるネイティブスピーカーにも協力を依頼し、多角的な視点を取り入れました。これに加えて、本書は単に情報の羅列ではなく、厳選した例文、アイデアトレーニング、実践問題などを通して、効率的に目標スコアを達成できるように設計されています。さらには、ボリュームの充実度はさることながら、IELTS のスコア UP だけでなく留学後にも必要な語彙やマインド、そして学習法の習得も可能にした最強の本であると自負しています。

個人的な話になりますが、IELTS の学習を始めた 14 年前は、情報や教材もほとんどなく、周りに頼れる人もおらず、激しい孤独と苦闘の日々を過ごしました。本番でうまくいかず意気消沈しながらの帰り道、そしてテスト結果を見て何度も味わった絶望感は今でも鮮明に覚えています。しかし、そのような凡人の私でも、気合いと熱意を持ち続け、指導者、研究者、受験者として試行錯誤を重ねてきました。また、これまでに受験料や教材、指導に 500 万円以上を費やしました。本書では、これらの経験や学びをもとに、学習効果が期待できない、または信ぴょう性の低い情報やノウハウは一切排除し、本当に効果のあるものだけを厳選し、惜しみなく掲載しました。それらを共有することで、みなさんのスコアアップと留学実現に寄与できれば、著者としてこれ以上の喜びはありません。

最後に、この 2 年に及ぶ本書のプロジェクトは、多くの方のご協力により完成したものです。まず、ネイティブ IELTS エキスパートとしてお力添えいただいた Camilla Mooney 氏、Shayna Magnuson 氏、Gareth Barnes 氏、John Snow 氏、Sally Glover 氏、Ariel Annon 氏、そして最終の英文校正でご尽力いたいだ Christie Suzuki 氏と Michael Nichols 氏には厚くお礼申し上げます。同時に、多くの日本人の先生方にもご尽力いただきました。特に、東京海洋大学の鈴木瑛子先生、京都産業大学の新本庄悟先生、大手予備校講師の中澤俊介先生には、校閲に加え、大変有益な助言を頂戴しました。また、ジャパンタイムズ出版の編集部のみなさまには、私のつたない原稿を何倍ものクオリティに仕上げていただきました。そして、数えきれないほどの気付きや学びをくださった、私の講座や授業を受講いただいた IELTS 学習者のみなさまに、心より感謝の意を申し上げます。

本書が、みなさんの留学実現と、新たな可能性開花の一助となることを願って。

I hope this book will open up new avenues for your career and academic pursuits.

小谷延良（James）

目次

4 つの採点基準

Part 1

Part 2

Part 3

模擬試験

[付録] 巻末スペシャルレクチャー

音声収録時間：約 60 分　ナレーション：Guy Perryman, Emma Howard, Neil DeMaere
英文校正：大塚智美
録音・編集：ELEC 録音スタジオ　カバーデザイン・本文レイアウト・組版：清水裕久（Pesco Paint）

本書の構成と使い方

本書では、スピーキング試験における約 10 年間の出題からピックアップした最重要項目を、レクチャー＋実践問題を通じて学んでいきます。試験官が重視する 4 つの採点基準にもとづき、Part ごとにスコア UP につながる語彙、フレーズ、例文を、テーマやトピックごとに幅広く掲載しています。また、問題の回答は、日本人著者をはじめ、ネイティブスピーカーの例を豊富に収録することで、学習者がアイデアを広げ、論理性を意識できるように構成されています。

さらにコラムや巻末付録では、回答の質・発信力を UP させるためのテクニックや表現、音読練習・直前対策に最適な 30 の例文も掲載しています。

■レクチャー

Part ごとに、試験の手順とタスクを確認します。

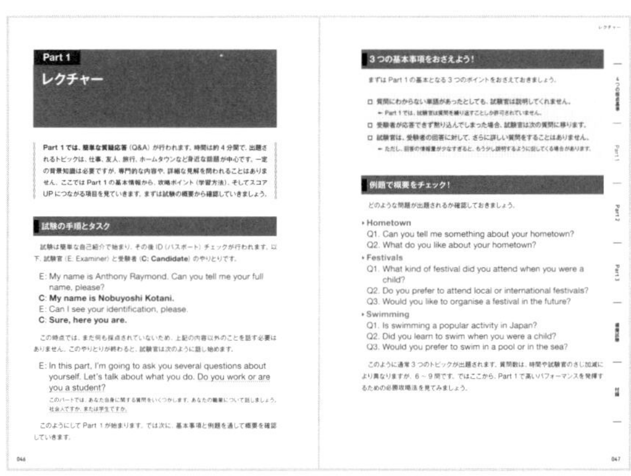

Part 1

レクチャー

Part 1 では、簡単な質疑応答（Q&A）が行われます。時間は約 4 分間で、出題されるトピックは、仕事、友人、旅行、ホームタウンなど身近な話題が中心です。一定の背景知識は必要ですが、専門的な内容や、詳細な見解を問われることはありません。ここでは Part 1 の基本情報から、攻略ポイント（学習方法）、そしてスコア UP につながる項目を見ていきます。まずは試験の概要から確認していきましょう。

試験の手順とタスク

試験は簡単な自己紹介で始まり、その後 ID（パスポート）チェックが行われます。以下、試験官（E: Examiner）と受験者（**C: Candidate**）のやりとりです。

E: My name is Anthony Raymond. Can you tell me your full name, please?
C: My name is Nobuyoshi Kotani.
E: Can I see your identification, please.
C: Sure, here you are.

この時点では、まだ何も採点されていないため、上記の内容以外のことを話す必要はありません。このやりとりが終わると、試験官は次のように話し始めます。

E: In this part, I'm going to ask you several questions about yourself. Let's talk about what you do. Do you work or are you a student?
このパートでは、あなた自身に関する質問をいくつかします。あなたの職業について話しましょう。社会人ですか、または学生ですか。

このようにして Part 1 が始まります。では次に、基本事項と例題を通して概要を確認していきます。

046

レクチャー

3 つの基本事項をおさえよう！

まずは Part 1 の基本となる 3 つのポイントをおさえておきましょう。

□ 質問にわからない単語があったとしても、試験官は説明してくれません。
→ Part 1 では、試験官は質問を繰り返すことしか許可されていません。
□ 受験者が応答できず黙り込んでしまった場合、試験官は次の質問に移ります。
□ 試験官は、受験者の回答に対して、さらに詳しい質問をすることはありません。
→ ただし、回答の情報量が少なすぎると、もう少し説明するように促してくる場合があります。

例題で概要をチェック！

どのような問題が出題されるか確認しておきましょう。

▸ Hometown
Q1. Can you tell me something about your hometown?
Q2. What do you like about your hometown?
▸ Festivals
Q1. What kind of festival did you attend when you were a child?
Q2. Do you prefer to attend local or international festivals?
Q3. Would you like to organise a festival in the future?
▸ Swimming
Q1. Is swimming a popular activity in Japan?
Q2. Did you learn to swim when you were a child?
Q3. Would you prefer to swim in a pool or in the sea?

このように通常 3 つのトピックが出題されます。質問数は、時間や試験官のさじ加減により異なりますが、6 ~ 9 問です。ではここから、Part 1 で高いパフォーマンスを発揮するための必勝攻略法を見てみましょう。

047

■必勝攻略法

各 Part の攻略ポイントや回答力と背景知識を UP させるレクチャーを掲載しています。

以下のマークの箇所には音声が付いています。

🔊 001

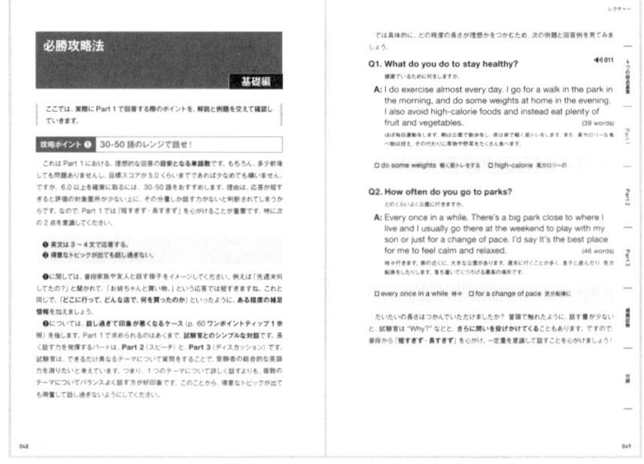

必勝攻略法

基礎編

ここでは、実際に Part 1 で回答する際のポイントを、解説と例題を交えて確認していきます。

攻略ポイント ❶ 30-50 語のレンジで話せ！

これは Part 1 における、理想的な回答の**目安となる単語数**です。もちろん、多少前後しても問題ありませんし、目標スコアが 5.0 くらいまでであれば少なめでも構いません。ですが、6.0 以上を確実に取るには、30-50 語をおすすめします。理由は、応答が短すぎると評価の対象箇所が少ない上に、その分量しか話す力がないと判断されてしまうからです。なので、Part 1 では「短すぎず・長すぎず」を心がけることが重要です。特に次の 2 点を意識してください。

❶ 英文は 3 ~ 4 文で応答する。
❷ 得意なトピックが出ても話し過ぎない。

❶に関しては、普段家族や友人と話す様子をイメージしてください。例えば「先週末何してたの？」と聞かれて、「お姉ちゃんと買い物。」という応答では短すぎますね。これと同じで、「**どこに行って、どんな店で、何を買ったのか**」といったように、**ある程度の補足情報**を加えましょう。

❷については、**話し過ぎて印象が悪くなるケース**（p. 60 **ワンポイントティップ 1** 参照）を指します。Part 1 で求められるのはあくまで、**試験官とのシンプルな対話**です。長く話す力を発揮するパートは、**Part 2**（スピーチ）と、**Part 3**（ディスカッション）です。試験官は、できるだけ異なるテーマについて質問をすることで、受験者の総合的な英語力を測りたいと考えています。つまり、1 つのテーマについて詳しく話すよりも、複数のテーマについてバランスよく話す方が好印象です。このことから、得意なトピックが出ても用心して話し過ぎないようにしてください。

048

レクチャー

では具体的に、どの程度の長さが理想かをつかむため、次の例題と回答例を見てみましょう。

Q1. What do you do to stay healthy? 🔊 011
健康でいるために何をしますか。

A: I do exercise almost every day. I go for a walk in the park in the morning, and do some weights at home in the evening. I also avoid high-calorie foods and instead eat plenty of fruit and vegetables. (39 words)
ほぼ毎日運動をします。朝は公園で散歩をし、夜は家で軽く筋トレをします。また、高カロリーな食べ物は控え、その代わりに果物や野菜をたくさん食べます。

□ do some weights 軽く筋トレをする　□ high-calorie 高カロリーの

Q2. How often do you go to parks?
どのくらいよく公園に行きますか。

A: Every once in a while. There's a big park close to where I live and I usually go there at the weekend to play with my son or just for a change of pace. I'd say it's the best place for me to feel calm and relaxed. (46 words)
時々行きます。家の近くに、大きな公園があります。週末に行くことが多く、息子と遊んだり、気分転換をしたりします。落ち着いてくつろげる最高の場所です。

□ every once in a while 時々　□ for a change of pace 気分転換に

だいたいの長さはつかんでいただけましたか？ 冒頭で触れたように、話す量が少ないと、試験官は "Why?" などと、**さらに問いを投げかけてくる**こともあります。ですので、普段から「**短すぎず・長すぎず**」を心がけ、一定量を意識して話すことを心がけましょう！

049

■ 実践問題

各 Part の仕上げに、問題にチャレンジしましょう。モデル回答の国旗は、それぞれ回答作成者の出身国を表しています。

 日本　 イギリス

 アメリカ　カナダ

 オーストラリア

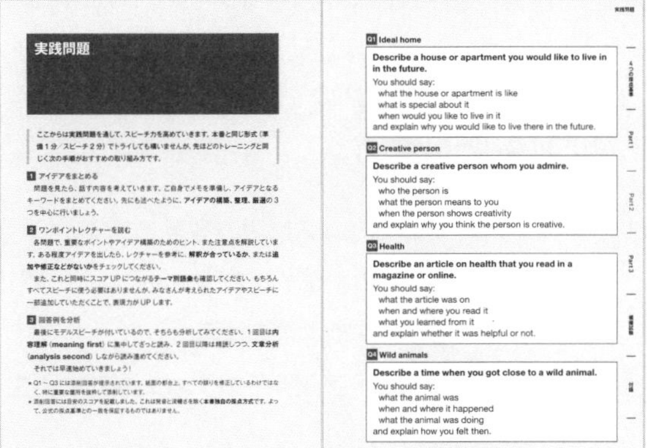

実践問題

ここからは実践問題を通して、スピーチ力を高めていきます。本番と同じ形式（準備 1 分／スピーチ 2 分）でトライしても構いませんが、先ほどのトレーニングと同じく次の手順がおすすめの取り組み方です。

1 アイデアをまとめる

問題を見たら、話す内容を考えていきます。ご自身でメモを準備し、アイデアとなるキーワードをまとめてください。先にも述べたように、**アイデアの構築、整理、厳選**の 3 つを中心に行いましょう。

2 ワンポイントレクチャーを読む

各問題で、重要なポイントやアイデア構築のためのヒント、また注意点を解説しています。ある程度アイデアを出したら、レクチャーを参考に、**解釈が合っているか、または追加や修正などがないか**をチェックしてください。

また、これと同時にスコア UP につながる**テーマ別語彙**も確認してください。もちろんすべてスピーチに使う必要はありませんが、みなさんが考えられたアイデアやスピーチに一部追加していただくことで、表現力が UP します。

3 回答例を分析

最後にモデルスピーチが付いているので、そちらも分析してみてください。1 回目は**内容理解（meaning first）**に集中してざっと読み、2 回目以降は精読しつつ、**文章分析（analysis second）**しながら読み進めてください。

それでは早速始めていきましょう！

★ Q1 ～ Q3 には添削回答が提示されています。紙面の都合上、すべての誤りを修正しているわけではなく、特に重要な箇所を抜粋して添削しています。

★ 添削回答には目安のスコアを記載しました。これは発音と流暢さを除く**本書独自の採点方式**です。よって、公式の採点基準との一致を保証するものではありません。

Q1 Ideal home

Describe a house or apartment you would like to live in in the future.

You should say:
what the house or apartment is like
what is special about it
when would you like to live in it
and explain why you would like to live there in the future.

Q2 Creative person

Describe a creative person whom you admire.

You should say:
who the person is
what the person means to you
when the person shows creativity
and explain why you think the person is creative.

Q3 Health

Describe an article on health that you read in a magazine or online.

You should say:
what the article was on
when and where you read it
what you learned from it
and explain whether it was helpful or not.

Q4 Wild animals

Describe a time when you got close to a wild animal.

You should say:
what the animal was
when and where it happened
what the animal was doing
and explain how you felt then.

■ コラム・巻末スペシャルレクチャー

よくある質問、おさえておきたい日本文化の表現の他、得点 UP につながるお役立ち情報も満載です。

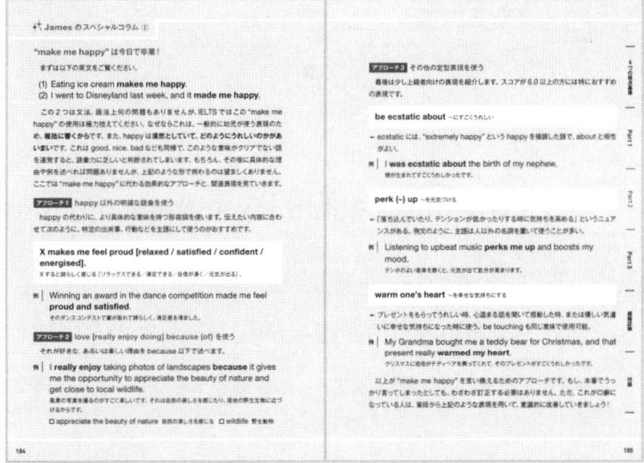

James のスペシャルコラム ①

"make me happy" は今日で卒業！

まずは以下の英文をご覧ください。

(1) Eating ice cream **makes me happy.**
(2) I went to Disneyland last week, and it **made me happy.**

この 2 つは文法、語法上何の問題もありませんが、IELTS ではこの "make me happy" の使用は極力控えてください。なぜならこれは、一般的に幼児が使う表現のため、**稚拙に響くからです**。また、happy は**漠然としていて、どのようにうれしいのかがあいまいです**。これは good、nice、bad なども同様で、このような意味がクリアでない語を連発すると、語彙力に乏しいと判断されてしまいます。もちろん、その後に具体的な理由や例を述べれば問題ありませんが、上記のような形で終わるのは望ましくありません。ここでは "make me happy" に代わる効果的なアプローチと、関連表現を見ていきます。

アプローチ 1 happy 以外の明確な語彙を使う

happy の代わりに、より具体的な意味を持つ形容詞を使います。伝えたい内容に合わせて次のように、特定の出来事、行動などを主語にして使うのがおすすめです。

X makes me feel proud [relaxed / satisfied / confident / energised].
X すると誇らしく感じる［リラックスできる／満足できる／自信が湧く／元気が出る］。

例 Winning an award in the dance competition made me feel **proud and satisfied.**
そのダンスコンテストで賞が取れて誇らしく、満足感を得ました。

アプローチ 2 love [really enjoy doing] because (of) を使う

それが好きな、あるいは楽しい理由を because 以下で述べます。

例 I **really enjoy** taking photos of landscapes **because** it gives me the opportunity to appreciate the beauty of nature and get close to local wildlife.
風景の写真を撮るのがすごく楽しいです。それは自然の美しさを感じたり、現地の野生生物に近づけるからです。

□ appreciate the beauty of nature 自然の美しさを感じる　□ wildlife 野生動物

アプローチ 3 その他の定型表現を使う

最後は少し上級者向けの表現を紹介します。スコアが 6.0 以上の方には特におすすめの表現です。

be ecstatic about ～にすごくうれしい

► ecstatic には、"extremely happy" という happy を強調した語で、about と相性がよい。

例 I **was ecstatic about** the birth of my nephew.
甥が生まれてすごくうれしかったです。

perk (~) up ～を元気づける

►「落ち込んでいたり、テンションが低かったりする時に気持ちを高める」というニュアンスがある。例文のように、主語は人以外の名詞を置いて使うことが多い。

例 Listening to upbeat music **perks me up** and boosts my mood.
テンポのよい音楽を聴くと、元気が出て気分が高まります。

warm one's heart ～を幸せな気持ちにする

► プレゼントをもらってうれしい時、心温まる話を聞いて感動した時、または優しい気遣いに幸せな気持ちになった時に使う。be touching も同じ意味で使用可能。

例 My Grandma bought me a teddy bear for Christmas, and that present really **warmed my heart**.
クリスマスに祖母がテディベアを買ってくれて、そのプレゼントがすごくうれしかったです。

以上が "make me happy" を言い換えるためのアプローチです。もし、本番でうっかり言ってしまったとしても、わざわざ訂正する必要はありません。ただ、これが口癖になっている人は、普段から上記のような表現を用いて、意識的に改善していきましょう！

・スペルはイギリス英語を基本にしています。
・本書の情報は 2024 年 3 月時点のものです。

音声のご利用案内

本書の音声は、スマートフォン（アプリ）やパソコンを通じてMP3形式でダウンロードし、ご利用いただくことができます。

スマートフォン

1. ジャパンタイムズ出版の音声アプリ「OTO Navi」をインストール
2. OTO Naviで本書を検索
3. OTO Naviで音声をダウンロードし、再生

3秒早送り・早戻し、繰り返し再生などの便利機能つき。学習にお役立てください。

パソコン

1. ブラウザからジャパンタイムズ出版のサイト「BOOK CLUB」にアクセス

https://bookclub.japantimes.co.jp/book/b624703.html

2. 「ダウンロード」ボタンをクリック
3. 音声をダウンロードし、iTunesなどに取り込んで再生

※ 音声はzipファイルを展開（解凍）してご利用ください。

IELTS とスピーキング試験について

IELTSは、英語圏に留学・移住を目指す人々の英語力を測定する4技能（ライティング、リーディング、リスニング、スピーキング）の試験です。ここでは受験のための基本情報を見ていきましょう。

1 テストセンターと形式

■ 運営団体とセンター

日本では、**IDP Education**（オーストラリア）と **British Council**（イギリス）の2つの機関によって運営されています。形式は、コンピュータIELTS（Computer-delivered IELTS）、ペーパー IELTS（Paper-based IELTS）、自宅受験（IELTS Online）の3種類があります。以下が 2024 年 3 月末時点でのテストセンターと実施状況です。

■ IDP Education（オーストラリア）運営

テストセンター	ペーパー	コンピュータ
ジェイサフ (JSAF)	○	○
IDP 公式テストセンター	○	○

■ British Council（イギリス）運営

テストセンター	ペーパー	コンピュータ
英語検定協会（英検）	○	○
ブリティッシュ・カウンシル	×	○
バークレーハウス	○	○

■テスト形式

次に IELTS の形式を見ておきましょう。目的によって申し込む形式が異なり、主に大学・大学院留学のための「アカデミック」と、ビジネス・移住のための「ジェネラル・トレーニング」があります。次の表で、必要な形式を確認しておいてください。

	形式	概要
1	IELTS	スタンダードな IELTS。アカデミックとジェネラル・トレーニングの 2 種類がある。一般的に、留学の場合はアカデミック、仕事や移住目的の場合はジェネラルで受験する。
2	IELTS for UKVI	特にイギリスの大学に出願の場合、この UKVI の形式での受験が指定されている場合がある。会場は東京と大阪のみの実施。
3	IELTS Life Skills	イギリスでのビザ取得や移住を目的とした形式のテスト。A1、A2、B1 の 3 種類がある。

★ スピーキングはどの形式で受験しても、テスト内容は同じです。

以下の 2 点を確認しておきましょう

1 自宅受験（IELTS Online）は、IDP Education のみの実施で、紙での試験結果が発行されません。出願先が自宅受験を認めているか、確認が必要です。

2 受験料、試験時間帯、受験会場は、試験形式や実施団体により異なります。その都度、各団体のホームページをご確認ください。

IDP 公式センター受験特典

ジェイサフ（JSAF）、または IDP IELTS テストセンターで受験を申し込むと、❶ 著者 **James 小谷の IELTS スペシャルレクチャー**（5 時間に及ぶ動画）、❷ ライティング添削サービス「ライティング・アシスト」（専門の採点官による添削）などが無料で受講できます。詳細は IDP のホームページをご確認ください。

https://ieltsjp.com/japan/prepare/booking-special/james-kotani

2 スピーキングセクションについて

本書は4技能のうち、「スピーキング」の対策書です。このセクションは、Part 1 ~ Part 3の3部で構成されていて、試験時間は合計約14分間です。最初にID（パスポート）チェックが行われ、それが終わると次の順番で試験が始まります。

Part	タスク	質問内容	トピック例	時間（目安）
1	質疑応答	身近な話題	友人、学校、旅行、スポーツ、読書	約4～5分
2	スピーチ	身近な話題	友人、学校、旅行、スポーツ、読書	約4分
3	ディスカッション	社会問題	教育、テクノロジー、健康、ビジネス	約4～5分

■ **試験形式**

面接官との対面で行われます。コンピューター試験の場合、オンライン（ビデオコール）で実施されることもあります。また、自宅受験（IELTS Online）の場合、Part 2（スピーチ）は試験会場での受験と異なり、ペンと紙を使うことは禁止されています。この場合は、画面上にメモを取るスペースが与えられるので、そこにタイプします。

■ **スコアリング**

以下の4つの基準を総合して、0～9.0まで0.5刻みで最終のスコアが算出されます。配分はすべて同じ（25%ずつ）です。

- **流ちょうさと一貫性**（Fluency and coherence: **FC**）
- **発音**（Pronunciation: **P**）
- **語彙**（Lexical resource: **LR**）
- **文法**（Grammatical range and accuracy: **GRA**）

次に、各基準のスコアごとに、最終スコアの違いを見ていきます。ここでは6.0～7.0のスコアのレンジで確認しておきましょう。

パターン	FC	P	LR	GRA	最終スコア
1	6.0	6.0	6.0	7.0	**6.0**
2	6.0	6.0	7.0	7.0	**6.5**
3	6.0	7.0	7.0	7.0	**6.5**
4	7.0	7.0	7.0	7.0	**7.0**
5	7.0	7.0	6.0	8.0	**7.0**

表からわかるように、最終スコアは0.5刻みですが、各基準は1.0刻みとなっています。そして特に着目すべき点は、パターン3で、この場合は繰り上げにならず、繰り下げになります。

1技能のみの受け直しができる！

1技能受験が2024年より本格的に開始されました。これは**IELTS One Skill Retake**と呼ばれ、目標に届かなかった1技能のみ受け直しが可能なシステムです。これにより、1技能に絞って対策ができることや、時間的、金銭的な負担が軽減されます。この制度は、IDP Education、日本英語検定協会、British Councilすべての団体で実施されています。ただし以下の4点に注意してください。

❶ コンピュータ受験のみの適用（ペーパーは不可）
❷ 初回に受験した同一の団体で受けること
❸ 初回の受験日より60日の間に受け直すこと
❹ 出願先が1技能受験によるスコア提出を認めているかを確認すること

受験料や実施の詳細は各団体のホームページをご確認ください。

以上がIELTSとスピーキングセクションの概要です。では次から早速本題に入っていきます。まずは、スピーキングの攻略のための根幹を成す「**4つの採点基準**」から始めていきましょう。

4つの採点基準

1 流ちょうさと首尾一貫性

Fluency and coherence

1つ目の採点基準は、**fluency（流ちょうさ）**と**coherence（首尾一貫性、論理性）**です。**fluency**とは、自然なリズムとスピードで、詰まらずに話すことができているか、**coherence**は、問われたことに適切に答え、かつ回答が論理的であるかを意味します。IELTSの評価項目ではひとくくりになっていますが、この2つは内容が異なるため、ここではそれぞれについて解説します。

Fluencyはこの4項目をおさえよ！

まずはfluency（流ちょうさ）についてです。ここでは、試験官はどういった点を見ているのか、そしてどのようにfluencyを向上させるかをお伝えします。

ポイント❶ 言い直しは最小限にせよ！

言い直し（self-correction）は、fluencyが失われるため、最小限に抑える努力が必要です。英語では、文法や語法の軽微なミスを**話の途中で訂正するのは不自然**です。このことから、**"流ちょうさ" > "語彙や文法の正確さ"**のマインドを持ち、話の途中で細かなミスに気付いても、直さず最後まで言い切る習慣をつけてください。

ポイント❷ 話し始めに注意せよ！

これはすべてのPartについて言えることですが、話し始めに"Ah"、"Um"、"Like"、"So"のように、不要な語を入れてしまう方がいます。以下がその例です。

Q. Do you prefer watching or playing sports?

△ **Ah**, I much prefer playing sports as it keeps me active and healthy.

このように、すぐ本題に入らない始め方を**false start**と言います。試験官は話し始めにも注意を向けています。もちろん一、二度、発したからといって減点にはなりませんが、何度も繰り返すと印象が悪くなります。口癖になっている人は要注意です。また、同様に長い前置きも不要なので、すぐ本題に入るようにしてください。

ポイント③ 聞き直しの基本表現は必ず暗記すること！

IELTS は言語能力に加え、**コミュニケーション能力を測る試験**でもあります。そこで必要不可欠なのが、やり取りをスムーズに行うための基本表現です。ここで重要なポイントは、**テストにふさわしい表現を使うこと**です。これは単純に、IELTS は**英会話ではなく試験だから**です。例えば、“One more time [Once more], please.（もう一度お願いします）” は、少し高圧的に響くため不適切です。こういったことから、次のような丁寧な表現をあらかじめマスターし、とっさに言えるようにしておいてください。

🔊001

表現	使う場面（使用する Part）
1. Could you repeat the question, please? もう一度言っていただけますか。	質問を繰り返してほしい時 （**Part 1、Part 3**）
2. Could you rephrase the question, please? 別の形で質問を言い換えていただけますか。	質問の趣旨がわかりづらい時 （**Part 3**）
3. Could you be more specific about that, please? それについて具体的に言っていただけますか。	内容を詳しく説明してほしい時 （**Part 3**）

これらは丸暗記し、すらすら言えるようになるまで繰り返し練習してください。一つ注意点は、上記のフレーズを**使用する Part** です。Part 1 では、**試験官は質問を繰り返すことしか許可されてない**ため、2 と 3 の表現は **Part 3 のみ**で使います。また、以下の表現は IELTS では適切でないため、使用を控えてください。

× (I'm) Sorry? / Pardon?
× Come again?

“Sorry?” や “Pardon?” は**相手の声が小さい時**や、**あいまいで聞き取りづらい時**に使います。“Come again?” は「ん、何だって ?」といったやや皮肉に近い響きがあり、日常会話ではあまり使われません。加えて、“You know.” の連発もカジュアルに響くため、避けるようにしましょう。

なお、Could you speak slowly, please?（もう少しゆっくり話してもらえませんか）といったリクエストは受け付けてもらえませんので注意してください。

ポイント④ Conversation fillers で沈黙を回避せよ！

fluency 向上のための１番の鍵は **long pause（沈黙、長い間）** を減らすことです。これを何度もしてしまうと、確実に減点されます。当然すべての質問に即答するのは難しいので、発言まで多少の間が空くのは仕方ないことですが、最小限にとどめる努力が必要です（長くても５秒）。そして、この沈黙を防ぐのに効果的な表現が **conversation fillers（会話のつなぎ言葉）** です。例えば、"Well" や "Let me see" などの**間を埋めるための表現**で、これらを使えば数秒間考える時間ができ、また自然なリズムも生まれます。よって、難しい質問をされた場合には、黙り込むのではなく、以下のような filler を使ってください。繰り返し声に出して、本番までに覚えておきましょう。

■ Conversation fillers（会話のつなぎ表現）　002

［基礎～標準レベル］▶**6.0 を確実に突破**！

- As far as I know, it would be ... .
  私の知る限りだと、…の気がします。
- Well, from what I can remember, ...
  えーっと、思い出せる限りでは…。
- If I had to guess, I'd say ... .
  しいて言うなら、…だと思います。
- I can't say for sure, but I suppose ... .
  自信はないのですが、…ではないかと思います。
- I'm not totally [entirely] sure, but I think ... .
  100% そうとは限りませんが、…だと思います。

［応用レベル］▶**7.0 を突破！**

- To be honest, I'm not an expert on ~, but I guess ... .
  正直なところ、～に関して専門的な知識はないのですが、…のような気がします。
- I really don't know much about that topic, but I suppose ... .
  そのトピックについてはあまり知らないのですが、…のような気がします。
- Actually, I've never thought about [considered] that before, but ... .
  実は、それについて今まで考えたことはないのですが、…。
- I have to say I'm totally unfamiliar with that topic, but my guess is that ... .
  あいにくそのトピックについては全く詳しくないのですが、私の推測では…だと思います。

すべて使える必要はないので、**自信を持って使える表現を３つ**は準備しておいてください。

そして、すべてのパートに共通することですが、アイデアが思い浮かばなくても、間違いを恐れずに**とりあえず何か発言する**、という気持ちで臨んでください。多少回答が支離滅裂でも、ひとまず採点の対象にはなるので、**何も言わないよりは100倍マシ**です。そしてこれは留学生活においても必須の思考です。例えば授業で指名されて長い間考え込こむと、他の学生を待たせることになり、それは彼らにとって**無駄な時間**なのです。**欧米では日本ほど沈黙に寛容でない**ため、長いポーズは他者への配慮を欠いた行為と思われてしまいます。このことからも、conversation fillers を活用し、発言する姿勢を見せるようにしてください。

ただし、どうしても考えが思いつかない場合は、正直に「わからない」と伝えてください。次のような表現を使えば、試験官は助け舟を出してくれたり、次の質問に移ってくれることがよくあります。ただし、何度も使用するのは避けてください。

■ どうしても考えが思いつかない場合の表現 003

· I'm sorry I can't think of anything at the moment.
すみませんが、今何も考えが思い浮かびません。

· I'm afraid I can't seem to come up with anything right now.
すみませんが、今適当な考えが思い浮かびません

また、conversation fillers の一つである "You know" は、多用するとくどく響くため、使用は最小限にしてください。

以上が fluency における4つの重要ポイントです。では続けて **coherence** について見ていきましょう。

Coherence はこの 2 項目をおさえよ！

coherence とは「**首尾一貫性**」という意味で、簡単に言うと、**話す内容が理解しやすいかどうか**を表します。この coherence で高評価を得るために意識するべき 4 つのキーワードは、**clear**（シンプルかつ明快）、**logical**（論理的）、**specific**（具体的）、**relevant**（関連性がある）です。では、具体例を交えながら見ていきましょう。

ポイント ❶ 主題に沿っているかを意識せよ！

質問に答えていない、または**本題からそれてしまう**と文法や語彙の正確性にかかわらず、減点対象となります。つまり、回答は質問に**関連性のある**（**relevant**）内容でなければいけません。ここでは、実際の問題を用いて改善が必要な例を見ていきます。下線部に着目し、なぜ減点の可能性があるかを考えながら読んでみてください。

★ 以下、試験官（E: Examiner）と受験者（C: Candidate）のやりとりです。

[×質問に適切に答えていない]

E: Is swimming a popular activity in your country?

C: Yes, it's pretty popular in Japan. As a kid, I used to go to swimming lessons every weekend, and I really enjoyed it. I also loved swimming in the sea when I went on holiday.

これは Part 1 や Part 3 でよく見られるミスで、**問われていることに答えていないパターン**です。質問では「あなたの国で水泳は人気のあるアクティビティですか」と**一般論**を聞いているのに、下線部では「子どもの頃、水泳のレッスンに毎週末行っていた」や「休暇に海で泳ぐのが大好きだった」といった**個人的な話**で答えています。このような場合、coherence のスコアに影響するので、注意が必要です。問われているのは**一般論か、パーソナルなことなのか**を慎重に聞いて答えてください。

[×途中から主題がそれている]

E: Where do you live now?

C: I live in a suburb of Tokyo with my mother. It's in a pretty safe and convenient location. We often enjoy shopping, cooking and sports on our days off. It's a lot of fun spending time with her.

この例は、**途中から話が逸脱している例**です。問題では「どこに住んでいるか」と聞かれているので、「住んでいる場所」について描写しなければいけません。1文目と2文目は問題ありませんが、3文目からは、ショッピングや料理、スポーツなど母との趣味の話題になっており、話が脱線しています。これもcoherenceのスコアに影響します。特に何か例を考える際は、文法や語法だけでなく、理由や例、または関連するエピソードが**主題に沿っているか**必ず意識するようにしましょう。

ポイント② 自然な話の流れを意識せよ！

自然な話の流れとは、**英語話者が理解しやすい形で、話が展開されているか**ということを意味します。つまり、日本語と同じように話を組み立てるのではなく、英語的発想で話すことが重要です。ここでは3つのアプローチを見ていきます。

アプローチ1 抽象 → 具体の流れで展開する

英語は**抽象から具体への流れ**、つまり**from general to specific**での話の展開方法が原則です。これは、最初に自身の主張や回答をざっくり述べ、それに情報を足すという形です。次の問題例で確認しましょう。

004

E: Would you like to move to a different home in the future?

C: ① Yes, within a couple of years. ② I'm not happy with my current apartment, because it's a bit small and far from the city centre. ③ So, if I can afford it, I'd like to rent a spacious family home in a more convenient location.

①で問題に対する**回答**（Yes か No）を、そして②でその**理由**を、最後に③でどんな家に引っ越したいかという**具体例**を挙げています。これが① → ② → ③の順番で、抽象から具体的に話が展開されている例です。ポイントは、**1文目で問いに対する答えを明確にすること**です。この場合は「引っ越したいか否か」なので、Yes か No を最初に答え、そこからその理由や具体例を挙げるのが適切です。長い前置きは不要で、例えば Do you ~? と聞かれたら、**Yes なのか No なのか**、Where ~? なら、まずは**どこか**、そして、How often ~? なら最初に**頻度**を明確にするようにしてください。

アプローチ2 アーギュメントをマスターせよ！

次はアプローチ1を土台とし、具体性と論理性をアップさせる方法について見ていきます。これは**アーギュメント**（**Argument**）という**論理的な話の展開方法**のことで、特にPart 3で必要なスキルです。では詳細に入る前に、例題とその回答例をご覧いただきます。意味と内容だけでなく、どのような流れで意見が展開されているかに着目しながら、読み進めてみてください。

Q. Is competition necessary for children?

🔊005

競争は子どもに必要ですか。

▶ **回答例**

① Yes, competition is extremely important for children's development ② because they'll inevitably face situations in life where they need to compete with others. ③ One common example is when someone has to stand out from other applicants to be selected for a particular job with a limited number of positions. This process creates a certain amount of pressure, but I believe applicants with determination and a competitive spirit are more likely to succeed in the interview and assessment tests, and ultimately get the position they want.

［訳］はい、競争は子どもの成長に極めて重要です。これは、彼らが人生で必然的に他人と競わなければいけない状況に直面するからです。よくある例の一つは、枠が限られている特定の職に選ばれるために、他の応募者より秀でなければいけない場合です。この過程は、一定のプレッシャーがかかりますが、強い意志と競争心がある応募者は、面接や評価試験でうまくいく可能性が高く、そして最終的に希望の職に就くことができると思います。

- ☐ inevitably 必然的に
- ☐ applicant 応募者
- ☐ competitive spirit 競争心
- ☐ ultimately 最終的に
- ☐ stand out 際立つ、抜きんでる
- ☐ determination 決意
- ☐ assessment test 評価テスト

まず下線部①は問いに対する回答（自身の主張・スタンス）、②がその理由、そして③以降が理由をサポートする具体例です。これが、**抽象～具体**の流れであり、理想的な展開方法です。そしてこの主張の方法を**アーギュメント**（**Argument**）と呼びます。これをまとめると次のようになります。

■ アーギュメント (Argument) の展開方法

1. 自分の主張 (Claim) → 自分のスタンス (賛成、反対など) や意見を述べる
2. 理由 (Reason) → 1の根拠を述べる。問題タイプによってない場合もある
3. 具体例 (Evidence / Example) → 理由をサポートする証拠や例を挙げる

質問形式により若干異なる場合もありますが、これがアーギュメントの基本の流れです。留学中にも必要となるスキルなので、少しずつ身に付けていきましょう。

アプローチ3 接続語をうまく活用する

接続語とは、文同士の関係を明確にする語のことで、**接続詞**、**副詞**、**前置詞**を含みます。英語では、connectives、cohesive devices、discourse markers などと呼ばれます。まずは、次の例文をご覧ください。

006

例1 I went to bed early last night, **but** I'm still feeling tired.
昨晩早く寝ましたが、まだ疲れが取れていません。

この文では、but を使うことで、それ以降の文は**逆接**の内容だとわかりますね。つまり、接続詞 but は、**前後の文の関係性を明確にする役割**を果たします。では、次は少し長めの文で、その他の接続語の役割を確認しましょう。

例2 My hometown has a lot of interesting places to visit. **For example**, you can eat and buy fresh seafood at Takayama Fish Market. I **also** recommend Asahi Zoo **because** you can see and get close to a huge variety of animals. **Finally**, the Osaki Museum is a must-visit **if** you're interested in art and history.

[訳] 私の地元は、訪れるべき面白い場所がたくさんあります。**例えば**、高山魚市場では、新鮮な海の幸を食べたり、購入したりすることができます。また、旭動物園**も**おすすめで、多様な動物を見たり、近寄ったりすることができる**からです**。**最後に**、**もし**美術と歴史に興味があるなら、大崎博物館は絶対に訪れるべき場所です。

まず、2文目の For example は副詞として機能しており、you can 以下が前述の "interesting places to visit" の**一例**であることが明確になります。次に3文目は、**also** があることで、recommend 以降の文が**追加情報**、そして because は you can 以降が (旭動物園を訪れるべき) **理由**であることがわかります。4文目は finally により、次の the Osaki Museum が、**最後の例**ということが明確になり、さらに接続詞 if を使うことで、これ以下に**仮定や条件**が来ることがクリアになります。

接続語は、このように文章が長くなればなるほど重要で、特にPart 2とPart 3では効果的な運用力が必要になってきます。以下に主な接続語を紹介していますので、伝えたい内容に応じて使用していきましょう。

■ 主な接続語

意味	接続語
理由・原因	since / because / now that / as / because of / due to
条件・譲歩	if / unless / as long as / even though / although / otherwise
結果	as a result / consequently* / therefore* / at last / so (that)
概論	overall / generally speaking / on the whole / as a rule
追加	also / in addition* / additionally* / moreover* / at the same time / on top of that / not only that
順序	first (ly) / second (ly) / finally / lastly* / and then
例示	for example / for instance / a case in point is* / to give an example
対比・比較	unlike / similarly / by contrast* / on the other hand / while / instead / compared to / whereas* / as opposed to*
強調	in particular / above all / specifically* / obviously / it is clear that*
時間	before / after / when / while / every time / as soon as / the moment / the last time when / by the time / whenever
その他	surprisingly / interestingly / unfortunately / as a matter of fact / in reality / of course / in the past

*が付いている語は硬い響きがあるため、Part 3のディスカッション向きです。

以上で、「流ちょうさと首尾一貫性」についてのレクチャーは終了です。次は2つ目の採点基準「**発音**」を見ていきます。続けてどんどんまいりましょう！

2 発音

Pronunciation

2つ目の基準は、**pronunciation**（発音）です。ここでは独学でも比較的改善しやすく、かつ試験官が特に重視する点に絞って紹介していきます。まず前提として、以下の4つの基本原則をおさえておいてください。

発音4大基本原則をチェック！

1 短縮形で話す！

特定の語を強調する場合を除き、**短縮形で話すことが一般的**です。例えば、"It is" → "It's"、"I have been" → "I've been"といった形です。本書では解説の都合上、一部短縮形でない表記もありますが、本番では短縮形で話す意識を持ってください。

2 ネイティブに"近い"発音を目指せ！

ネイティブ発音の習得や、彼らの口の動きをコピーすることは不要です。つまり完璧でなくても構わないので、彼らが**不自然だと感じない音**を出せればいいのです。"ネイティブ発音"ではなく、**ネイティブに"近い"発音**を目指しましょう。

3 なまりは気にする必要なし！

なまり（accent）は気にする必要はありません。クリアで自然な発音であれば減点にはなりません。例えば、partyの発音はアメリカ英語では「パーリ」、イギリス英語は「パーティ」ですが、どちらでもOKです。また、両者が混在していても問題ありません。

4 早口すぎずクリアに発音する！

時々ネイティブのようなスピードで話そうとする方がいますが、これも全く不要です。しっかりと**カンマやピリオドでワンクッション置き**、**相手が理解しやすいスピード**で話してください。また、ぼそぼそと発音せず、クリアな声で話すことを心がけてください。

それではこれらの基本原則をもとに、3つの重要項目を見ていきましょう。

Pronunciation はこの 3 項目をおさえよ！

ポイント❶ Linking（音の連結）

Linking とは、2 つの音（**子音＋母音**）がつながって発音される現象のことです。以下の例をご覧ください。

例 1 | I speak English. 007

この speak English は、「スピーク　イングリシ」ではなく、「スピー**キン**グリシ」と発音されます。つまり、このように語の最後が**子音**で、次の語の最初が**母音**の場合、1 語のように読みます。もう一例見ておきましょう。

例 2 | I work in Osaka.

ここは連続で、連結が見られます。まず work の k と in の i、そして in の n と Osaka の O がつながっていますね。つまり、「ワーク イン オウサカ」と個別に発音されるのではなく、「**ワーキノウ**サカ」のように連結して発音されます。

ポイント❷ Stress（強勢）

日本語では「アクセント」と呼ばれますが、英語では **stress** と言います。これは、「強く、または弱く発音すべき音節や単語が正確か」という項目で、**単語強勢**（**word stress**）と**文強勢**（**sentence stress**）の 2 種類に分かれます。

▶ **単語強勢（word stress）** 008

これはどの音節を強く読むかを意味します。次の語は太字に強勢があります。

例 | ev**e**nt / hot**e**l / l**i**brary / **i**nteresting / surpr**i**sing / underst**a**nd

ここで知っておくべきことは、「**ストレスは母音に来る**」、「**ストレス以外の箇所はほとんど読まれない**」の 2 つです。そして、特に後者に関連する重要な項目は、特定の音が脱落する**リダクション**です。これは**破裂音**（**閉鎖音**）と呼ばれる音である、[b][d][g][k][p][t] がそれにあたります。これらの音が語尾に来た場合は、ほとんど発音されません。例えば、“event” は、日本語の「イベント」ではなく、正しくは「ィヴェントト」のように発音します。これは語尾が破裂音の [t] になっているからです。以下の語は（　）の音は脱落します。

例 | goo(d) → グー / si(ck) → スィク / sho(p) → ショプ

ただし、語尾の破裂音は全く発音されていないわけではなく、**かすかに発音されている**という感じです。

▶文強勢（sentence stress）

これは**どの品詞や単語を強く**、あるいは**弱く読むか**、を意味します。例外を除き、強勢には次のルールがあります。

- **はっきりと読む品詞**（内容語）
  名詞、形容詞、副詞、一般動詞、指示代名詞、所有代名詞、疑問詞、再帰代名詞
- **弱く、素早く読む品詞**（機能語）
  前置詞、助動詞、be動詞、接続詞、冠詞、人称代名詞、関係代名詞

自然に発音するポイントは、**機能語をさっと弱く発音する**イメージです。例文で見ていきましょう。以下の太字が内容語（**はっきりと読む品詞**）です。

例1 | I **watched** the **film** with him **last week**.
動詞 名詞 形容詞 名詞

例2 | We should **go** to the **café** that **opened yesterday**.
動詞 名詞 動詞 副詞

このように、強弱をつけることで**自然なリズムとイントネーション**が生まれます。こういった形で、単語強勢と文強勢を意識しながら、発音することを心がけましょう。

ポイント③ Chunking（意味上の塊）

chunkとは「塊（かたまり）」という意味で、chunkingとは、**一定の意味上の塊ごとに読むこと**を指します。chunkingは以下の2項目を意識して発音することが重要です。

1 不自然な箇所で息継ぎしない！

発音の評価で減点される人の特徴として、**不自然な箇所で文が途切れてしまうこと**が挙げられます。これを防ぐためには、**一塊の意味や表現**、そして**節は一息で発音する**ことがポイントです。以下の文をご覧ください。

009

例1 | I wanna go to the Italian restaurant that opened near the shopping centre a few days ago.
数日前にショッピングセンターの近くにオープンした、イタリアンレストランに行きたいです。

4つの採点基準 Part1 Part2 Part3 模擬試験 付録

例 2 | My mother told me an interesting story about her exciting trip to a remote island in Western Australia.
母は、西オーストラリアの離島に行ったとても楽しい旅について、興味深い話をしてくれました。

この 2 つの例文は少し長めですが、節が 1 つのため一息で読みます。音声を参考にし、一息で詰まることなく読めるようにトライしてみてください。

2 カンマでワンクッション置く!

ここではカンマでポーズを入れる、3 つのパターンを見ていきます。

[副詞、副詞句で区切るパターン] 010

例 | **In my experience,** studying abroad gives you the chance to learn about different cultures.
私の経験では、留学は異文化について知る機会を与えてくれます。

"in my experience" という**副詞句**があるため、カンマで軽くポーズを取ります。

[節で区切るパターン]

例 | **When I was a kid**, I often played in the park.
子どもの頃、よくその公園で遊びました。

こちらは 2 つの節で構成される場合のルールで、**節で区切る形**です。ここでは When I was a kid, で少しポーズを取ります。

[等位接続詞 (and / but) で区切るパターン]

例 | Karen is **funny, kind, sociable, and good with children**.
カレンは、おもしろく、優しく、社交的で、子どもと接するのが得意です。

この場合は、特定の語を等位接続詞の **and** を用いて列挙しているパターンです。このように何かの例を複数挙げる時は、各語の間でポーズを取ります。ただし、それは **3 つ以上並列し、カンマが必要な場合**です。例えば "I like playing **tennis and football**." のように並列する語が2つの際は、カンマが不要なため、ポーズも取る必要はありません。

以上で、「発音」に関する発音のレクチャーは終了です。発音は独学での改善が最も難しい項目ですが、ここで取り上げた内容を意識的に練習すれば、自然なリズムとイントネーションが生まれます。一つずつ確実に身に付けていきましょう。

では次は 3 つ目の採点基準「**語彙**」に移ります。

3 語彙

Lexical resource

3つ目の基準は **lexical resource**（語彙）の運用です。この採点基準で最初に知っておくべきことは、「**一貫性とバランスの重要性**」です。語彙は、**総合的な語彙運用力で評価される**ため、**特定の質問やテーマのみの語彙力が秀でていても、スコアUPにはつながりません**。また、身の丈に合っていない**明らかに丸暗記したような表現は採点対象外**なので、注意が必要です。ではこれを前提として、スコアUPに直結する項目を見ていきましょう。

Lexical resource はこの3項目をおさえよ！

ポイント ❶ 書き言葉と話し言葉で、フォーマル度を使い分けよ！

突然ですが問題です。みなさんが、**友人や家族とカジュアルな会話をする時**、次のどちらの日本語が自然でしょうか。

ア. 今日はめっちゃ忙しかったよ。
イ. 本日は多忙を極めました。

日常会話で自然なのは「ア」ですね。「イ」がなぜ不自然かというと、「本日」と「多忙を極める」の**響きが硬いから**です。IELTSでは、話すテーマや内容に合わせ適切に語彙を使い分ける力が測定されます。このことから、**通じるけれど不自然に響く表現**は避けなければいけません。一般的に言語には文体という概念があり、これは「**表現がどの程度カジュアルか、フォーマルか**」を意味します。そしてこの**文体**、つまり**フォーマル度**のことを、英語では **register** や **style** と呼びます。ではこの理解を深めるため、例文を見ていきます。次の文には、日常会話においては不自然な語が含まれています。どの語をどう変えれば自然になるかを考えてみてください。

I went to the café yesterday. However, it was closed.

該当箇所は **however** です。however は、ディスカッションやエッセイで使うフォーマルな語のため、このようなカジュアルな発言で使うと**浮いてしまいます**。ここは but に変えて、I went to the café yesterday, **but it** was closed. とすれば自然です。このことから、単語の意味や例文を覚えることに加え、「**フォーマル度（register）を理解した語彙の運用**」がスピーキング、ライティングともに重要であることがわかります。次の一覧は、register の基本概念をまとめた表です。

■ **Register（フォーマル度）**

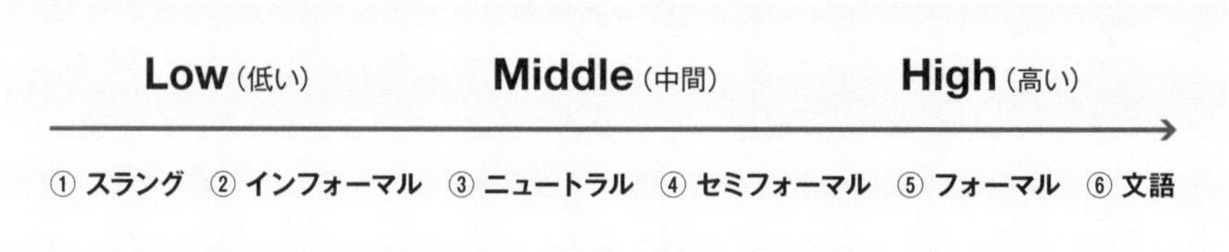

Low（低い）　**Middle**（中間）　**High**（高い）

→

① **スラング**　② **インフォーマル**　③ **ニュートラル**　④ **セミフォーマル**　⑤ **フォーマル**　⑥ **文語**

このように register が高くなるにつれて、フォーマル度も高くなります。①～⑥の概念については次のような特徴や違いがあります。

Register	解説	例
①**スラング** (slang)	非常にくだけた言葉で、相手や場面をわきまえて使うことが重要。安易に使うと教養や人格を疑われるので要注意。	hot (= attractive) pissed off (=very angry)
②**インフォーマル** (informal)	家族や友人とのカジュアルな会話で使う、いわゆる話し言葉。**colloquial** とも呼ばれ、**句動詞やイディオム**も含まれる。	**get** **fantastic** **work out**
③**ニュートラル** (neutral)	インフォーマル、フォーマルどちらの場面でも使用可能。文脈を問わず幅広い場面で使われるいわゆる**中間語**。	**many** **improve** **problem**
④**セミフォーマル** (semi-formal)	日常会話ではあまり使われないが、硬いテーマであれば使用可能。また、普段から硬いトーンで話す人は使うことがある。	**significant** **examine** **somewhat**
⑤**フォーマル** (formal)	アカデミックエッセイや、硬いテーマのディスカッションなど非常にフォーマルな場面で使う。日常会話で使うと浮くので要注意。	**validate** **furthermore** **predicament**
⑥**文語** (literary)	詩を始めとした文学作品で使われる。poetic words とも言われ、日常会話で使われることはまずない。	foe（敵） realm（王国） serpent（ヘビ）

IELTS のスピーキングで用いる register は上記の②～⑤です。ただし、明確な線引きが難しい語も存在し、ネイティブスピーカーによっても意見が分かれる時があります。このことも踏まえ、線引きが明確かつ、IELTS で使用する機会の多い語彙を抜粋し紹介します。次の一覧を参考に、フォーマル度の違いを理解して、運用していきましょう。

■ フォーマル度別単語リスト

インフォーマル、ニュートラル 日常会話で適切	セミフォーマル、フォーマル 硬いテーマに適切
so / that's why	therefore / thus / hence
also / plus / on top of that	moreover / furthermore
because of / due to / thanks to	owing to / on account of
as a child / when I was a child	in my childhood
help / make it possible to	enable / allow
get / gain	obtain / acquire
join / take part in	participate in / engage in
get rid of stress / let off steam	relieve [remove] stress
I feel [reckon / think]	in my opinion [view]
big / huge / massive	significant / enormous

ポイント❷ コロケーションを意識せよ!

「**コロケーション(collocation)**」とは「**単語同士の自然なつながり**」を意味する語で、語彙学習においては欠かせない項目です。例えば、大自然が広がる山で「空気がすごくおいしいね」を "The air is really **delicious**" と直訳すると不自然で、この場合は "The air is really **fresh**" が自然です。理由は、delicious は食べ物にしか使わず、**air と相性が悪いから**です。そして、この自然か不自然かは、**語と語の相性**で決まります。そのため、語彙学習をする際は、単語単体ではなく、**相性のよい語とセットで覚えること**が重要です。加えて、「誤りではないが不自然 or 頻度が低いマイナーな表現」の使用も避け、どの試験官にも自然かつ正確と評価してもらえるような表現を使うことが大切です。よくあるコロケーションのミスや、一般的ではない言い回し、そしてそれに代わる自然な表現を次の表に挙げています。こちらを参考に、正確性を UP させていきましょう!

■ **要チェック！ コロケーションリスト**

訳語	○（正確／より自然）	×（誤り / マイナー）
知識を得る	**gain** [**acquire**] knowledge	~~get~~ knowledge
恩恵を得る	**gain** benefits	~~get~~ benefits
ジョークを言う	**tell** [**make**] a joke	~~say~~ a joke
意見を述べる	**give** an opinion	~~say~~ an opinion
子育てをする	**raise** [**bring up**] a child	~~grow~~ a child
授業をする	**teach** a class [lesson]	~~do~~ a class
ルールを守る	**follow** [**stick to**] rules	~~keep~~ rules
罪を犯す	**commit** a crime	~~do~~ a crime
事故に遭う	**have** an accident	~~meet~~ an accident
大自然に触れる	**enjoy being out in** nature	~~touch~~ nature
パーティーに参加する	**go to** a party	~~join~~ a party
花火をする	**set off** fireworks	~~do~~ fireworks
お金［時間］を使う	**spend** money [time]	~~use~~ money [time]
バス［電車］を利用する	**take** the bus [train]	~~use~~ the bus [train]
大きな損害を与える	**cause** severe damage to	~~give big~~ damage to
伝統を守る	**maintain** the tradition	~~keep~~ the tradition
健康を高める	**improve** [**enhance** / **promote**] health	~~increase~~ [~~raise~~] health
健康を保つ	**stay** [**keep**] **fit** **maintain** *one's* health	~~keep~~ *one's* health
問題を解決する	**resolve** an issue **solve** a problem	~~solve~~ an issue ~~improve~~ a problem

自然に運用できるまで時間がかかるかもしれませんが、正確性を高めるためにはコロケーションの理解は不可欠です。少しずつ意識しながらマスターしていきましょう！

なお、コロケーション学習には次の２つが役立つので活用してみてください。

▶ コロケーション学習におすすめのソース

Online Collocation Dictionary

➡ スピーキングやライティング対策に役立つ約 9,000 見出し語を収録。オンラインにて利用可能。
https://www.freecollocation.com/

Academic Collocation List - PTE Academic

➡ イギリスの出版社 Pearson（ピアソン）が提供しているリスト。アカデミックな状況で必要な語彙が網羅されている。無料で PDF がダウンロード可能。
https://www.pearsonpte.com/teachers/academic-collocation

ポイント ❸ 小・中学生でもわかる語彙で話せ！

試験官はすべての分野に精通しているわけではありません。そのため、専門的知識がなくとも理解できる平易な語彙を使い、シンプルな内容で話すことが大切です。ここで例として、**経済学（economics）**について考えてみましょう。基本語彙をいくつか挙げると、**inflation**（インフレーション）、**consumption**（消費）、**interest rates**（利率）などがあります。しかしながら、**derivatives**（デリバティブ）や **primary balance**（基礎的財政収支）などになると、一般の人には何のことかわかりません。このように、**専門用語を使うと相手の理解を妨げてしまう**ため、好ましくありません。これを解消するには、次のどちらかのアプローチを取ることをおすすめします。

■ **自分の専門分野について話す時**

アプローチ 1 平易な言葉で言い換える
アプローチ 2 別の内容を考える

アプローチ 1 は、何か特定の語を述べた後に、**関係代名詞の非制限用法**を用いて**軽く解説を加えること**を意味します。

例 | I'm interested in clinical psychology, **which** is the study of mental and behavioural health.
臨床心理学に興味があります。これは、精神と行動の健康の学問です。

例文の下線部は clinical psychology の簡単な説明になっていますね。which は前述の clinical psychology を指しています。

次にアプローチ 2 については、**専門用語を使わなくて済む内容**を考えるのがベストです。つまり、**自分の言いたいことにあまり固執しないこと**が大切です。ではどのレベルの語なら使用可能なのかと言うと、「**小・中学校で使用する教科書に書かれているか**」が主な目安です。例えば、ecosystem（生態系）、equation（方程式）、peninsula（半島）などの教科に関する語、あるいはUN（国連）やWHO（世界保健機関）などの略称は、小・中学生でも知っているので使用しても問題ありません。ですが、先ほどの経済学の例のような大学生レベルの語は、理解してもらえないことも多いので避けてください。常に、**相手にわかりやすいか**という視点を持って話すことが大切です。

ポイント❹ 繰り返しは最小限に抑えよ！

英語は繰り返し（repetition）を嫌う言語です。同じ表現を何度も使うと、ネイティブスピーカーは違和感を覚えますし、語彙力に乏しいという印象を与えてしまいます。数回程度であれば問題ありませんが、同じ語を多用し続けると、スピーキング、ライティングともに減点対象となるため、繰り返しを減らす努力が必要です。ここではそのための２つの方法である「**代名詞の使い方**」と「**パラフレーズ**」についてお伝えします。これらのテクニックとマインドを意識することで、表現にバラエティが出るだけでなく、自然な英語の流れが生まれます。では、まずは「**代名詞の使い方**」からまいりましょう！

代名詞 "it" の使い方をマスター

代名詞の用法は、多くの英語学習者が苦手、あるいは軽視しがちですが、英語では極めて重要な項目です。代名詞は、同じ語の繰り返しを防ぐだけでなく、**スムーズな話の展開を可能にする**、**橋渡し的な役割**も果たします。ここでは使用機会の多い **it** の用法をご紹介します。

▶"it" を使いこなせ！

it については、**直前に述べられた名詞を指す用法**が最も一般的です。例えば、I went to the café yesterday, and **it** was really nice. と言えば、この it は the café を指します。これが一般的な用法ですが、この他にも**前述の内容**や、**相手の発言**を**置き換える**こともできます。次の例文で確認しておきましょう。

例｜I lived in Canada for two years when I was little, and **it** was a great experience.

- このitは、特定の単語ではなく、前述の「子どもの頃2年間カナダに住んだ」という**内容を指す**用法です。itを使わず、"~, and **living in Canada for two years when I was little** was a ..."とすると、くどくなるのでitを使うのが自然です。

それでは次に、実際の試験問題例で見ていきます。

★以下、試験官（E: Examiner）と受験者（C: Candidate）のやりとりです。

Q1

E: Where would you like to travel in the future?

C: I'd say Alaska, because I think it's the best place to get close to wild animals. I've only seen **them** on TV, so I want to go on a wildlife tour.

- 1文目のitはAlaskaを、2文目のthemはwild animalsを指しています。これにより繰り返しが減っています。

Q2

E: Do you like shopping?

C: Yes, **it**'s one of my favourite things to do. I regularly go to a local shopping centre at the weekend. Last week, I bought **two pairs of shoes**, as **they** were on sale.

- この例では、質問文のshoppingが**itで置き換え**られていますね。shoppingはキーワードなので、"Yes, **shopping** is one of ~." としても問題ありませんが、このように**試験官が読み上げる表現を代名詞で置き換えると**印象がUPします。また、3文目の "two pairs of shoes" は複数形なので、**they**で置き換えています。

Q3

E: Do people give chocolate as a present in your country?

C: Yes, **it**'s pretty common in Japan. Japanese people usually give chocolate on special occasions like birthdays, Valentine's Day, and Christmas.

► このitは、問題にある「プレゼントにチョコレートをあげること（giving chocolate as a present）」を指します。このように、**試験官が読み上げた内容**を it で置き換えるのも効果的です。

以上が試験で重要な it の用法です。もちろん毎回置き換える必要はありませんが、意識的に活用してくださいね。では最後に一つ、it に関連した別の例をご覧ください。

例 | My hometown is **Nara**, which is in western Japan. I was born and spent most of my life there, for about 22 years until I graduated from university. **The city** is pretty famous for its rich history and nature.

► もし下線部の The city が It だと、前に述べられている情報が多いため、どれを指すかがあいまいです。そのため、何を指すかを明確にした方がよい場合、このように the に**前述の表現したい内容を包括する**、あるいは**カテゴリーを指す名詞**（例：food / event / activity）を付けます。ここでは、Nara は都市（= city）のカテゴリーなので、The city とすることでよりクリアな文になっています。表現の幅も広がるので、こういった使い方も覚えておきましょう。

it の基本的な使い方はおわかりいただけましたか？ もちろん毎回置き換える必要はありませんが、意識的に活用してくださいね。では続けて「パラフレーズ」にまいりましょう。

パラフレーズをマスター

パラフレーズとは「**別の表現で言い換える**」という意味で、留学でも必要なアカデミックスキルです。ネイティブにとってパラフレーズをすることは**ごく普通のこと**です。方法はいくつかありますが、IELTS のスピーキングで必要なのは「**類語による言い換え**」です。つまり、意味が同じ、または近い語を使うことです。ではまず、品詞別に 5 つの**類語言い換えの方法**を見ていきましょう。

■ 品詞ごとの類語言い換え方法

品詞	例
名詞による言い換え	pay **rise** → pay **increase** 昇給
動詞による言い換え	**go to** Tokyo → **visit** Tokyo 東京に行く
形容詞による言い換え	**bad** quality → **poor** quality 低品質
副詞による言い換え	**pretty** easy → **fairly** easy そこそこ簡単な
その他	around the world → **in many parts of the world** 世界中で

これらは、単体で、あるいは複数を組み合わせて使います。ただし、何でもかんでも言い換えればよいというわけではなく、次の **3 つのマインド**を理解した上で行うことが重要です。

マインド 1　無理にパラフレーズする必要はなし

言い換えに意識が行き過ぎると、**流暢さが失われてしまいがち**です。適切な類語が思い浮かばなければ、同じ語を使って構いません。**"流暢さ" > "パラフレーズ"** を優先させましょう。目安として、**6.0 が取れてから徐々に意識する**くらいのイメージで構いません。

マインド 2　8 割ほど意味が近ければ OK

もとの単語の意味やニュアンスを一切変えずにパラフレーズすることは、まず不可能です。例えば、**very** rare を **extremely** rare に言い換えても、完全なイコールとはなりません。前後の文脈から判断して、大幅に意味が変わらず自然であれば問題ありません。

マインド 3　パラフレーズにより意味を損なう語は、言い換え不要

「**言い換えると意味がわからなくなる語**」、「**専門用語**」、「**固有名詞**」の 3 つは言い換えてはいけません。例えば、passport を "official identification document" のように言い換えると、聞き手を混乱させてしまいます。その他、次のような語が代表例です。

例 | water / shopping / T-shirt / global warming / Japan

もし、これらを連続で何度も使用してしまいそうな際は、先に紹介した it などの代名詞を使ってください。

そしてIELTSのスピーキングでパラフレーズを行うケースは2つあります。それは「**質問の表現を言い換える時**」と「**自分の発言を言い換える時**」です。①は試験官が読み上げる質問内の語彙を言い換えるケース、②は自分の回答内容の繰り返しを避けるために類語を用いるケースです。実際の問題を見ていきましょう。

★以下、試験官（E: Examiner）と受験者（C: Candidate）のやりとりです。

▶① **質問の表現を言い換える時**

E: Did you **like** studying geography in school?

C: Yes, it was my **favourite** subject.

► ここでは問題文のlikeがfavouriteに言い換えられています。この言い換えは完全なイコールではありませんが、意味を損なうものではなく、ごく自然です。

▶① **質問の表現を言い換える時 ＋ ② 自分の発言を言い換える時**

E: Do you often **stay up late**?

C: Yes, I **stay awake until around midnight** almost every day. I find it much easier to study in the evenings than during the day, as I can concentrate better. I also have to **work late into the night** at times when I have deadlines to meet.

□ during the day 日中は　□ at times 時々

► まず質問のstay up late（遅くまで起きている）は、**stay awake until around midnight**（夜中の12時頃まで起きている）に置き換えられており、これは①の方法です。次に、この表現がさらに**work late into the night**（夜遅くまで作業をする）にパラフレーズされており、これが②**自分の発言を言い換える方法**です。これらも全く同じ意味ではありませんが、もとの内容に沿って言い換えられている例です。

以上が2つのケースの例です。これらはモデル回答なので、このような精度の高いパラフレーズを本番で行うのは容易ではありません。また毎度無理に言い換える必要もありません。ですが、ある程度実力がついてきたら、少しずつ行うように意識してみてしてください。

ここで最後に、類語を強化するための勉強法をお伝えします。類語をうまく使い分けられるようにするためには、まずは**類語辞典を活用するの**がおすすめです。最もメジャーな辞典は、オックスフォードのシソーラス（Oxford Thesaurus of English）ですが、下記のコリンズやケンブリッジのシソーラスはオンラインにて無料で利用できます。そして、学習効果を高めるコツとしては、**1語1語、英英辞典で定義を調べること**です。時間はかかりますが、正しい語感と運用力が養われますので、ぜひ日々の学習に取り入れてみてください。

▶おすすめの類語辞典

Cambridge Thesaurus

► Cambridge 大学出版の辞書。オンラインにて無料で利用可能。
https://dictionary.cambridge.org/thesaurus/

Collins Thesaurus

► イギリスの辞書出版社 Collins（コリンズ）のオンライン辞書。こちらもオンラインにて無料で利用できる。
https://www.collinsdictionary.com/dictionary/english-thesaurus

これで「語彙」のレクチャーは終了です。次はいよいよ最後の採点基準❹「**文法**」セクションに入ります。ラストスパート、気合を入れ直して頑張っていきましょう！

4 文法

Grammatical range and accuracy

4つ目の基準は **grammar**（文法）です。この項目で高評価を得るには、**range**（幅広さ）と **accuracy**（正確性）が重要です。まず range は、幅広い用法を使えているか、そして accuracy は文法を正しく運用できているか、を指します。ただし、**難解な文法を使う必要はなく**、最優先事項は、**中学で学習する基本文法**を正確に運用することです。そして時折、高校で習う少し高度な用法を織り交ぜるとさらに効果的です。ここでは特にスコア UP につながる 4 項目を取り上げます。

Grammatical range and accuracy はこの 4 項目をおさえよ！

ポイント ❶ 接続詞を使い、ぶつ切れを回避せよ！

これは**文法**の評価における最重要項目です。まず、次の文を見てください。どこをどのように変えればよい文になるか、考えながら読み進めてください。

△ I do yoga every day. I go for a walk too. Exercise helps me feel calm and relaxed.
毎日ヨガをします。散歩も行きます。運動することで穏やかでリラックスした気分になれます。

文法や語法に誤りはありませんが、**英文がぶつ切れ**になっていることに気付きましたか？ 語数がそれぞれ 5 語、6 語、7 語の単文が連続しているため、聞き手にとって理解しづらくなります。また、意味における文同士の関係性（例：理由、追加、具体例）もあいまいです。これらを考慮し書き換えたのが以下の文です。

○ **I do yoga and go for a walk every day because** exercise helps me feel calm and relaxed.

1 文目と 2 文目を and でつなぎ、every day の後に because を入れることで、exercise 以下が運動する**理由である**と明確になりましたね。また、ぶつ切れの文が解消されて、流れがスムーズになっています。このことから、SV. SV. SV. のような、節が 1 つの文を連続して使うのではなく、接続詞を使って、文の途切れを最小限にすることが大切です。これによって同時に論理性も改善されます。接続詞は、p. 22 のリストで紹介しているので、そちらを参照してください。

ポイント❷ 常に時制に注意を払え！

IELTS では、「**過去**」、「**現在**」、「**未来**」のことを問う、さまざまな質問が出題されます。そして試験官は、**時制を正確に使い分けているか**、という点に着目しています。ここでは、特に日本人が苦手とする「**現在完了形**」と「**過去完了形**」の 2 つの用法を取り上げます。

▶現在完了は「今」を意識せよ！

現在完了は、「完了・結果」、「経験」、「継続」の 3 つの用法がありますが、多くの方が苦手とするのが「**完了・結果**」と「**継続**」です。

まずは「**完了・結果**」から見ていきましょう。次の 2 つの英文を見て、どちらが正しいか、そしてその理由を考えてみてください。

ア. Social media **changed** the way we communicate.
イ. Social media **has changed** the way we communicate.
SNS により、コミュニケーションの方法が変わりました。

答えは **has changed** です。日本語では「方法が**変わりました**」と過去形になっていますが、**今もその変わった状態が続いているため**、現在完了が適切です。これは、SNS が誕生してから現在に至るまで、コミュニケーションの方法が変わり続けてきたからです。もし changed だと、**過去の一時点のみの出来事**になってしまい、今もその状態が続いているかが不明瞭で不自然です。

では次に「**継続**」です。これは現在完了か、**現在完了進行形**（**have been doing**）を用いますが、どちらを使うかは、**動詞の種類**で決まります。動詞は主に状態動詞と、動作動詞に分けることができます。いくつか例を確認しておきましょう。

状態動詞 → know / love / want / wear / respect / hope / have / live
動作動詞 → study / travel / read / wait / run / play / sing / work

ここでのポイントは、例外を除き**状態動詞は進行形にできない**ということです。このことから、状態動詞を用いて継続を表す場合、**現在完了形**を使います。

例 1 | I **have known** her since I was little.
子どもの頃から彼女を知っている。

一方、**現在完了進行形**は、次のように動作動詞を用いて表します。

例 2 | We **have been waiting** for him for two hours [since this morning].
私たちは、2 時間［今朝から］ずっと彼を待っている。

この文からわかるように、現在完了進行形を使う場合、「どのくらいの間続けているか」を表す**副詞句や副詞節と一緒に使う**のが一般的です。この例では "for more than two hours" と "since this morning" がそれに該当します。

▶過去完了 ››› "過去" の出来事を意識せよ！

過去完了の機能は、「**過去の出来事の順序を明確にすること**」です。つまり、ある過去の一時点よりもさらに昔のことは、**had ＋過去分詞**で表します。次の英文で、それぞれ節の前後では時制がどのように区別されているか、分析してみてください。

例 1 | I **had** already **eaten** breakfast when I **got** the phone call.
電話がかかってきた時、すでに朝食を食べ終わっていた。

例 2 | I **had seen** that movie before, so I **knew** how it ended.
以前にその映画を観たことがあったので、エンディングを知っていた。

例 3 | I finally **bought a car** that I **had wanted** for years.
長年ずっと欲しかった車をついに買った。

時制がどう区別されているかわかりましたか？ それぞれ時間軸で表してみましょう。

	過去完了	過去
例 1	I **had** already **eaten** breakfast	I **got** the phone call
例 2	I **had seen** that movie	I **knew** how it ended
例 3	I **had wanted**	I finally **bought** a car

過去の出来事より前のことはすべて**過去完了（進行）形**になっており、起こった順序が明確に区別されていますね。用法は、例 1 は「完了」、例 2 は「経験」、例 3 は「継続」を表す用法です。このように、出来事の順序を明確にしないと混乱や誤解を生じてしまう、あるいは明確にする方が聞き手に伝わりやすくなる場合は、過去完了形を使うということを覚えておいてください。なお、**文脈から前後の関係がわかる場合**や、**特に順序を明**

確にする必要がない場合は、次のように**過去形**を使用するのが一般的です。

例4 | When I first **met** Ken, he **was** a college student.
ケンに初めて会った時、彼は大学生だった。

ちなみに、例外を除き、"I **had visited** the museum last year." のように**節が1つの状態で過去完了を使うことはない**と思ってください。この場合は、単に**過去形の visited** とするのが正確です。

ポイント❸ 関係代名詞の非制限用法を使いこなせ！

関係代名詞は、**特定の名詞に情報を加える役割を果たし**、英語では極めて重要な構文を作ります。まずは基本的な例文から見ていきましょう。

例1 | I want to live in a house **that** is close to the beach.
ビーチに近い家に住んでみたいです。

この文では house の特徴を that 以下で説明しており、これが関係代名詞の**制限用法**です。もし急に "I want to live in a house." と言われても、「え、それってどんな家？」という疑問が浮かびますね。このことから、この家の追加情報が必要であり、これを "that is close to the beach" のように**情報を絞り込んでいる**と考えてください。つまり、前に登場した名詞（先行詞）に**情報を加え制限している**、ということが言えます。

そして制限用法に加えて、**非制限用法**をマスターするとさらに表現力が UP します。これは、", and it is ... . " のように、先行詞に and で**補足的に付け足すイメージ**で、「それでね、それは～ってことだよ」と、軽く説明を加える役割を果たします。次の例文をご覧ください。

例2 | When I was in high school, I studied in Toronto**, which** is one of the largest cities in Canada.
高校生の時に、トロントに留学しました。**そこは**、カナダの大都市の一つです。

この which が指すのは、**先行詞の Toronto** です。そして、この文のポイントは **which の前にカンマが付いている**ことです。これは Toronto が**固有名詞**だからです。つまり、カナダのトロントという都市は世界に１つしかないため、**他と区別するために情報を絞り込み、制限する必要がないから**です。従って、**非制限用法**と呼ばれます。このような都市名の他にも、人名（この場合は which ではなく who や whose）、国名、作品名、また区別する必要がない概念や現象（例：online shopping / global warming）などがきます。

ではもう一つ例文を見てみましょう。次の英文の which は何を指すか考えながら、読み進めてください。

例 3 There're many modern buildings and facilities in my hometown now, **which** was unimaginable when I was a child.

現在、地元には多くの現代的な建物や施設が建っており、**これは**私が子どもの時には考えられなかったことです。

まずは先行詞を考えましょう。which に続く動詞が was となっているため、which の先行詞は単数名詞となります。しかし hometown と考えてしまうと、「地元が子どもの頃には想像できなかった」となり不自然ですね。この which は、例 2 の Toronto のような特定の単語を指すのではなく、「今地元に多くの現代的な建物や施設が建っていること」を指します。このように、**前述の内容を指すことができる**のが、非制限用法です。

この非制限用法において、特にスコア UP におすすめの用法は、"**~, which means that ...**（~そして、これは…ということです）" という表現です。次の文をご覧ください。

例 4 I have limited space and resources in my flat, **which means** it's hard to work from home.

私か住んでいるマンションは、スペースとリソースが限られており、**これは**在宅勤務が難しいということです。

この which は、前に述べられた「私が住んでいるマンションは、スペースとリソースが限られていること」を指します。つまり、述べた内容を**さらに詳しく説明したり**、**明確にする**ための表現で、特に Part 3 のディスカッションで効果的です。少し高度ですが、試験官に好印象を与えることができるので、6.5 以上を目指す方は、意識して取り入れてみてください。なお、"~, that ..." のように **that を使う非制限用法は存在しない**ので、ご注意ください。この他にも関係副詞の when や where を用いた非制限用法もありますが、試験で無理に使う必要はありません。まずはこの which を用いた非制限用法の習得に意識を向けましょう。

ポイント④ 仮定法を使いこなせ！

仮定法は、多くの学習者が苦手意識を持っている項目の一つですが、うまく運用できればスコアUPにつながります。仮定法を使う場面は、主に「**非現実的な願望**」と「**想像上の出来事**」を表す場合です。いくつかの用法がありますが、ここでは次の3つを使いこなせるようにマスターしておきましょう。

表現1 I wish I could do. ～できたらいいのになあ。

これは最も使いやすい用法です。「**実際は無理だろうけど～できたらいいのになあ**」というニュアンスの願望を表します。例えば、「経済的に無理だけど、高級マンションに住みたいなあ」といったイメージです。例文で覚えておきましょう。

例1 | **I wish I could** go on a world cruise one day.
いつか世界一周クルーズ旅行に行ってみたいなあ。

この変形として、主語を変え"**I wish XXX did** [**were**] ~. (XXXがdoすれば［～なら］いいのになあ)"も次のように幅広く使うことができます。

例2 | **I wish** my hometown **had** a better public transport system.
地元に、もう少しよい公共交通システムがあればいいなあ。

表現2 If I did [were / was] ~, I would [would like to] *do*. もし～なら、～します［したいです］。

こちらは**仮定法過去**と呼ばれる用法で、可能性が極めて低い、あるいは実現性がない場合に使います。if節（従属節）の動詞は過去形、主節の助動詞はwillではなくwouldになっていますが、**現在のこと**を表します。なお、最初のdidは過去形を意味します。次の例文で使い方を確認しておきましょう。

例1 | **If I got** the chance, **I'd like to** learn a new language.
もしチャンスがあれば、新しい言語を学んでみたいです。

この文は「実際、チャンスはないがあれば学びたい」という非現実的な願望を表します。また、次のように"**If I could *do***"（もし～できるなら）の形もよく使われます。

例2 | **If I could go** back to school, **I'd study** science harder.
もし学生時代に戻れるなら、サイエンスをもっと一生懸命勉強するのに。

表現 3 **make me feel as if I were [was] ~. まるで～のように感じる。**

一般的な参考書では “as if” だけで掲載されていますが、上記の形は幅広く応用できるのでこのまま覚えてください。この if の後ろは、現在形が来ることもありますが、ここでは**過去形**を置き、「**実際はそうではないが、まるで～のように感じた**」という非現実的なニュアンスを出します。

例 1 | Staying at the five-star hotel **made me feel as if I were** in a fairy tale.
五つ星ホテルに宿泊したら、まるでおとぎ話の世界にいるような感じがした。

► 当然おとぎ話の世界にいるわけではありませんが、空想的な話でたとえている文です。

例 2 | Playing video games **makes children feel as if they were** part of a story.
ビデオゲームをすると、子どもは自分がストーリーの中にいるかのように感じる。

► これは、自分自身のことではなく、子どもの話に変わっています。つまり、このように**対象を入れ替える**ことで、さまざまな文脈で応用することが可能です。

これで「文法」のレクチャーは終了です。自然に正しく運用できるようになるまで繰り返し読み、ご自身の話したい内容に合わせてどんどん取り入れていってくださいね。

そして以上で、すべての採点基準についての解説は終了です。次から、各 Part のレクチャーと実践問題に入ります。ここからが本題です。気合を入れてまいりましょう！

Part 1

Part 1

レクチャー

Part 1では、簡単な質疑応答（Q&A）が行われます。時間は約4分間で、出題されるトピックは、仕事、友人、旅行、ホームタウンなど**身近な話題**が中心です。一定の背景知識は必要ですが、専門的な内容や、詳細な見解を問われることはありません。ここではPart 1の基本情報から、攻略ポイント（学習方法）、そしてスコアUPにつながる項目を見ていきます。まずは試験の概要から確認していきましょう。

試験の手順とタスク

試験は簡単な自己紹介で始まり、その後ID（パスポート）チェックが行われます。以下、試験官（E: Examiner）と受験者（**C: Candidate**）のやりとりです。

E: My name is Anthony Raymond. Can you tell me your full name, please?
C: My name is Nobuyoshi Kotani.
E: Can I see your identification, please?
C: Sure, here you are.

この時点では、まだ何も採点されていないため、上記の内容以外のことを話す必要はありません。このやりとりが終わると、試験官は次のように話し始めます。

E: In this part, I'm going to ask you several questions about yourself. Let's talk about what you do. Do you work or are you a student?

このパートでは、あなた自身に関する質問をいくつかします。あなたの職業について話しましょう。社会人ですか、または学生ですか。

このようにしてPart 1が始まります。では次に、基本事項と例題を通して概要を確認していきます。

3つの基本事項をおさえよう！

まずはPart 1の基本となる3つのポイントをおさえておきましょう。

- □ 質問にわからない単語があったとしても、試験官は説明してくれません。
  - ► Part 1では、試験官は質問を繰り返すことしか許可されていません。
- □ 受験者が応答できず黙り込んでしまった場合、試験官は次の質問に移ります。
- □ 試験官は、受験者の回答に対して、さらに詳しい質問をすることはありません。
  - ► ただし、回答の情報量が少なすぎると、もう少し説明するように促してくる場合があります。

例題で概要をチェック！

どのような問題が出題されるか確認しておきましょう。

▸ Hometown

Q1. Can you tell me something about your hometown?

Q2. What do you like about your hometown?

▸ Festivals

Q1. What kind of festival did you attend when you were a child?

Q2. Do you prefer to attend local or international festivals?

Q3. Would you like to organise a festival in the future?

▸ Swimming

Q1. Is swimming a popular activity in Japan?

Q2. Did you learn to swim when you were a child?

Q3. Would you prefer to swim in a pool or in the sea?

このように通常3つのトピックが出題されます。質問数は、時間や試験官のさじ加減により異なりますが、7～10問です。ではここから、Part 1で高いパフォーマンスを発揮するための**必勝攻略法**を見てみましょう。

必勝攻略法

基礎編

ここでは、実際にPart 1で回答する際のポイントを、解説と例題を交えて確認していきます。

攻略ポイント❶ 30-50語のレンジで話せ！

これはPart 1における、理想的な回答の**目安となる単語数**です。もちろん、多少前後しても問題ありませんし、目標スコアが5.0くらいまでであれば少なめでも構いません。ですが、6.0以上を確実に取るには、30-50語をおすすめします。理由は、応答が短すぎると評価の対象箇所が少ない上に、その分量しか話す力がないと判断されてしまうからです。なので、Part 1では「**短すぎず・長すぎず**」を心がけることが重要です。特に次の2点を意識してください。

❶ 英文は3～4文で応答する。
❷ 得意なトピックが出ても話し過ぎない。

❶に関しては、普段家族や友人と話す様子をイメージしてください。例えば「先週末何してたの?」と聞かれて、「お姉ちゃんと買い物。」という応答では短すぎますね。これと同じで、「**どこに行って、どんな店で、何を買ったのか**」といったように、**ある程度の補足情報**を加えましょう。

❷については、**話し過ぎて印象が悪くなるケース**（p. 60 **ワンポイントティップ**参照）を指します。Part 1で求められるのはあくまで、**試験官とのシンプルな対話**です。長く話す力を発揮するパートは、**Part 2**（スピーチ）と、**Part 3**（ディスカッション）です。試験官は、できるだけ異なるテーマについて質問をすることで、**受験者の総合的な英語力を測りたい**と考えています。つまり、1つのテーマについて詳しく話すよりも、**複数のテーマについてバランスよく話す方が好印象**です。このことから、得意なトピックが出ても興奮して話し過ぎないようにしてください。

では具体的に、どの程度の長さが理想かをつかむため、次の例題と回答例を見てみましょう。

Q1. What do you do to stay healthy? 011

健康でいるために何をしますか。

A: I do exercise almost every day. I go for a walk in the park in the morning, and do some weights at home in the evening. I also avoid high-calorie foods and instead eat plenty of fruit and vegetables. (39 words)

ほぼ毎日運動をします。朝は公園で散歩をし、夜は家で軽く筋トレをします。また、高カロリーな食べ物は控え、その代わりに果物や野菜をたくさん食べます。

□ do some weights 軽く筋トレをする　□ high-calorie 高カロリーの

Q2. How often do you go to parks?

どのくらいよく公園に行きますか。

A: Every once in a while. There's a big park close to where I live and I usually go there at the weekend to play with my son or just for a change of pace. I'd say it's the best place for me to feel calm and relaxed. (46 words)

時々行きます。家の近くに、大きな公園があります。週末に行くことが多く、息子と遊んだり、気分転換をしたりします。落ち着いてくつろげる最高の場所です。

□ every once in a while 時々　□ for a change of pace 気分転換に

だいたいの長さはつかんでいただけましたか？ 冒頭で触れたように、話す量が少ないと、試験官は "Why?" などと、**さらに問いを投げかけてくる**こともあります。ですので、普段から「**短すぎず・長すぎず**」を心がけ、一定量を意識して話すことを心がけましょう！

攻略ポイント❷ テーマ別語彙を織り交ぜるべし！

評価基準でも触れましたが、**テーマや、トピックに関連した語彙を効果的に使う**と、語彙のスコアUPにつながります。これは例えば「旅行」、「料理」、「映画」といった各テーマに関連した語彙を指します。「旅行」であれば、"**book a flight**"（航空券を予約する）や、"**a guided tour**"（ガイド付きのツアー）といった表現がそれに当たります。

では、実際にどういった形で応答に組み込めばよいか見ていきます。**どのようにテーマ別語彙が使われているか**を分析しながら読んでみてください。

Q. Do you like cooking? 012

料理は好きですか。

A: Yes, it's really fun for me to prepare a special meal for family and friends at house parties. I cook all sorts of things like pasta, grilled chicken and marinated vegetables using a variety of fresh local ingredients.

はい、ハウスパーティーで家族や友人に特別な料理を作るのがすごく楽しいです。地元のさまざまな新鮮な食材を使い、パスタやグリルチキン、野菜のマリネなどいろいろな料理を作ります。

□ fresh local ingredients 地元の新鮮な食材

この回答で使われているテーマ別語彙はどれかわかりましたか？ 以下が該当語彙です。

prepare a special meal / cook / pasta / grilled chicken / marinated vegetables / fresh local ingredients

cookやpastaはほとんどの方が使えると思いますが、grilled chickenや、marinated vegetablesのように、形容詞が付いた難易度の高い表現も入っています。これはあくまでモデルですが、まずはこのように、テーマに即した語彙の運用を意識してください。この章では、テーマごとにスコアUP表現を厳選して紹介します。普段から少しずつ取り入れていきましょう。

攻略ポイント❸ 作り話やうそをつく練習を積め！

IELTSは言語能力を問う試験です。よって、問われていることにしっかりと答えてさえいれば、**作り話やうそでも全く問題ありません**。実際の試験では、経験のないことや、考えたこともないことについて問われる場合もあります。そのため、「先月結婚しました」、「イギリスに3年住んでいました」などの話題を**適当に作ってください**。以下の例をご覧ください。

013

Q1. What are you planning to do next week?

来週何をする予定ですか。

A: I'm going to **Ushikawa Campsite** with my friends.

友人と牛川キャンプ場に行く予定です。

まず、"Ushikawa Campsite"というキャンプ場は実在しません。これは私が作った架空の場所です。ではもう一例見てみましょう。

Q2. Where do you live now?

今どこに住んでいますか。

A: I live in Hirakata. It's an ancient city and is pretty popular with tourists.

枚方に住んでいます。古都であり、観光客にそこそこ人気です。

最初の枚方（ひらかた）市は大阪に実在しますが、その次の下線部はすべてうそです。こういった作り話に加え、**すり替えて話す**のもOKです。例えば、自分が住んでいる市に、観光地がなければ、隣の市町村の施設や名所ついて話しても構いません。よほど有名な場所でない限り、試験官もわかりませんし、先ほども述べたように応答が質問に沿っていれば問題ありません。あからさまでない限り、**「作り話」、「すり替え」は善**というマインドで、即興で対応できる準備をしておきましょう！

攻略ポイント ❹ "話せそうなこと>話したいこと" のマインドを持て！

スピーキング、ライティングにおいてスコアが伸び悩む人の特徴の一つに、「**自分の意見やアイデアに固執し過ぎること**」が挙げられます。「～だと伝えたい」、「～という内容を話したい」という気持ちが強すぎると、複雑で難解な内容になり、かえって不自然になりやすいからです。一つ例を挙げましょう。かつて **radiation therapist**（放射線療法士）の方を指導する機会がありました。以下は、その方が作成された自身の仕事を描写する英文（一部修正）と、私が提示した添削後の英文です。どのように変わっているか考えながら読んでみてください。下線部が添削で変更した箇所です。

[添削前]

I'm responsible for providing individualised therapy treatments to patients and undertaking oncology research in order to improve treatment methods.

私は患者への個別治療を受け持っており、治療法改善のために腫瘍学の研究を主に担当しています。

* oncology 腫瘍学（しゅようがく：腫瘍の原因や治療などを研究する学問）

[添削後]

I'm responsible for providing **support to patients and doing research in treatment methods**.

私は患者のサポートを提供しており、治療法の研究を主に担当しています。

添削後の方がシンプルで読みやすくなりましたね。添削前の文で話そうとすると、ハイレベルな表現を使っているので、**その他のパートでも同じレベルの応答が求められます。試験官は受験者の全体的な応答のレベルで評価することから**、一部の応答だけ洗練されていると、明らかに不自然な印象を与えてしまいます。あくまでも、みなさんの最終目標は「**目標スコアを効率的にゲットして IELTS を卒業すること**」です。そういった理由からも、常に**平易で話しやすい内容**、そして**背伸びせず自分の英語力に合った表現で話す**ことを心がけましょう。

これで基礎編は終了です。では、続けてさらにワンランク UP するための**応用編**に進みます。どんどんまいりましょう！

必勝攻略法

応用編

攻略ポイント❺ 3大テクニックで話を広げよ！

みなさんは何か質問をされて、「本当はNoと言いたいけど、そこからどうやって話を広げたらいいんだろう…?」と迷った経験はありませんか。もちろんNoと回答し、それに続く理由を述べるのがベストですが、それ以外にもうまく話を続けるコツがあります。ここでは**好まないこと**、**経験がないこと**、など**自分にあてはまらない質問**をされた際に特に効果的な**3つのテクニック**を紹介します。

テクニック1 昔の事実を述べる

この方法は、「よく映画館に行きますか」、「料理はしますか」といった**今現在のことについて聞かれた際に有効**です。答える時は「**今はやっていないが、5年ほど前は〜**」といった形で昔の事実について話します。この「昔」は、「10代の頃」や、「小学生までは」といった具体的な過去に触れても構いません。次の例で確認しておきましょう。

Q. Do you often go to museums? 014

博物館によく行きますか。

A: Not really these days. But I went to art museums several times when I was little. In primary school, I visited the Tokyo National Museum on a school trip. As far as I remember, there was a large collection of items like pottery, glassware and paintings.

最近はそうでもないです。でも、小さい頃は何度か美術館に行きました。小学生の時、遠足で東京国立博物館に行きました。私の記憶では、陶磁器やガラス工芸品、絵画などの多くのコレクションがありました。

□on a school trip 遠足で　□pottery 陶磁器　□glassware ガラス工芸品

► まず最初に「最近はあまりない」と回答し、そこから「小さい頃に行った」と昔の出来事を述べていますね。このように、**幼少期の話や、学生時代の話に持っていく**と話を展開しやすくなります。簡単なエピソードや感じたこと、経験したことなどについて触れるとよいでしょう。

テクニック2 家族や友人の話題に置き換える

これは「**自分はしないが、母はよく〜しています**」といったように、**他人の話題を持ち出す**方法で、幅広く応用可能です。これに関して、以前生徒さんから、「他人を話題にすると、話がそれていると思われませんか?」と質問を受けたことがあります。その点は、**主題に沿っていれば**問題ありません。例題で確認しておきましょう。

Q. Have you ever had any pets? 🔊015

ペットを飼ったことはありますか。

A: No, I've never had one, because you know pets are not easy to look after. But my sister, who is a cat person, recently bought a kitten. Surprisingly, she moved into an apartment where pets are allowed.

いえ、一度もペットを飼ったことはありません。ご存じのように、ペットは世話が大変です。でも、猫好きの姉[妹]が、最近子猫を買いました。なんと、ペット飼育可能なマンションに引っ越したのです。

□cat person 猫好き □kitten 子猫 □pets are allowed ペットの飼育が可能である

► 下線部がこのテクニックです。自分では経験がないが、姉[妹]の場合は…と例を挙げています。ここで重要なことは、他人を例に出した場合でも**問題に関連した内容を話すこと**です。上記の例は、2、3文目ともにペット(子猫)についての話題ですね。こうすることで、主題からそれずに答えることができます。

テクニック3 将来の計画や想像上の出来事として話す

これは、今はできないが[長い間していないが]、**近いうちにしようと思っている、機会があればしたい**、といったように、**将来的**、または**仮定の話**に切り替えるテクニックです。そしてそれに続けて「もし機会があれば」、「もし休暇が取れれば」、といった形でifを用いた直接法や、**仮定法**を入れると表現の幅が広がります。例題で確認しておきましょう。

Q. When was the last time you went to a museum? 🔊016

最後に博物館に行ったのはいつですか。

A. I can't remember when it was. ① I haven't visited a museum in years, since I've been busy with my work, family and other commitments. ② But if I get the chance, I'd love to go to see a collection of paintings and drawings sometime.

いつのことだったか覚えていません。①仕事や家族、その他の用事で忙しく、何年も博物館に行っていません。②でももし機会があれば、いつか絵画や線画のコレクションを見に行きたいなと思います。

▶ 下線部① → 下線部②の流れを見てください。①「忙しくて何年も行けていない」→②「もし機会があれば見に行きたい」となっていますね。この、「もし～ならば」は、実現しそうなことであれば、回答例のように "If I get the chance" を使います。もし実現の可能性が低い、あるいはなければ、p. 43 の仮定法の表現❷で紹介した、**"If I got [had] the chance"** や **"If I had more time"** などを使うのがおすすめです。また、こういった「いつ～しましたか」と経験を問うタイプの問題も、"No, (I've never ...)" で回答が可能です。これらの展開方法は、**経験がないことについて話す**際に幅広く応用できるので、自然に言えるように練習しておきましょう。

以上３つのテクニックの使い方はおわかりいただけましたか？ すべての問題に応用できるわけではありませんが、この方法を知っているだけで回答の幅が広がりますし、**Part 2 でも活用できます**。少しずつ取り入れて、対応力をUPさせていきましょう！

攻略ポイント❻ 仮想の世界を作れ！

突然ですが、私のプライベートを表した下の表をご覧ください。

項目	詳細
家族構成と住居	① 妻、小学生の息子、幼稚園の娘の４人 ② ８年前に結婚し、５年前、仕事の関係で東京に引っ越してきた ③ 都心の 30 階のタワマンに住んでおり、ジムやバーベキュー施設が無料で利用できる。月１回、住人との交流イベントもある
ホームタウン 住んでいる地域	④ 託児所が徒歩５分の場所にあり、夜遅くまで利用できる ⑤ 治安がよく、きれいな住環境である。病院や学校なども徒歩圏内にあり、子育てがしやすい
週末・休暇の 過ごし方	⑥ 趣味が同じ隣人とキャンプに出かけ、アウトドアを楽しむ ⑦ 友人を家に招いてホームパーティーをし、手料理をふるまう ⑧ 来年北海道へ４日間のクルーズツアーを計画している

実は、これらはほぼすべて作り話で、先ほど基礎編で紹介した「**作り話・うそ**」の**応用**です。この表は私が勝手に作成した**仮想の世界**で、私はこのリストを**仮想ノート**と呼んでいます。前にもお伝えしたように、英語力以前に、アイデアがまとまっていなければうまく回答することは困難です。言い換えれば、経験や知識がなくとも**アイデアがしっかりと整理、準備できていれば、英語力はある程度カバーできる**ということです。このことから、話すネタのストックが少ない初期段階では、仮想ノートを作ることをおすすめします。

この仮想ノートを作る際に意識すべき点は次の 2 点です。

❶ 話しやすい内容を考える
❷ 過去・現在・未来の 3 つの時制を入れること

もちろん**すべてうそである必要はない**ので、本当のことを中心に考え、必要に応じてその都度作り話を入れてください。特に❷は、**文法の運用力を UP させる**のにおすすめです。では仮想ノートの効果的な作り方、そして活用方法を見てみましょう。

Step 1 項目ごとにキーワードを書き出す

先ほどの表のように、詳細は各項目 2 ～ 3 つで、少し具体的に書くのがおすすめです。日本語で構いません。もし英語の場合は、単語だけ書き出します。例えば、⑤であれば次のような形です。

safe / clean / hospital / school / raise a child

Step 2 キーワードを見て英語で話す練習をする

Step 1 で挙げたキーワードをもとに、英語に訳す練習を行います。ポイントは**しっかりと文章で話すこと**、そして**接続詞や副詞などを補うこと**です。必要に応じてプラスアルファの情報を加えても構いません。では上記の⑤のキーワードをもとに、英文を作成してみます。下線を引いた太字がキーワードです。

My neighbourhood is pretty **safe** and **clean** with a lot of trees along the street. I think it's the perfect environment to **raise a child** because you can enjoy easy access to public services like **hospitals** and **schools**.

近隣は通り沿いに木々が多く立ち並んでおり、比較的安全で清潔です。病院や学校などの公共サービスが利用しやすいので、子育てにうってつけの場所だと思います。

すべてのキーワードを入れなくても構いませんが、本番ではこのように**文章を作る力**が要求されます。特に**接続詞を意識しながら文を作る**と効果的です。

Step 3 キーワードをさらに膨らませて話す

これは Step 2 で作成した英文に、もう 1 ~ 2 文を即興で加える方法です。キーワードだけに頼っていると、即時性、つまり準備なしに話す能力が養われません。そのため、**キーワード以外の内容を少し付け足す練習**もしてください。では Step 2 の英文を膨らませます。下線が追加した英文です。

My neighbourhood is pretty safe and clean with a lot of trees along the street. I think it's the perfect environment to raise a child because you can enjoy easy access to public services like hospitals and schools. **I'm planning to buy a house or an apartment around here within a couple of years**.

…2 年以内にこの辺りに、家かマンションを購入する予定です。

下線の部分は先ほどの仮想ノートに一切書かれていませんが、関連した内容になっていますね。このように即興で英文を付け足していってください。

以上が仮想ノートの作成と活用方法です。大筋はご理解いただけましたか?「**スピーキングが得意な人**」と聞くと、発音がきれいで正確、語彙が豊富、という印象を受けますが、実はそれだけではありません。そういった人は**話すネタが豊富**なのです。ですので、出題される頻度の高いトピックについてはアイデアを整理し、表現のストックを増やしていきましょう。これらのストックはすべての Part に応用できますので、総合的なスピーキング力も UP します。

では、ここから実際に、みなさんにも仮想ノートを作成していただけるようサンプルを用意しました。話す頻度の高い項目を厳選したサンプルを載せていますので、以下のポイントを参考に「詳細」欄にネタを書き込んでみてください。

- 先ほどの **3 つのステップ**に従って書き出してください。日英どちらでも構いません。
- 好みに応じてノートに書いたり、パソコンで回答を作るのも効果的です。
- こちらを終えた後は、次の章にある「必須テーマ 10」のトピックから**質問を抜粋し、ご自身で仮想ノートを作成**してみてください。

仮想ノート

項目	詳細
家族と住居	① ② ③
ホームタウン 住んでいる地域	① ② ③
週末・休暇の過ごし方 週末によく行く場所	① ② ③
尊敬する人 会ってみたい有名人	① ② ③
欲しいもの 最近もらったプレゼント	① ② ③
好きな歌手 よく聴く音楽	① ② ③
好きな映画 よく行く映画館	① ② ③
有名な観光地 行ってみたい都市	① ② ③

項目	詳細
好きな本 最近読んだ面白い記事	① ② ③
よく行くレストラン 好きな食べ物	① ② ③
人気のあるスポーツ 挑戦したいスポーツ	① ② ③
日本の有名な行事	① ②
好きな色	① ②
好きな天気	① ②
よく行く公園	① ②
よく使うアプリ	① ②
よく使う交通手段	① ②
よく買い物する場所	① ②

以上でPart 1 **必勝攻略法**のレクチャーは終了です。何度も見直して、本番で生かせるように練習を積んでくださいね。次は出題頻度の高いテーマと、スコアUPに直結する表現に焦点を当てます。続けてどんどんまいりましょう！

James のスコア UP ワンポイントティップ

"Do you work or are you a student?" は話し過ぎるな！

これは Part 1 の最初にほぼ毎回聞かれる質問ですが、**話し過ぎには注意**してください。この問いはあくまでも**ウォームアップ**です。この本を手伝ってくれたすべての試験官が「**Do you work or are you a student? の質問で、回答が長すぎる人が多い**」と、口をそろえて言っています。ではなぜ話し過ぎるとまずいのでしょうか。理由は、以下の 2 つです。

① 事前に回答を用意できる質問であるため、洗練され過ぎていると丸暗記と見なされる。
② 洗練され過ぎた回答であると、試験官の期待値が上がる。結果、以降の問題においても、その回答に近いレベルで話す必要がある。

②は、試験官が特に**一貫性**を重視しているためです。つまり、**全体的なパフォーマンスのバランス**で評価するので、一部の問題の回答だけ答えが突出して優れていると、悪い意味で目立つということです。また、普段の日常会話でも単に "Do you ~?" と聞かれているだけなのに、**具体的にあれこれ話すのは不自然**です。そういった理由から、この問いは**さらっと答えるだけ**で問題ありません。ここでは、理想の応答例と、**自然で減点されない**テンプレートを紹介します。特に下線部の表現はそのまま使えるので、ぜひ活用してみてください。

[学生の場合]

① **I'm a student at** XXX **University**. ② **I'm in my** second **year of a** Bachelor of Social Science, majoring in [studying] International Relations.

私は XXX 大学の学生です。社会科学学士の 2 年生で、国際関係論を専攻しています。

ポイント

① XXX に大学名を入れます。高校の場合は、XXX High School。前置詞は "of" ではなく "at" なので要注意。
② まず何年生かを、次に何の学士かを入れます。人文学なら Bachelor of Arts、理系なら Bachelor of Science。大学院生の場合は、Bachelor を Master に変えれば OK です。以下、代表的な専攻科目の分類リストも参考にしてください。

■ **主な専攻科目一覧**　★ まれに大学により分類が異なる場合があります

Arts **(人文学)**	history / literature / language / music / art / philosophy / geography / archaeology
Science **(サイエンス)**	chemistry / biology / physics / engineering / maths / medicine / nutrition / geology / electronics / ecology
Social science **(社会科学)**	business / economics / finance / communication / law / education / politics / psychology / international relations

[社会人の場合]

① **I work as a** software engineer. ② **I'm mainly responsible for** developing new products and providing technical services.

私はソフトウェアエンジニアとして働いています。主に、新商品の開発と技術サービスの提供を担当しています。

ポイント

① I'm a primary school teacher. のように、I'm a XXX. も可能。地方公務員（教員を除く）の場合は、I work for a local council in XXX.（XXXの地方自治体で働いている）、省庁の場合は "I work for the central government" と言えばOK。

② for の後ろに、1つ～2つ、担当している主な業務を入れます。"I'm mainly responsible for" は、"I'm in charge of (～を担当している)" でも可能。

ポイント

下線部は暗記し、2文目に普段行っていることを入れればOK。

この他にも "Where do you live now?" と聞かれることもありますが、そちらも同様に短く回答してください。これらの最初の問題は基礎レベルですが、10年近い指導経験からしても、ナチュラルに回答できる人はごく少数です。ですが、こういった**細部の精度を1ミリでも高めることで成功が近づく**というマインドを持って臨んでください。正確、かつ自然な応答を念頭に置き、回答の質を高めましょう！

最重要テーマ 10
＋
分野別表現をカバーせよ！

ここからは、本格的に本番に向けた内容に入ります。2013 年から約 10 年間の出題傾向を徹底分析し、過去に高い頻度で出題され、そして今後出題が予想されるトピックを厳選しました。本書では、以下の 10 テーマからそれらを取り上げます。

最重要！ **厳選 10 テーマ**

1. Studies and Work（学業・仕事）
2. Places（場所）
3. People（人）
4. Objects（物）
5. Activities and Events（活動・出来事）
6. Art and Entertainment（アート・娯楽）
7. Travelling and Transport（旅行・交通）
8. Shopping and Fashion（ショッピング・ファッション）
9. Nature and the Environment（自然・環境）
10. Media and Communication（メディア・コミュニケーション）

Part 1 の学習効果を高める方法には、以下の項目や手順を意識しながら学習を進めてみてください。

1. アイデアを考えることに重きを置いてください。もしその質問が出たらどう答えるか、という観点から回答の準備をしてください。
2. 最も出題頻度が高い 1 ～ 3 のテーマから始めてください。その後は、どのテーマから取り組んでも構いません。
3. 各テーマのがついた最重要問題は、必ず回答を準備しておきましょう。
4. テーマ別語彙の取り組み方は、「意味と発音を確認する」→「使えそうな表現があれば使う」の順番がおすすめです。少しずつ意識的に、ご自身の回答に取り入れてみてください。

以上が効率的に学習を進める取り組み方です。なお、このテーマ別語彙は、「**多くの受験者は使わないが、ネイティブは比較的よく使う**」というコンセプトをもとに厳選しました。試験官の経験がある 3 名のネイティブと何度も議論を重ね選んだものなので、スコア UP に直結します。初めて見る語も多くあると思いますし、すべて運用できるようになる必要はありません。ただ、少し使えるようになるだけで、表現力の豊かさをアピールできるので取り入れてみてください。

それでは早速 Part 1 の学習を始めていきましょう。

1 Studies and Work
学業・仕事

p. 46で紹介したように "Do you work or are you a student?" はほぼ毎回最初に聞かれる質問です。そしてここから受験者の応答により、「学業」または「仕事」中心の質問に移ります。シンプルな内容ですが、ある程度うまく回答できないと、気持ちが焦って後半のパフォーマンスにも影響します。油断せず、精度の高い応答ができるよう、以下の問題例を中心に準備しておきましょう。

最重要！ **厳選問題**

Studies（学業）➡「学生」と答えた場合

Q1. Can you tell me about what you study in university [school]?
Q2. Why did you choose that major [course]?
Q3. What do [don't] you like about your course [studies]?
Q4. Do you prefer to study in the morning or in the evening?
Q5. Do you prefer to study alone or with others?

［訳］Q1. 大学（学校）で何を学んでいますか。
Q2. なぜその専攻［コース］を選んだのですか。
Q3. コース［専攻］の好きな［嫌い］なところは何ですか。
Q4. 朝、または夜のどちらに勉強するのが好きですか。
Q5. 一人、または他の人と勉強するのとでは、どちらが好きですか。

Work（仕事）➡「社会人」と答えた場合

Q1. Why did you choose that job?
Q2. What's the most interesting part of your job?
Q3. Which is more important – the work you do, or the people you work with?
Q4. What kind of technology do you use at work?
Q5. Do you prefer to work in the morning or in the evening?

［訳］Q1. なぜその仕事を選んだのですか。
Q2. あなたの仕事の最も面白い部分は何ですか。
Q3. あなたの仕事（内容）、または一緒に働く人の、どちらがより重要ですか。
Q4. あなたの仕事でどのようなテクノロジーを使いますか。
Q5. 朝または夜、どちらに働くのが好きですか。

『学業』を表すスコアUP必須語彙10選

まずは「学業」に関する表現です。学生の方だけでなく、社会人の方にとっても、教育ついて話す際に必要です。まずはこちらの10語からマスターしていきましょう。

practical	**実践的な、実践ベースの**（⇔ theoretical 理論的な） ► an exciting and **practical** course 楽しく実践的なコース
diverse	**多様な** ► study in a **diverse** environment 多様な環境で学ぶ
top	**最上位の、一流の** ► achieve a **top** grade トップの成績を取る ► one of the **top** universities in Japan 日本の一流大学の一つ
undergraduate	**学部生**（= **undergrad**）、学部の ► 大学院生（の）は postgraduate と言う。
field trip	**校外学習、実地調査**（→ 小中高の場合は school trip が一般的） ► go on a **field trip** to a local museum 地元の博物館に校外学習に行く
first-choice university	**第一志望の大学** ► get into my **first-choice university** 第一志望の大学に合格する
club	**サークル、クラブ**（→ society も同じ意味で使われる） ► 小中高のクラブは、after-school clubs と表現することが多い。ちなみに、circle では通じないので要注意。
extra-curricular activity	**課外活動**（→ 学外で行う活動のこと） ► sport、music、art などの習い事や、volunteer work などの慈善活動も指す。internship（インターンシップ）もこの一つ。
study abroad programme	**留学プログラム** ► apply for [take part in] a **study abroad programme** 留学プログラムに応募［参加］する
job interview	**就職面接** ► prepare for a **job interview** 就職面接に向けて準備する ► 関連用語 candidate（候補者）も要チェック！

『仕事』を表すスコア UP 必須語彙 10 選

次は、ビジネスと仕事について話すための語彙を見ていきます。すべてのパートで使えるので、しっかりと運用力を高めておきましょう。

flexible	**柔軟な、フレキシブルな** ► **flexible** working フレキシブルな働き方
supportive	**協力的な、助け合いの** ► a **supportive** work environment 助け合いのある職場環境
rewarding	**やりがいのある** ► a challenging but **rewarding** job 大変だがやりがいのある仕事
juggle	**うまくやりくりする、両立する** ► **juggle** work and family 仕事と家庭を両立する
advance *one*'s career	**キャリアアップする** ► 名詞の career advancement（キャリアアップ）もチェック！
work from home	**在宅勤務する（≒ work remotely）** ► remote working（リモートワーク）と、類似表現の study from home（遠隔で学ぶ）もチェック！
commute to work	**通勤する** ► 特定の手段を指す場合は **drive [cycle] to work**（車［自転車］通勤する）、take the train to work（電車通勤する）と言う。
work night shifts	**夜型の勤務である（= do night shifts）** ► 数字とハイフンを入れれば **work an eight-hour shift**（8時間勤務である）など具体的な時間のも表現に使える！
get a promotion	**昇進する** ► 関連表現の climb the career ladder（出世の階段を上る）が使えれば上級者！
change *one*'s career path	**キャリア［進路］を変える** ► **make the right career choice**（正しいキャリアの選択をする）もチェック！

2 Places
場所

「場所」で必ずおさえるべきトピックは、「**ホームタウン**」と「**住んでいる地域**」です。この 2 つは、地域の主な特徴、**子どもの頃とどう変わったか**、そして、**気に入っている点と不満な点に関して**高頻度で聞かれるので、準備は必須です。同じく「**住居**」も重要です。住んでいる家やマンションの特徴、よく使う部屋については毎年出題されています。その他、休日によく行く場所、公園や図書館、美術館などの**公共施設**についても聞かれます。問題例を見てみましょう。

最重要！ **厳選問題**

Hometown（ホームタウン）

Q1. Can you tell me something about your hometown?
Q2. How has your hometown changed since you were a child?
Q3. Is there anything you'd like to change about your hometown?
Q4. Is your hometown a good place to raise a child?
Q5. Are there any special places to visit in your hometown?

［訳］Q1. あなたのホームタウンについて教えてください。
Q2. 子どもの頃からホームタウンはどう変わりましたか。
Q3. ホームタウンで変えたい部分はありますか。
Q4. あなたのホームタウンは子育てにいい場所ですか。
Q5. あなたのホームタウンで訪れるべき特別な場所はありますか。

Where you live（住んでいる場所）

Q1. Where do you live now?
Q2. Is there anything you don't like about where you live?
Q3. Is there good public transport where you live?
Q4. Would you like to live in the city or the countryside in the future?
Q5. What are the local specialities of the place you live in now?

［訳］Q1. 今どこに住んでいますか。
Q2. 住んでいる場所について好きでない部分はありますか。
Q3. 住んでいる場所にいい公共交通機関はありますか。
Q4. 将来は都市または地方どちらに住みたいですか。
Q5. 住んでいる場所の特産品は何ですか。

♛ Home（住居）

Q1. Do you live in a house or an apartment?
Q2. What's your favourite room in your house / apartment?
Q3. What would you like to change about your house / apartment?
Q4. What can you see from the windows of your house / apartment?

［訳］Q1. 家またはマンションのどちらに住んでいますか。
Q2. 家の中でお気に入りの部屋は何ですか。
Q3. 家／マンションで変えたいと思うことは何ですか。
Q5. 家／マンションの窓から何が見えますか。

♛ Parks / Gardens（公園・庭園）

Q1. How often do you go to parks?
Q2. What do people in your country like to do in a park?
Q3. Would you like to have your own garden at home in the future?
Q4. Are there any famous gardens or parks in your country?

［訳］Q1. どのくらいよく公園に行きますか。
Q2. あなたの国で、人々は公園で何をするのが好きですか。
Q3. 将来家に自分の庭が欲しいですか。
Q4. あなたの国に有名な庭園や公園はありますか。

◆ Library（図書館）

Q1. How often do you go to the library?
Q2. Do you think libraries are a good place to study in?
Q3. How important are libraries to society?

［訳］Q1. どのくらいよく図書館に行きますか。
Q2. 図書館は勉強するのにいい場所だと思いますか。
Q3. 社会にとって図書館はどのくらい重要ですか。

◆ Buildings（建物）

Q1. What types of buildings are there where you live?
Q2. Do you prefer historic or modern buildings?
Q3. Is it important to preserve old buildings?

［訳］Q1. 住んでいる所にどのような種類の建物がありますか。
Q2. 歴史的、または現代的な建物どちらが好きですか。
Q3. 古い建物を保護することは重要ですか。

『場所』を表すスコア UP 必須語彙 10 選 その 1

「場所」を表す必須語彙・その 1 は、特定の施設名や、その特徴を示す表現を集めています。早速見ていきましょう。

rooftop	屋上（の） ► a **rooftop** garden [bar] 屋上庭園 [バー]
waterfront	水辺 ► a **waterfront** restaurant [park] 水辺のレストラン [公園]
botanical garden	植物園（→ **botanic garden** も同じ意味で使われる） ► 鑑賞だけでなく、植物保護（conservation）の役割も果たす。
theme park	テーマパーク（→ theme /θíːm/ の発音に注意！） ► ディズニーランドや USJ など、あるテーマをもとに作られた施設。amusement park は、乗り物を中心とする遊園地のこと。
landmark	（象徴的な）建造物や場所 ► the Statue of Liberty（自由の女神）、Buckingham Palace（バッキンガム宮殿）、the Taj Mahal（タージマハル）などが代表例。
day nursery	託児所 ► 北米では **day care center** が一般的。関連用語として nursery school（幼稚園）もあわせてチェック！
vibe	雰囲気（→ atmosphere のカジュアルな表現） ► nice、good、bad、relaxed などの形容詞と相性がよい。
the heart of	～の中心 ► live in **the heart of** Tokyo 東京の中心地に住む ► be in **the heart of** the city centre 繁華街の中心にある
within walking distance of	～から徒歩圏内で ► live **within walking distance of** the beach ビーチから**徒歩圏内**に住む
in a fantastic location	最高の立地で ► fantastic 以外にも、perfect、quiet、central、convenient、ideal などに変えればバラエティが UP!

『場所』を表すスコア UP 必須語彙 10 選 その 2

次は形容詞・動詞を中心に見てみましょう。例えば「広い部屋」と言う際、a large [big] room でも問題ありませんが、"a **spacious** room" と言えれば、表現力が豊かであるというよい印象を与えられます。こういったスコア UP に直結する語をチェックしておきましょう。

lively	**活気のある**(= **vibrant**) ► a **lively** city [street] 活気のある都市 [通り]
multicultural	**多文化の**(≒ **cosmopolitan / diverse**) ► a **multicultural** city [environment] 多文化の都市 [環境]
fancy	**おしゃれで高級な**(≒ **luxury**) ► hotel、restaurant、house などを修飾することが多い。
iconic	**象徴的な** ► an **iconic** building in the city その都市の象徴的な建物
communal	**共同の**(≒ **shared**) ► **communal** space [kitchen] 共同スペース [キッチン]
charming	**趣のある、風情を感じさせる** ► village や town と相性がよい。類義語の picturesque (絵に描いたように美しい) や、quaint (古風な) も使えれば上級者!
state-of-the-art	**最先端の、最新鋭の** (= very modern and advanced) ► technology や design と相性がよいが、建物も修飾可能。facility、building、library などに付けて使う。
attract	**(人を) ひきつける**(= **draw**) ► X **attracts** millions of visitors. (Xには何百万人の観光客が訪れる) のように、場所やお祭りなど特定のイベントを主語にして使う。
boast	**~を有する、誇る** (→ 建物や場所を主語にして使う) ► **boast** modern facilities and equipment 近代的な施設と機材を有する
be rich in ~	**~が豊かである、豊富である** ► in の後ろには history、art、culture、**wildlife** (野生動物)、**cultural heritage** (遺産) などがくる。

3 People
人

「人」に関するトピックは、友人や家族、有名人など多岐にわたります。攻略のポイントは、その人の**性格**、**魅力**、**バックグラウンド**などの特徴を話せるようにしておくことです。また、知り合った［知った］きっかけや、何かを一緒に経験したエピソードなども準備しておくと話を展開しやすくなります。まずは以下の最重要トピックから始めて行きましょう。

最重要！ **厳選問題**

Family（家族）

Q1. How often do you go out with your family?
Q2. Who do you spend most of time with in your family?
Q3. In what way is your family important to you?
Q4. What was the most important thing your parents taught you?

［訳］Q1. 家族とどのくらい出かけますか。
Q2. 家族の中で一緒に過ごす時間が多いのは誰ですか。
Q3. 家族は自分にとってどのように重要ですか。
Q4. 両親が教えてくれた最も重要な事は何ですか。

Friends（友人）

Q1. When was the last time you went out with your friends?
Q2. Do you still catch up with friends from childhood?
Q3. What do you think makes good friends?
Q4. Who asks for advice when you need help, family or friends?

［訳］Q1. 最後に友達と出かけたのはいつですか。
Q2. 幼い頃からの友達と今も交流はありますか。
Q3. よい友達に必要な要素は何だと思いますか。
Q4. 助けが必要な時、家族または友達、誰にアドバイスを求めますか。

Neighbours（隣人）

Q1. How well do you know your neighbours?
Q2. Have you ever invited your neighbours to your home?
Q3. In what ways can neighbours help each other?
Q4. Do people in your culture spend time with their neighbours?

［訳］Q1. どのくらいよく隣人を知っていますか。
Q2. 家に隣人を招待したことがありますか。
Q3. どのように隣人と助け合えますか。
Q4. あなたの文化で、人々は隣人と時間を過ごすことはありますか。

♛ Groups or individuals（集団か個人か）

Q1. Did you ever work in a group at school?
Q2. Are there anything you don't like about working in a group?
Q3. What can you learn from working in a group?
Q4. Do you prefer travelling alone or in a group?

［訳］Q1. 学校で、集団でよく活動しましたか
Q2. 集団での活動に関して嫌いなことはありますか。
Q3. 集団での活動によって何を学べますか。
Q4. 一人旅か、集団での旅のどちらが好きですか。

◆ Teachers（教師）

Q1. Can you tell me about a good teacher you have had?
Q2. Is teaching a popular job in your country?
Q3. If you were going to become a teacher, what subject would you teach?

［訳］Q1. これまで教わったいい教師について教えてください。
Q2. あなたの国で教師は人気のある職業ですか。
Q3. 教師になるとしたら何の科目を教えますか。

◆ Leaders（リーダー）

Q1. Have you ever become a leader at work or in school?
Q2. Do you think you are a good leader?
Q3. What type of person makes a good leader?

［訳］Q1. 仕事または学校でリーダーになったことはありますか。
Q2. 自分はいいリーダーだと思いますか。
Q3. どのような人がよいリーダーになると思いますか。

『人』を表すスコアUP必須語彙10選 その1

語彙力をアピールするには、nice、kind、friendlyなどの初級語だけでなく、さらに幅広い語を運用することが大切です。ここでは表現力をワンランクUPさせる**形容詞**を中心に見ていきます。

outgoing	**社交的な（≒ sociable, extroverted）** ► 対義語はunsociableとintroverted（内向的な）。
assertive	**自信を持って主張する、はっきり意見を言う** ► ポジティブな意味で使われる。
organised	**きちんとしている、手際のよい（⇔ disorganised）** ► 人以外に、場所や状況にも使うことができる。
hilarious	**すごくおもしろい（＝ extremely funny）** ► 類語 **humorous**（ユーモアのある）もあわせてチェック！
knowledgeable	**知識が豊富な（→「～について」とする場合、前置詞はaboutを使う）** ► experienced and **knowledgeable** 経験と知識が豊富な
approachable	**話しかけやすい、親しみやすい** ► 教師や上司の特徴を話す際に使える。他にもcaring（思いやりのある）もスコアUP語彙。
like-minded	**同じ関心を持った** ► connect with **like-minded** people 同じ関心を持った人たちとつながる
energetic	**元気いっぱいの** ► 特に子どもの特徴を表す際に使う。この他にもcurious（好奇心のある）、unpredictable（行動が予測できない）はスコアUP語彙。
impatient	**気が短い、いらいらしやすい** ► become **impatient** with the flight delay 飛行機の遅延にいらいらする
fussy	**ささいなことにうるさい、こだわる（≒ picky / particular）** ► She's pretty **fussy about** coffee. 彼女はコーヒーにけっこううるさい。

『人』を表すスコアUP必須語彙10選 その2

次は名詞表現が中心です。先ほどの形容詞と組み合わせることで、表現の幅がさらに広がります。では続けて見ていきましょう

morning person	**朝型の人**（≒ **early bird**） ➤ 対義語 night owl（夜型の人）もあわせてチェック！
founder	**創設者**（→ 動詞の found も重要） ➤ the **founder** of the company その企業の創設者
inspiration	**刺激やひらめきをくれる人** ➤ be a great **inspiration** to me すごく刺激的な存在である
influence	**影響を与えてくれる人** ➤ big、great、positive、bad、negative などの形容詞と結びつく。influencer（インフルエンサー：影響力のある人）との違いに注意。
role model	**ロールモデル**（→ 模範やお手本となる人のこと） ➤ serve as a **role model** ロールモデルである ➤ see ~ as a **role model** ~をロールモデルと考える
multi-tasker	**複数の作業を同時にこなす人** ➤ 動詞の"multi-task"を用いて **be good at multi-tasking**（複数の作業を同時にするのが得意である）も使えれば表現力UP！
from all walks of life	**あらゆる職業や社会的地位出身の** ➤ people **from all walks of life** あらゆる職業や、地位出身の人々
background	**バックグラウンド、背景** ➤ students from diverse **backgrounds** 多様な背景を持つ学生
have a positive outlook on life	**前向きな人生観を持っている**（≒ **have a positive mindset**） ➤ 類似表現の **look on the positive [bright] side**（大変な時にプラスの面を考える）もチェック！
have a lot in common	共通点が多い ➤ **have something in common**（何か共通点がある）、**don't have much in common**（共通点があまりない）も重要。

4 Objects
物

「物」のカテゴリーでは、「**プレゼント**」と「**食べ物**」の2つのトピックが最重要です。その次に、出題頻度が高いのが「**おもちゃ**」です。これらはPart 2でもよく登場するので、準備は必須です。他にも**家具**や**スイーツ**をはじめとしたIELTS独特のトピックも対策が必要です。ではこれらを中心とする質問を見ていきましょう。

最重要！ **厳選問題**

Gifts / Presents (贈り物・プレゼント)

Q1. What's the best present you have ever received?
Q2. Is choosing a present easy for you, or difficult?
Q3. When do people give gifts or presents in your culture?
Q4. Which do you enjoy more, giving gifts or receiving them?

[訳] Q1. これまでにもらった一番のプレゼントは何ですか。
Q2. あなたにとって、プレゼントを選ぶのは簡単ですか、難しいですか。
Q3. あなたの文化で、人々はいつ贈り物やプレゼントをしますか。
Q4. 贈り物をすること、または受け取ること、どちらが楽しいですか。

Food and drinks (飲食物)

Q1. What sort of food do you like to eat?
Q2. How have eating habits in your culture changed over the years?
Q3. Do you still eat the same snacks that you ate as a child?
Q4. Do you prefer tea or coffee?

[訳] Q1. どんな食べ物を食べるのが好きですか。
Q2. ここ数年にわたってあなたの文化の食習慣はどのように変わりましたか。
Q3. 子どもの頃、食べていたお菓子を今も食べていますか。
Q4. 紅茶とコーヒー、どちらが好きですか。

◆ Sweets (スイーツ)

Q1. How often do you eat chocolate?
Q2. What kind of sweets did you eat when you were a child?
Q3. Are there any special sweets in your country?

[訳] Q1. どのくらいの頻度でチョコレートを食べますか。
Q2. 子どもの頃、どんなスイーツを食べましたか。
Q3. あなたの国に特別なスイーツはありますか。

◆ Toys (おもちゃ)

Q1. What was your favourite toy when you were a child?
Q2. What kinds of toys are popular in your country?
Q3. Do boys and girls play with the same or different toys in your country?

[訳] Q1. 子どもの頃のお気に入りのおもちゃは何でしたか。
Q2. あなたの国では、どんなおもちゃが人気ですか。
Q3. あなたの国で男の子と女の子は、同じ、もしくは違うおもちゃで遊びますか。

◆ Money (お金)

Q1. Are you good at saving money?
Q2. Did you learn about money as a child?
Q3. Why do you think some people struggle with saving money?

[訳] Q1. 節約することは得意ですか。
Q2. 子どもの頃お金について学びましたか。
Q3. なぜ一部の人々は節約に苦労すると思いますか。

◆ Furniture (家具)

Q1. Do you have a lot of furniture in your home?
Q2. Do you prefer modern or antique furniture?
Q3. Would you prefer to live in a home with a lot of furniture, or with very little furniture?

[訳] Q1. 家にたくさんの家具を持っていますか。
Q2. 現代的、もしくはアンティーク家具の家具、どちらを好みますか。
Q3. 家具が多い家かほとんどない家、どちらに住みたいですか。

◆ Maps (地図)

Q1. When do you usually use a map?
Q2. Do you prefer electronic or paper maps?
Q3. Do you think children should be taught how to read a map?

[訳] Q1. 普段いつ地図を使いますか。
Q2. 電子または紙の地図、どちらが好きですか。
Q3. 子どもたちは、地図の読み方を教わるべきだと思いますか。

『物』を表すスコアUP必須語彙10選 その1

「物」について話す際は、**具体的な種類**を挙げると印象がUPします。例えば、台所用品(kitchen utensils)であれば、皮むき器(peeler)や缶切り(can opener)がその種類です。このように1項目に対し、1～2つの例を挙げられるように準備しておきましょう。

texture	**食感** ► flavour(味)や、smell(香り)も一緒にチェック!
ready meal	**調理済み食品(→弁当や総菜などレンジで温める食品)** ► **home-cooked meal**(家庭で調理した食事)も重要。
local ingredients	**地元の食材**(≒ local produce) ► fresh **local ingredients** 新鮮な地元の食材 ► ingredientは、「具材」の意味でもよく使うので重要。
gadget	**小型の電子機器(= electronic device)** ► パソコン、スマホ、ゲーム機器(game console)などを指す。
appliance	**家電** ► fridge(冷蔵庫)、dishwasher(食洗機)、microwave(電子レンジ)などが代表例。
beauty products	**美容製品** ► cosmetics(化粧品)、sunscreen(日焼け止め)、moisturiser(保湿クリーム)などを含めた総称。
exercise equipment	**運動器具** ► treadmill(ランニングマシン)、weights(ダンベル器具)、yoga mat(ヨガマット)など具体例が言えればワンランクUP!
playground equipment	**遊具** ► seesaw(シーソー)、swings(ブランコ)、slide(滑り台)、jungle gym(ジャングルジム)、monkey bars(うんてい)が代表例。
fishing tackle	**釣り具** ► 釣りのトピックで使う表現。具体例としては、rod(釣りざお)、reel(リール)、lure(ルアー)、hook(釣り針)、bait(えさ)がある。
must-have	**必需品、マストアイテム** ► 他にも、a must-read(必読書)やa must-see(必見の場所や物)もあわせてチェック!

『物』を表すスコアUP必須語彙10選 その2

「物」を詳しく説明するために、**大きさや状態**、**機能**といった特徴を明確にすると、スコアUPにつながります。描写に必要な形容詞と動詞を見ておきましょう。

durable	**耐久性のある** ► **durable** and easy to clean 耐久性が高く、掃除しやすい
waterproof	**防水の**（→ "proof"は「～を防ぐ」という意味。soundproofも重要） ► **waterproof** jacket [shoes] 防水服［靴］
organic	**有機栽培の、無農薬栽培の** ► **organic** fruit and vegetables 有機栽培の果物と野菜
handmade	**手作りの**（→ 衣服や工芸品、家具などに使う） ► **handmade** gift [shoes] 手作りの贈り物［靴］
high-end	**高級の** ► **high-end** brands like Gucci and Armani グッチやアルマーニなどの高級ブランド
save for retirement	**老後に備えて貯蓄しておく** ► **save for education**（教育のために貯蓄する）もスコアUP表現。
specialise in ~	**～を専門に取り扱う** ► 店やレストランなどを主語にして幅広く使える。関連用語のlocal speciality（地元の名物料理）も要チェック！
season	**～に味付けする** ► be **seasoned** with garlic and pepper ニンニクとコショウで味付けされている
keep track of ~	**～を記録しておく** ► お金に関するテーマで有効。目的語はspendingやexpensesなど、**支出を表す語**を使えばスコアUP！
go well with ~	**～と合う、マッチする** ► 食べ物の組み合わせをはじめ、服装、部屋の装飾などの調和が取れている、と言う場合にも使える。

5 Activities and Events
活動・出来事

「活動」や「出来事」については、日々のルーティーンから娯楽的な活動、さらには文化的な慣習に至るまで広く出題されます。例えば「祭り」、「スポーツ」、「習慣」、「料理」などが代表例です。まずは以下の問題から始めていきましょう。

最重要！ 厳選問題

Holiday / Leisure time (休暇／余暇)

Q1. What do you usually do in your free time?
Q2. Do you think people in your country have enough free time?
Q3. What's your favourite national holiday?
Q4. What are you planning to do next weekend [next holiday]?

［訳］Q1. 普段、余暇に何をしますか。
Q2. あなたの国の人々は、十分な自由時間を持っていると思いますか。
Q3. 好きな祝日は何ですか。
Q4. 次の週末［次の休暇］に何をする予定ですか。

Daily habits (日々の習慣)

Q1. What do you usually do in early mornings?
Q2. Do you think getting up early is a good habit?
Q3. How many hours of sleep do you usually get each night?
Q4. Do you often stay up late?

［訳］Q1. 普段、早朝に何をしますか。
Q2. 早起きするのはいい習慣だと思いますか。
Q3. 普段、毎晩何時間睡眠を取りますか。
Q3. よく夜更かしをしますか。

Festivals / Birthdays (祭り／誕生日)

Q1. What kind of festival did you attend when you were a child?
Q2. Have you ever taken part in a festival in a foreign country?
Q3. How do you celebrate birthdays in your culture?
Q4. Can you remember a birthday that you enjoyed as a child?

［訳］Q1. 子どもの頃、どんな祭りに参加しましたか。
Q2. これまで外国で祭りに参加したことはありますか。
Q3. あなたの文化ではどのように誕生日を祝いますか。
Q4. 子どもの頃に誕生日を楽しんだ思い出はありますか。

♛ Sports（スポーツ）

Q1. How often do you play sports?

Q2. What sports are popular in your country?

Q3. Did you learn any sports at school?

Q4. Do you prefer watching or playing sports?

［訳］Q1. どのくらいよくスポーツをしますか。
Q2. あなたの国で人気のスポーツは何ですか。
Q3. 学校でスポーツを習いましたか。
Q4. スポーツを観戦すること、あるいはプレーすること、どちらを好みますか。

♛ Cooking and Eating（料理・食事）

Q1. How often do you cook?

Q2. Have you ever cooked a meal for a lot of people?

Q3. Do you prefer eating at home, or in a restaurant?

［訳］Q1. どのくらいよく料理をしますか。
Q2. 大勢の人のために料理をしたことがありますか。
Q3. 家で食事をするのと、外食するのでは、どちらを好みますか。

◆ Collection（収集）

Q1. Do you like collecting things?

Q2. What are common items people like to collect in your culture?

Q3. Why do you think some people like to collect things?

［訳］Q1. 物を集めるのが好きですか。
Q2. あなたの文化で人々がよく好んで集める品物は何ですか。
Q3. なぜ一部の人々は物を集めるのが好きだと思いますか。

◆ Exercise and physical activities（運動・身体的活動）

Q1. What kind of exercise do you regularly do?

Q2. What kinds of outdoor activities did you enjoy when you were a child?

Q3. Is swimming [walking / hiking] a popular activity in your country?

［訳］Q1. どのような運動を定期的に行いますか。
Q2. 子どもの頃、どんな野外活動を楽しみましたか。
Q3. あなたの国では、水泳［ウォーキング／ハイキング］は人気のあるアクティビティですか。

『活動・出来事』を表すスコアUP必須語彙10選 その1

まずは、さまざまな「活動」や「出来事」の表現に使える名詞を中心に見ていきます。まずはこちらの語彙を運用できるようにしておきましょう。

highlight	**見どころ** ► the main **highlight** of the festival その祭りの主な見どころ
fireworks display	**花火大会（→ "fireworks" のようにsが付くので要注意！）** ► spectacular **fireworks display** 見事な花火大会
nightlife	**夜の娯楽、ナイトライフ** ► a vibrant **nightlife** 活気に満ちたナイトライフ
day out	**外出、お出かけ、小旅行** ► enjoy [have] a **day out** お出かけを楽しむ［お出かけする］
special occasion	**特別な日** ► birthday、wedding anniversaryなどの記念日や、ChristmasやMother's Dayなどの特定の行事も含む。
makeover	**（部屋や家の）模様替え、イメージチェンジ、外観の改装** ► give my room a **makeover** 部屋を模様替えする ► 句動詞を用いた **do up** a room（部屋を模様替えする）も重要！
once-in-a-lifetime opportunity	**またとない機会、極めて珍しい機会** ► opportunityの代わりにexperienceも使われる。関連表現の "life-changing"（人生を変えるような）も要チェック！
refreshing	**気分が爽快になるような、（出来事や考えが）斬新な** ► The swim in the lake was really **refreshing**. 湖で泳いで、すごく気持ちよかった。
monotonous	**（単調で変化がなく）つまらない** ► boringの代わりに使える便利な語。特にjob、task、work、lifeと相性がよい。
unforgettable	**忘れられない** ► experience、moment、tripなどと相性がよい。類義語memorable（忘れられない）も要チェック！

『活動・出来事』を表すスコア UP 必須語彙 10 選 その 2

続けて動詞です。少しボリュームがありますが、こちらも積極的に普段の練習に取り入れていきましょう。

help around the house	**家事を手伝う** ► share the housework (家事を分担する) も要チェック!
get hands-on experience	**実際に体験する** ► **get hands-on experience** of farming 農業を実際に体験する
sit back and relax	**くつろぐ** (→ 椅子やソファでゆったり休むというニュアンス) ► make time to **sit back and relax** くつろぐ時間を作る
make a donation to ~	**~に寄付をする** ► **make a donation to** the charity 慈善団体に寄付をする
stand in a queue	**列に並ぶ** (→ queue /kjúː/ の発音に注意!) ► join a queue (列に加わる) も重要。queue はイギリス英語、アメリカ英語では line を使って、stand in a line と表す。
have a barbecue	**バーベキューをする** (→ barbecue /bάːrbikjùː/ の発音に注意!) ► grill (焼く)、flip (ひっくり返す)、barbecue accessories (バーベキュー道具) も要チェック!
go for a stroll	**散歩に出かける** (= **go for a walk**) ► 動詞の stroll を用いて、**stroll** along the beach (ビーチ沿いを散歩する) のようにも使えれば、表現力倍増!
win a prize	**賞を獲得する** (→ 賞金や景品をもらう場合に使う) ► 類語の win an award は「選考の結果賞を得る」という意味。come in first [second] (1 位 [2 位] になる) も要チェック!
achieve personal best	**自己ベストを更新する** ► スポーツのトピックで使える。類似表現の give it 100% (100%の力を出し切る) も重要。
feed a baby	**赤ん坊にミルクや食事を与える** ► get a baby to sleep (寝かしつける)、bath a baby (お風呂に入れる)、change a nappy (おむつを替える) もスコア UP 表現。

6 Art and Entertainment
アート・娯楽

このテーマでは「**本**」、「**映画**」、「**美術**」、「**音楽**」の4大トピックをカバーすることが最優先です。最初に考えるべき項目は、「**好み**」です。例えば、「好みの本」、「好みの映画」、「好みの音楽」などです。同様に、「日本で人気のある物」、つまり「人気のテレビ番組」や「人気の映画」なども重要で、コメディー、ドキュメンタリーのように、**ジャンルを明確に表現する**と好印象です。まずはこちらの最重要トピックから見ていきましょう。

最重要！ **厳選問題**

Books / Reading（本／読書）

Q1. What's your favourite book?
Q2. What kinds of books are most popular in your country?
Q3. Do you read more or less now than when you were younger?
Q4. Have you ever borrowed books from someone?
Q5. Do you prefer to read paper books or electronic books?

［訳］Q1. 一番お気に入りの本は何ですか。
Q2. あなたの国でどのような本が最も人気ですか。
Q3. 若い頃よりも読書量は多いですか、それとも少ないですか。
Q4. 誰かから本を借りたことはありますか。
Q5. 紙の本と、電子書籍のどちらが好きですか。

Music / Singing（音楽／歌うこと）

Q1. What kind of music do you often listen to?
Q2. Have you ever played a musical instrument?
Q3. How important is music in your culture?
Q4. Would you like to be a professional singer in the future?
Q5. Have you ever been to a live concert?
Q6. Do you like to listen to music at home or in a concert hall?

［訳］Q1. どんな音楽をよく聞きますか。
Q2. 楽器を演奏したことはありますか。
Q3. あなたの文化で音楽はどのくらい重要ですか。
Q4. 将来プロの歌手になりたいですか。
Q5. ライブコンサートに行ったことはありますか。
Q6. 自宅か、コンサート会場のどちらで音楽を聞くのが好きですか。

♛ Films / Cinemas（映画／映画館）

Q1. Did you often go to the cinema when you were a child?
Q2. Do you prefer to watch films at home or in the cinema?
Q3. Are you planning to see any films in the near future?
Q4. Is there any kind of film that you really don't like?

［訳］Q1. 子どもの頃、映画館によく行きましたか。
Q2. 家または映画館、どちらで映画を見るのが好きですか。
Q3. 近いうちに何か映画を見る予定ですか。
Q4. 好きでない種類の映画はありますか。

♛ Art / Museums（美術／博物館）

Q1. Did you enjoy drawing or painting when you were a child?
Q2. When was the last time you went to museums?
Q3. Do you prefer traditional or modern art?
Q4. Would like to know more about art?

［訳］Q1. 子どもの頃、線画、または絵画を楽しみましたか。
Q2. 最後に博物館に行ったのはいつですか。
Q3. 伝統美術か、現代美術のどちらが好きですか。
Q4. もっと美術について知りたいと思いますか。

◆ Photography（写真）

Q1. Is taking photos a popular activity in your country?
Q2. What are good places to take photos in your country?
Q3. Do you prefer to take photos with a camera, or with your phone?

［訳］Q1. あなたの国で、写真を撮るのは人気のアクティビティですか。
Q2. あなたの国で、写真撮影に向いているのはどんな場所ですか。
Q3. カメラまたは携帯電話、どちらで写真を撮るのが好きですか。

◆ Colour（色）

Q1. What's your favourite colour?
Q2. What colour do people tend to avoid?
Q3. Would you prefer to decorate your room in a light colour, or a dark colour?

［訳］Q1. 好きな色は何ですか。
Q2. どんな色を人々は避ける傾向にありますか。
Q3. 部屋の装飾は、明るい色と暗い色のどちらが好みですか。

『本・映画・テレビ』を表すスコア UP 必須語彙 10 選

まずは「本」、「映画」、「テレビ」関連語彙です。この 3 つは、共通して使える表現が多く、応用が可能です。しっかりと使えるようにしておきましょう。

best-selling	**ベストセラーの** ► a **best-selling** book [author] ベストセラー本 [作家]
thought-provoking	**深く考えさせられるような** ► 本、映画、番組を表す上級者向け語彙。他にも、informative（ためになる）や inspiring（感化される）も要チェック！
plot	**話の筋、ストーリー** ► the final **plot** twist of the film [book] その映画 [本] の最後の予期せぬストーリー
smash hit	**大ヒット作品** ► 歌や映画、舞台作品などに幅広く使える。smash の代わりに huge や massive を使っても OK！
come out	**公開される、出版される**（= be released） ► 本や映画が主語に来る。"be released" よりも日常会話向き。
entitle	**～というタイトルをつける**（→ 本、映画、番組など広く使用可） ► a novel [film] **entitled** ~ ～というタイトルの小説 [映画]
be adapted into a film	**映画化される**（= be made into a film） ► film adaptation（映画化）もあわせてチェック！
subscribe to ~	**～を定期購読する** ► **subscribe** to a streaming service [online news] 動画配信サービス [オンラインニュース] を定期購読する
feature	**～を特集する、取り上げる** ► be **featured** in the documentary ドキュメンタリー番組で取り上げられる
be translated into ~	**～に翻訳されている** ► **be translated into** over 30 languages around the world 世界で 30 を超える言語に翻訳されている

『美術・音楽』を表すスコアUP必須語彙10選

次は「美術」と「音楽」です。これらは多くの人が苦手とするテーマですが、しっかりとテーマ別語彙を運用できれば、他の受験者に差をつけることができます。まずはこの10語から身に付けていきましょう！

art gallery	**美術展、画廊**（→ 絵画はじめとする美術品を展示する場所のこと） ► art [photo] exhibition（展覧会［写真展］）も要チェック！
life-size	**等身大の**（→「実物と同じ大きさの」という意味） ► **life-size** dinosaurs [statues] 等身大の恐竜［彫像］
natural history museum	**自然史博物館**（→ 動植物や、地質の進化や歴史について学べる） ► 博物館のトピックで使う。science museum（科学博物館）、railway museum（鉄道博物館）も重要。
house	**～を所蔵している**（→ 発音は /háʊz/ なので注意！） ► **house** a large collection of paintings 多くの絵画コレクションを所蔵している
do a drawing of ~	**～の絵を描く**（→ ペンや鉛筆で描く線画のこと） ► **do a lot of** drawing たくさんの線画を描く
spectacular	**感動するような**（→ 景観の美しさを表現する語＝ stunning） ► **spectacular** views [beaches] 感動する景色［ビーチ］
picturesque	**絵に描いたように美しい**（→ 発音は /pɪktʃərésk/） ►「美しく趣や風情がある」というニュアンスで、town や village と相性がよい。
string instrument	**弦楽器**（→ ギターやバイオリン、チェロ〔cello〕が代表例） ► あわせて **percussion instrument**（打楽器）もチェック！
catchy tune	**覚えやすい耳に残るメロディー**（→ tune の発音に注意：/tjúːn/） ► upbeat tune（気持ちが明るくなる曲）や、play a tune on an instrument（楽器に合わせて曲を演奏する）も重要。
sing along a song	**曲に合わせて歌う** ► 関連用語 dance to music（音楽に合わせて踊る）も要チェック！

7 Travelling and Transport
旅行・交通

「旅行」でメジャーな質問は**手段**を問う問題で、頻度が高いのは「**これまで船［車／飛行機］で旅行をしたことがあるか**」です。特に「**旅で訪れた中で気に入った場所**」については描写できるようにしておいてください。次に「交通」に関しては、日本やホームタウンの**交通インフラ**、特に**公共交通機関**についてよく問われます。また、これと関連して「**車**」と「**自転車**」も時々出題されます。日本の交通事情や、優れている点については話せるよう準備しておきましょう。

最重要！ 厳選問題

Travelling（旅行）

Q1. Do you prefer travelling abroad or in your home country?
Q2. Do you have any plans to travel somewhere in the near future?
Q3. Why do you think many people like travelling?
Q4. Would you like to travel into space someday?
Q5. What's the furthest place you have travelled to by car?

［訳］Q1. 海外旅行か、国内旅行どちらが好きですか。
Q2. 近い将来どこかに旅行する予定はありますか。
Q3. なぜ多くの人々は旅行が好きだと思いますか。
Q4. いつか宇宙を旅してみたいと思いますか。
Q5. 車で旅行した最も遠い場所はどこですか。

Transport（交通）

Q1. What type of transport do you often use?
Q2. How do you think public transport in your country will change in the future?
Q3. How often do you travel by bus or taxi?
Q4. Is it common to own a car in your country?
Q5. Are bicycles a popular form of transport in your country?

［訳］Q1. どの種類の交通機関をよく使いますか。
Q2. あなたの国の公共交通機関は、将来どのように変化すると思いますか。
Q3. どのくらいの頻度でバスやタクシーで移動しますか。
Q4. あなたの国では、車を所有することは一般的ですか。
Q5. あなたの国では、自転車は人気のある交通手段ですか。

『旅行』を表すスコア UP 必須語彙 10 選

「旅行」はスピーキングだけでなく、ライティングでも出題される超必須テーマです。次の 10 表現から確実に身に付けていきましょう。

guided tour	ガイド付きツアー ► book a **guided tour** ガイド付きツアーを予約する
tourist destination	観光地（≒ **tourist site / tourist attraction**） ► a major **tourist destination** 主な観光地
during the holiday season	休暇期間に（= **during the high season**） ► 対義語の **during the offseason**（閑散期に）も重要。
historical site	歴史的名所（≒ **places of historical interest**） ► World Heritage Site（世界遺産）と cultural [natural] heritage site（文化［自然］遺産）もチェック！
luxury hotel	高級ホテル ► **a five-star hotel**（5 つ星ホテル）、**pet-friendly hotel**（ペットに優しいホテル）もあわせてチェック！
sandy beach	砂浜のビーチ ► sandy を **rocky**（岩肌の）や **secluded**（人里離れた穴場の）などに変えれば表現力 UP！
see the sights of ~	~を観光する（≒ **take a sightseeing tour of ~**） ► **see the sights of** London ロンドンを観光する
go on a cruise	クルーズ旅行に行く ► **go on a** world **cruise** クルーズで世界一周旅行をする
be worth a visit	訪れる価値がある ► be **well worth a visit**（とても訪れる価値がある）のように "well" を入れれば、表現力 UP！
have a rating of	~の評価である（→ ホテルやレストランを主語にして使う） ► **have a rating of** 4.6 out of 5 from over 300 reviews 300 を超えるレビューで、5 のうち 4.6 の評価である

『交通』を表すスコアUP必須語彙10選

次は「交通」関連です。車、電車、自転車などのメジャーな手段から、飛行機、船まで幅広い手段が出題されます。また、「横断歩道」や「駐輪場」などの身近な語であっても、とっさに英語で出てこないこともあります。ここでは使用頻度の高い語を中心に見ていきましょう。

pedestrian crossing	横断歩道 ► pedestrian（歩行者）と、pavement（歩道）もチェック！
bike lane	自転車専用道路（= **cycle lane**） ► bicycle parking spot（駐輪場）もあわせてチェック！
rush hour traffic	ラッシュアワー時の渋滞 ► during rush hour（ラッシュアワー時は）もあわせてチェック！
a form of public transport	公共交通手段（→ formの代わりにtypeでもOK） ► the most popular **form of** public transport in Japan 日本で最も人気のある公共交通手段
install	～を設置する、新たに作る ► 歩道や、信号機（traffic light）などの語と一緒に使われる。
cause a delay	遅延を引き起こす ► **cause** major [lengthy] **delays** 大幅な遅延を引き起こす
get around	あちこち移動する ► **get around** the city by bike 自転車で市街地を移動する
get to and from work	職場への行き来をする ► getの代わりにtravelも使われる。walk to and from school（徒歩で登下校をする）もあわせてチェック！
get a speeding ticket	スピード違反で捕まる ► 関連表現 **go [jump] a red light**（信号無視をする）もチェック！
get stuck in traffic	交通渋滞にはまる ► 関連用語として、**avoid traffic jams**（渋滞を避ける）も一緒に使えるようにしておこう。

8 Shopping and Fashion
ショッピング・ファッション

この2つは、毎年出題される超頻出テーマです。まず「ショッピング」は、「**よく買い物に行く場所**」を必ず考えておいてください。次に「ファッション」は「**服**」が最優先トピックです。「**好んで着る服**」や「**日本の伝統的な服**」は定番の質問です。他にも、靴やカバンなどのアイテムも出題されます。まずは以下の問題から対策を進めましょう。

最重要！ **厳選問題**

♛ Shopping（ショッピング）

Q1. Do you like shopping?
Q2. Where do you usually shop?
Q3. Do you prefer to shop in department stores or in small shops?
Q4. Is shopping a popular activity in your country?
Q5. How important are prices to you when you buy something?

［訳］Q1. ショッピングは好きですか。
Q2. 普段どこで買い物しますか。
Q3. デパートか小さなお店、どちらで買い物するのが好きですか。
Q4. あなたの国で、ショッピングは人気のあるアクティビティですか。
Q5. 物を買う時に値段はどのくらい重要ですか。

♛ Clothing（服）

Q1. What kind of clothes do you usually wear?
Q2. Did you wear special clothes when you were a child?
Q3. Do you often buy clothes online?
Q4. Do you like wearing traditional clothes?
Q5. Are jeans a popular style in your culture?

［訳］Q1. 普段どんな服を着ますか。
Q2. 子どもの頃特別な服を着ましたか。
Q3. よくオンラインで服を買いますか。
Q4. 伝統的な服を着るのは好きですか。
Q5. あなたの文化ではジーンズは人気のスタイルですか。

◆ Street markets (ストリートマーケット)

Q1. When was the last time you went to a street market?
Q2. What kind of things do people like to buy at street markets?
Q3. What are the differences between shopping at street markets, and shopping at malls?

[訳] Q1. 最後にストリートマーケットに行ったのはいつですか。
Q2. ストリートマーケットで人々はどのようなものを買うのが好みですか。
Q3. ストリートマーケットとモールで買い物することの違いは何ですか。

◆ Shoes (靴)

Q1. Do you prefer fashionable or comfortable shoes?
Q2. Do you spend a lot of money on buying shoes?
Q3. Do you prefer to buy shoes online or in a store?

[訳] Q1. おしゃれな靴か、履き心地のよい靴、どちらが好きですか。
Q2. 靴を買うのにお金をたくさん費やしますか。
Q3. オンラインまたは店舗、どちらで靴を買うのが好きですか。

◆ Haircut (散髪)

Q1. How often do you have your hair cut?
Q2. How long have you had your current hairstyle?
Q3. What are popular hairstyles in your culture?

[訳] Q1. どのくらいよく散髪しますか。
Q2. 今の髪形をどのくらい続けていますか。
Q3. あなたの文化で人気の髪形は何ですか。

◆ Fashion accessories (ファッションアクセサリー)

Q1. What kind of bag do you usually carry?
Q2. Do you prefer fashionable or practical bags?
Q3. What sorts of wallets are popular in your country?
Q4. Is it common to give a wallet as a present in your culture?
Q5. Do you usually wear perfume?

[訳] Q1. 普段どんなカバンを持ちますか。
Q2. おしゃれなカバンか実用的なカバン、どちらが好きですか。
Q3. あなたの国でどんな種類の財布が人気ですか。
Q4. あなたの文化で財布をプレゼントとして贈るのは一般的ですか。
Q5. 普段香水をつけますか。

『ショッピング・ファッション』を表すスコアUP必須語彙10選 その1

「ショッピング」では、商品の価格や機能を描写する語彙が必要です。「ファッション」では、服装、靴、装飾品などアイテムにまつわる語彙が必要です。まずは名詞と形容詞から見ていきましょう。

physical shop	**実店舗（= bricks-and-mortar shop）** ► online shop [store]（オンラインストア）の対義語として使われる。
high-street shop	**大通りにある店** ► 関連語の **specialist shop**（専門店）も要チェック。
designer brand	**有名ブランド** ► 「高級ブランド」は **luxury brand** と言う。 ► designer bag [shoes] ブランド物のバッグ [靴]
reusable bag	**マイバッグ（≒ shopping bag）** ► my (own) bag だと、どんな種類か不明なため、このように表現するのがベスト。**reusable shopping bag** としてもOK。
bustling	**にぎやかな（≒ busy / vibrant / lively）** ► a **bustling** market にぎわっている市場
distinctive	**特徴的な、独特で目立つ** ► **distinctive** design [style] 特徴的なデザイン [スタイル]
functional	**機能的な、実用性に優れた（≒ practical）** ► stylish and **functional** sportswear スタイリッシュで機能的なスポーツウェア
sophisticated	**洗練された（≒ elegant）** ► have a **sophisticated** dress sense 洗練された着こなしのセンスがある
all the rage	**大流行して** ► 服装や髪形など、さまざまな流行の話題で使える。句動詞 catch on（はやる）もあわせてチェック！
be good value for money	**お買い得である（= be good value for the price）** ► get good value for money（お買い得品を買う）のように、名詞的に使うこともできる。

『ショッピング・ファッション』を表すスコアUP必須語彙10選 その2

次は動詞です。「ショッピング」では、get、buy、spend moneyのような一般的な表現だけでなく、より幅広い表現を使う必要があります。「ファッション」に関しても、好みや性別に関係なく、さまざまな表現をマスターしておきましょう。

get hold of ~	～を手に入れる（= **get**） ► 商品やチケットなど、あらゆる名詞に使える。
get a good deal	お得な買い物をする ► 類語 get a bargain（掘り出し物をゲットする）もチェック！
splurge on ~	～に大金を使う ► **splurge on** Christmas gifts クリスマスプレゼントに大金を使う
go over budget	予算オーバーする ► 関連表現として、stay [keep] within a budget（予算内で収める）もあわせてチェック！
haggle over the price of ~	～の値段交渉をする（= **haggle for ~**） ► **haggle over the price** of a car 車を値切る ► **haggle for** a better deal いい買い物ができるよう値切る
fall out of fashion	人気がなくなる、時代遅れになる ► 対義語 come into fashion（はやる）もあわせてチェック！
dress up	（特別な機会のために）着飾る ► **dress up** for the party パーティー用に着飾る
stand out	目立つ、際立つ ► **stand out** in a crowd 人混みで目立つ ► 関連語 **centre of attention**（注目の的）もスコアUP表現。
put on make-up	化粧をする（= **do *one's* make-up**） ► 化粧をする動作ではなく、状態を表す場合はwearを用いてdo not wear make-up（〔普段から〕化粧をしない）のように言う。
get a haircut	髪を切ってもらう ► **get *one's* hair dyed**（店で髪を染めてもらう）、**shave *one's* head**（丸刈りにする）もおさえておこう！

9 Nature and the Environment
自然・環境

まずおさえておくべきトピックは、「**草花**」と「**木**」です。花や木の名称を含め、ある程度の背景知識とアイデアが必要です。同様に、「**天気**」と「**天体**」も比較的出題頻度が高く、天候や季節についてよく問われます。また「**動物**」も頻出の話題で、特に「**ペット**」と「**野生動物**」は重要です。自然科学が苦手な方にとっては少しチャレンジングですが、以下の問題から対策を始め、基礎を固めていきましょう。

最重要！ **厳選問題**

Flowers / Plants / Trees (花／植物／木)

Q1. Do you often buy flowers?
Q2. When was the last time you gave flowers to someone?
Q3. Have you ever planted flowers?
Q4. Is keeping plants popular in your country?
Q5. Are there any special trees in your country?
Q6. Would you like to live in a place that has a lot of trees?

[訳] Q1. 花をよく買いますか。
Q2. 最後に花を誰かにあげたのはいつでしたか。
Q3. これまでに花を植えたことはありますか。
Q4. あなたの国で植物を育てるのは人気ですか。
Q5. あなたの国で特別な木はありますか。
Q6. 木がたくさんある場所に住みたいですか。

Weather / Season (天気／季節)

Q1. What's your favourite kind of weather?
Q2. Does the weather affect your mood?
Q3. Do you want to live in a country that has different climates?
Q4. What's the best season to visit your country?
Q5. Do you often check the weather forecast?
Q6. How important is the weather when planning a day out?

[訳] Q1. お気に入りの天気は何ですか。
Q2. 天気が気分に影響することはありますか。
Q3. 異なる気候の国に住みたいですか。
Q4. 自身の国を訪れるのに最適な季節はいつですか。
Q5. 天気予報をよくチェックしますか。
Q6. 出かける予定を立てる時に、天気はどのくらい重要ですか。

♛ Pets (ペット)

Q1. Have you ever had a pet?
Q2. Do you prefer to keep a pet outside or inside the home?
Q3. Why do some people keep exotic animals as pets?

[訳] Q1. ペットを飼ったことはありますか。
Q2. ペットを外で飼うか、または中で飼うのかどちらが好きですか。
Q3. なぜ一部の人々は珍しい動物を飼うのですか。

♛ Animals (動物)

Q1. Did you go to the zoo when you were a child?
Q2. Where can you see wild animals in your country?
Q3. Do you watch TV programmes on wild animals?

[訳] Q1. 子どもの頃、動物園に行きましたか。
Q2. あなたの国では、どこで野生動物を見ることができますか。
Q3. 野生動物のテレビ番組を見ますか。

◆ Sky / Stars (空・星)

Q1. Do you prefer the sky in the morning or the sky at night?
Q2. Are there any good places to see stars where you live?
Q3. Did you learn about stars in school?

[訳] Q1. 朝空か夜空、どちらを見るのが好きですか。
Q2. あなたの住んでいる所で星を見るのにいい場所はありますか。
Q3. 学校で星について学びましたか。

◆ Farms / Farming (農場・農業)

Q1. Have you ever been to a farm?
Q2. Would you like to work on a farm in the future?
Q3. Are young people in your country interested in farming?

[訳] Q1. 農場に行ったことがありますか。
Q2. 将来農場で働きたいですか。
Q3. あなたの国の若い人は農業に興味がありますか。

◆ Recycling (リサイクル)

Q1. Do you always recycle paper and plastic?
Q2. Is recycling common in your country?
Q3. Did you learn about recycling at school?

[訳] Q1. 紙やプラスチックをいつもリサイクルしますか。
Q2. あなたの国でリサイクルは一般的ですか。
Q3. 学校でリサイクルについて学びましたか。

『自然・環境』を表すスコアUP必須語彙10選 その1

まずは、「**動植物**」をカバーするのが最優先です。必須トピックであるペットをはじめ、野生動物、植物、花に関する語彙を見ていきましょう。

bear fruit	**実がなる** ► bloom（開花する）や mature（熟れる）もチェック！
see ~ in the wild	**～を野生で見る（≒ be found in the wild）** ► **see** a fox **in the wild** 野生のキツネを見る
a symbol of ~	**～の象徴である（→ 木や草花の特徴を表す際に役立つ）** ► Cherry blossom tress are **a symbol of** Japanese culture. 桜の木は、日本文化の象徴です。
feed	**～にえさをやる、栄養分を与える** ► **feed** a cow [giraffe] のように、動物あるいは **feed** plants（植物に栄養分を与える）のように植物を目的語に取る。
clean up litter	**（路上の）ごみを清掃する** ► pick up litter（ごみ拾いをする）や、drop litter（ポイ捨てする）もあわせて使えればワンランクUP！
exotic	**外国産の（→ 風変わりで興味深いという、ポジティブな響きがある）** ► **exotic** flowers [plants / animals] 外国産の花［植物／動物］
well-behaved	**行儀のよい、お利口な** ► 犬の描写によく使う。類語 loyal（忠実な）、playful（遊び好きな）も要チェック。
pet supplies	**ペット用品** ► 種類は food をはじめ、cage（ケージ）、collar（首輪）、lead / leash（ひも）、dog treats（犬のおやつ）などがある。
crop	**収穫物、作物（→ 穀物、野菜、果物などすべてを指す）** ► paddy field（田んぼ）、wheat（小麦）、barley（大麦）、sugarcane（サトウキビ）も言えるとスコアUP！
cave	**洞窟** ► 観光や地理のトピックで使える。その他にも waterfall（滝）、cliff（崖）、coastline（海岸線）、peninsula（半島）も重要。

『自然・環境』を表すスコア UP 必須語彙 10 選 その 2

次に「**天気**」と「**生物**」関連です。特に「天気」は、hot や cold 以外のあらゆる表現を使うと印象が UP します。また、日本の気候や季節の特徴について話す機会も多いため、関連語彙の運用は欠かせません。早速見ていきましょう。

living things	**生命体** ► 人間や動植物、微生物などを含めた生き物の総称。
life cycle	**ライフサイクル** ► 生命の誕生から成長、衰退に至る過程のこと。
food chain	**食物連鎖** ► 関連語の ecosystem（生態系）と biodiversity（生物多様性）は全パート必須ワード。
mammal	**哺乳類** ► fish（魚類）、bird（鳥類）、reptile（爬虫類）、amphibian（両生類）は要チェック！
fossil fuels	**化石燃料**（→ oil、coal、natural gas の 3 種類はチェック！） ► 燃やされると、carbon dioxide（二酸化炭素）などの greenhouse gases（温室効果ガス）を大気中に放出する。
temperate climate	**温暖な気候**（→ 日本の気候を描写する際に使う） ► 沖縄は、亜熱帯気候（**subtropical climate**）、北海道は亜寒帯気候（**subarctic climate**）に属する。
humid	**湿気の多い、じめじめした**（≒ **muggy**） ► 他にも **scorching**（焼けるほど暑い）、**freezing**（凍えるような）、**mild**（穏やかで過ごしやすい）は要チェック！
unpredictable	**予測できない** ► 天気を表す際に高頻度で使われる。関連語 changeable（変わりやすい）も重要。
carry out an experiment	**実験を行う** ► observe（観察する）や、analyse（分析する）も要チェック！
explore the outdoors	**自然を探索する** ► 関連表現の enjoy the great outdoors（大自然を満喫する）、get close to nature（大自然に触れる）もチェック！

10 Media and Communication
メディア・コミュニケーション

この分野の必須3大トピックは、「**携帯電話**」、「**コミュニケーション**」、「**テレビ**」です。また、携帯電話とあわせて近年は、SNSやアプリ関係の出題も見られ、さらにはテレワークやオンライン学習も出題が予想されます。この他にも、メールや手紙といった従来のコミュニケーション手段も、頻度の高いトピックです。それでは近年の傾向も含む重要トピックを見ていきましょう。

最重要！ **厳選問題**

Communication (コミュニケーション)

Q1. How do you usually communicate with your friends or family?
Q2. How often do you send emails?
Q3. Do you think it is important to reply immediately?
Q4. Do you think social media is a good form of communication?
Q5. Do you like writing by hand?

[訳] Q1. 友人や家族と、普段どのようにコミュニケーションを取りますか。
Q2. 普段どのくらいの頻度でメールを送りますか。
Q3. すぐに返信することは重要だと思いますか。
Q4. ソーシャルメディアはよいコミュニケーション手段だと思いますか。
Q5. 手書き（で文書を書くの）は好きですか。

Mobile phones / Apps (携帯電話／アプリ)

Q1. When did you get your first mobile phone?
Q2. Are you planning to buy a new phone sometime soon?
Q3. Is there anything you don't like about mobile phones?
Q4. What kinds of apps do you often use?
Q5. What kinds of apps do you think will be popular in your country?

[訳] Q1. 初めて携帯電話を入手したのはいつですか。
Q2. 近いうちに新たな電話を買う予定ですか。
Q3. 携帯電話の好きでない部分はありますか。
Q4. どんなアプリをよく使いますか。
Q5. あなたの国ではどんなアプリが人気になると思いますか。

♛ TV (テレビ)

Q1. What kind of TV programmes did you watch when you were a child?
Q2. Do you prefer to watch TV programmes on TV or on your cell phone?
Q3. Do you like watching TV shows from other countries?

[訳] Q1. 子どもの頃、どんなテレビ番組を見ましたか。
Q2. テレビ番組を観る時、テレビか携帯電話のどちらで観るのが好きですか。
Q4. 他の国のテレビ番組を見るのが好きですか。

◆ Newspapers / Magazines (新聞／雑誌)

Q1. Do you like to read newspapers or magazines?
Q2. Have you ever read a newspaper or magazine in a foreign language?
Q3. Do you think it is important for children to read newspapers?

[訳] Q1. 新聞や雑誌を読むのが好きですか。
Q2. 新聞や雑誌を外国語で読んだことがありますか。
Q3. 子どもたちにとって新聞を読むことは重要だと思いますか。

◆ Advertisements (広告)

Q1. Do you like to see advertisements?
Q2. What kind of advertisements do you often see?

[訳] Q1. 広告を見るのは好きですか。
Q2. どんな種類の広告をよく見ますか。

◆ News (ニュース)

Q1. Where do you usually get news from?
Q2. Are you interested in local news or international news?

[訳] Q1. どこで普段ニュースを得ますか。
Q2. 地元のニュース、または世界のニュースのどちらかに興味がありますか。

◆ Websites (ウェブサイト)

Q1. What kinds of websites do you often use?
Q2. Do you have your own website?

[訳] Q1. どんなウェブサイトをよく使いますか。
Q2. 自分のウェブサイトを持っていますか。

『メディア・コミュニケーション』を表すスコアUP必須語彙10選 その1

「**コミュニケーション**」と一口に言っても、どういった手段で相手と意思疎通を行うかで表現が変わります。ここでは、さまざまなコミュニケーションの形に対応できる動詞を見ていきましょう。

treat ~ with respect	**~に敬意をもって接する** ► ~には、others や everyone など人を表す語が入る。
have a huge following	**かなりのファンがいる**（= **have a huge fan base**） ► huge の代わりに、big も使われる。
lose *one*'s train of thought	**言いたいことを忘れる** ► 類似表現として It slipped my mind.（ど忘れした）も重要。
keep up with the latest trends	**最新の流行について行く** ► trends の代わりに、news や fashion も使われる。
interact with ~	**~と交流する、触れ合う** ► 類語の socialise with は「娯楽的に交流する」というニュアンス。
stay informed	**（最新の）情報を常に把握しておく**（≒ **be kept up-to-date**） ► **stay informed** about the latest news and events 最新のニュースや出来事を常に把握しておく
get involved in ~	**~に関わる、加わる** ► **get involved in** all sorts of projects あらゆるプロジェクトに関わる
stumble over *one*'s words	**言葉に詰まる、口ごもる**（≒ **stammer**） ► 関連用語の pause（黙り込む）や hesitate（ためらう）も使えるようにしておこう！
get in touch with	**~と連絡を取る**（→ contact のカジュアルな表現） ► keep in touch with ~（~と連絡を取り続ける）、や lose touch with ~（~と音信不通になる）もスコアUP語彙。
convey	**（考えや気持ちを）伝える**（= **communicate**） ► **convey** messages through body language [gestures] ボディランゲージ［ジェスチャー］でメッセージを伝える

『メディア・コミュニケーション』を表すスコアUP必須語彙10選 その2

次は名詞と形容詞です。ここでは、情報とコミュニケーションについての具体的な表現習得が焦点となります。では最後、気合を入れてまいりましょう。

misleading	**誤解を招くような** ► information や advertisement と相性がよい。
distraction	**気が散るもの**（→ TV や noise といったものが代表例） ► 形容詞の distracting（気が散るような）もスコア UP 語彙。
online content	**オンラインコンテンツ**（→ contents にしないように注意！） ► news **content**（ニュースの内容）も重要。
a means of communication	**コミュニケーション手段** ► means の代わりに form もよく使われる。
feedback	**フィードバック、感想**（→ 不可算名詞なので要注意！） ► positive、negative、valuable、constructive（建設的な）、critical（厳しく批判して）といった形容詞と相性がよい。
source of information	**情報源** ► a(n) important [vital / reliable] **source of information** のように、相性のよい形容詞を付けると表現力 UP！
viral	**ネット上で拡散されて、バズって** ► go **viral**（バズる）や、**viral** video [photo]（バズったビデオ［写真］）の形でよく使う。
much-talked-about	**話題の** ► the **much-talked-about** film 話題の映画 ► **become a talking point**（話題になる）もあわせてチェック！
text	**ショートメール** ► send a **text** ショートメッセージを送る ► **text** a friend のように動詞でも使われる。
glitch	**（電子系統の）突然の不具合、故障** ► computer [technical / online] **glitches** コンピューターの［技術上の／オンライン上の］突然の不具合

以上でPart 1のレクチャーは終了です。お疲れさまでした。初めて見る語も多く、また、分量の多さにも圧倒されたかもしれません。ただ、すべて完璧にカバーする必要はないですし、表現もすべてを運用する必要はありません。冒頭で触れたように、まずは各トピックの**最重要トピック**をこなし、アイデアを構築し、整理していってください。そして**ご自身の回答をもとに、使えそうな表現を徐々に取り入れれば**、運用力がアップすること間違いなしです。また、通勤や通学中の隙間時間で話すネタを考えるのも、効果的な対策方法です。**最低3周は読み返し**、同時に声に出して練習しておいてくださいね。

では最後はこれまで学習した内容をもとに、実践問題に入っていきます。少しブレイクして気合を入れなおしてまいりましょう！

ちょっとブレイク

Examiner（試験官）が選ぶ、Part 1 “不自然な応答・表現” トップ 5

ここでは、試験官が過去にたびたび経験した、受験者の**不自然な応答や表現**を紹介します。今回は 3 名の試験官に協力してもらい、5 つを厳選しました。これらの表現を一度使用したからといってスコアが下がるわけではありませんが、**正確性**の項目で印象が悪くなります。普段うっかり使ってしまっていないか試験前に確認し、万全の準備でテストにのぞみましょう！

トップ 1 That's why [So,] I ~.

これはある程度話し終わった後、締めの 1 文で使う人が多い避けるべき一言です。Part 1 では以下の下線部のような**まとめの繰り返しは不要**です。

△ I enjoy running in the park almost every day. It's beautiful and there're many trees. **That's why [So,] I** like running in the park.

これと関連してよくあるのが、“**That's all.**” です。こちらも発言の最後に言う人がいますが、不自然なのでやめましょう。これらは、Part 2 のスピーチの終了の合図としてであれば可能ですが、Part 1 のような短いやり取りでは締めくくりの言葉は必要ありません。口癖になっている人は要注意です。

トップ 2 That's a difficult question.

こちらは難易度の高い質問が出た際に使う表現ですが、誤って使う人が多く見られます。“difficult” には、「労力、スキル、知識などが必要で、たやすいものではない」という含みがあり、日本語の「難しい」よりも**難度の程度が強くなります**。このことから、例えば「どんな映画をよく観ますか」という質問に対して、“That's a difficult question.” のような応答は、カジュアルな会話では不自然です。時間を稼ぎたい場合、Part 1 では次の表現を使いましょう。

○ **I've never thought about that before.**
今まで一度も考えたことがありません。

○ **Hmm, let me think for a moment ... .**
んー、少し考えさせてください。

また、似た表現の **"That's a good question."** や **"That's an interesting question."** も、Part 3（ディスカッション）では使用可能ですが、Part 1では誇張しすぎなので使用を避けてください。

トップ3 in my school days

「学生の時に」という意味ですが、"~ days"とすると、古めかしく懐古的なため、カジュアルな会話には不向きです。ここは **when I was in school [a student]** が自然です。同じく、次の堅い表現も自然な形で話すことを心がけましょう。

△ in my younger days → ○ **when I was younger**
△ in my childhood days → ○ **when I was a child [little]**
△ in my high school days → ○ **(when I was) in high school**

トップ4 Moreover と Furthermore

まず、"moreover" と "furthermore" は、**論文で使う硬い表現**ということを覚えておいてください。このため、日常会話で使うと確実に浮きます。Part 2（硬いテーマのスピーチ）や Part 3 のディスカッションでは構いませんが、Part 1 で使用するには不自然です。これは "Additionally" や "In addition" も同様です。そのため、Part 1 で情報を追加する場合は "**Also**"、"**And also**"、"**(And) on top of that**（主にネガティブな内容を表す時）" などで表現するようにしましょう。

トップ5 be located in ~

これはホームタウンや職場など、**特定の場所**を描写する際に誤って使う人が多い表現です。以下が不自然な使い方です。

△ I live in Osaka, which **is located in** the western part of Japan.

ここは太字の "be located" が要改善の箇所です。"be located [situated]"（位置している）は観光パンフレットや地形を表す際に使われる表現なので、日常会話で使うと浮いてしまいます。この場合は、located を削除し、~ Osaka, **which is** in the ... とすれば自然になります。

以上、試験官が選ぶ不自然な表現トップ5です。なぜ不自然か、そしてどのように変えれば自然に響くかおわかりいただけましたか？ これまで使ってしまっていた方は、少しずつ改善し、より自然な表現で話せるよう繰り返し練習しましょう！

実践問題

ここからは、これまで取り上げた重要トピックから厳選した実践問題①～⑤にチャレンジしていただきます。次の手順ポイントをよく読んでから取り組んでみてください。

- 最初は何も見ずに、本番を想定して即興で回答してください。
- うまく回答が出てこない場合は、少し時間を取ってアイデアを考えてください。紙に書き出しても構いません。ある程度自分で回答した後、解説のレクチャーを読み、背景知識やテーマ別語彙を使ってください。
- モデルアンサーに関しては、私（James）以外にネイティブスピーカーの回答も紹介しています。ほとんどの問題に2パターンの答えを提示しているので、視点や考えを広げてください。

難易度が高い問題も含まれますが、アイデア、表現のバラエティ、話の展開方法など、吸収できそうなポイントは、どんどん取り入れてください。では早速始めていきましょう！

★各回答例の国旗は、回答作成者の出身国を表します。

日本　アメリカ　イギリス　カナダ　オーストラリア

実践問題 ① Shoes 017

Q1 Do you prefer fashionable or comfortable shoes?

Q2 Have you ever bought shoes made in other countries?

実践問題 ② Sky / Stars 018

Q1 Do you prefer the sky in the morning or the sky at night?

Q2 Would you like to know more about stars?

実践問題 ③ Photography 019

Q1 What are good places to take photos in your country?

Q2 Would you like to improve your skills in taking photos?

実践問題 ④ Advertisements 020

Q1 Do you like to see advertisements?

Q2 Are there any advertisements that made you want to buy something?

実践問題

解説

実践問題 ① Shoes（靴）

▶背景知識と語彙力をレベル UP!

「**靴**」は IELTS 独特のトピックで、ほぼ毎年出題されています。最初の重要な点は、**靴の種類**について知っておくことです。つまり、shoes といっても、**walking shoes**（ウォーキングシューズ）、**high-heels**（ハイヒール）など幅広いので、答える内容により種類を明確にすると印象がよくなります。また、どういった機会や行事で着用するか、といった視点からもアイデアを考えると話が広がります。例えば、dress shoes（ドレスシューズ）であれば、結婚式や誕生日会といった形です。まずは、このトピックを攻略する土台となる、重要テーマ別語彙から見ていきましょう。

■ 靴の種類

- boots ブーツ
- trainers スニーカー
- loafers ローファー
- sandals サンダル
- high-heels ハイヒール
- flip flops ビーチサンダル
- dress shoes ドレスシューズ
- sports shoes スポーツシューズ
- running shoes ランニングシューズ
- flat shoes* フラットシューズ
- leather shoes 革靴
- designer shoes ブランドものの靴

* 女性用の、かかとが低く底が平らな靴

■ 形容詞

- stylish スタイリッシュな
- sturdy 強い、丈夫な
- casual カジュアルな
- wearable 履きやすい
- waterproof 防水の
- flexible 伸縮性がある
- suitable ぴったりの
- ill-fitting サイズが合わない
- brand-new 新品の
- comfortable はき心地が良い

■ その他の表現

- ・footwear 履き物
- ・shoemaker 靴のメーカー
- ・be worn out 履き古した
- ・*one's* feet hurt 足が痛む
- ・get swollen feet 足がむくむ
- ・get blisters on *one's* feet 足に水ぶくれができる
- ・size サイズ
- ・shape 形
- ・colour 色
- ・design デザイン
- ・material 材質
- ・a pair of shoes 靴一足

Q1 Do you prefer fashionable or comfortable shoes?

おしゃれな靴か、はき心地のよい靴、どちらが好みですか。

この質問は、3つの回答パターンが考えられます。① fashionable shoes が好き、② comfortable shoes が好き、あるいは③ 両方好き、のいずれかです。回答の質をアップさせるポイントは、**それぞれの靴の特徴**や、**どういった場合にそれらを履く**か、といった点に触れることです。では① fashionable shoes が好き、の観点から見ていきましょう。

回答例

▶ モデル回答 ❶ 　021

For me, fashion is more of a priority. I have to wear a uniform to work every day, so when I go out, I like to dress up a bit and that includes my footwear. I feel a lot more confident if I'm wearing attractive shoes which go with the outfit I'm wearing.

[訳] 私としては、おしゃれの方が重要です。毎日制服を着なければいけないので、外出する時は、靴を含め少し着飾るのが好きです。着ている服に合う魅力的な靴を履いていると、すごく自信が持てるようになります。

重要スコア UP 語彙

- □ be more of a priority より重要である
- □ footwear 履物
- □ go with ～と合う
- □ dress up 着飾る
- □ a lot ずっと
- □ outfit （特別な時に着る）衣服

レベル UP ポイント

この回答のよい点は、**どういった時に fashionable shoes を履くか**を明確にしていることで、ここでは外出時 (when I go out) であると述べています。また、靴を履くことで**どういう気分になるか**、と加えることで話を広げている点も重要です。表現に関しては、1文目の "For me, **fashion is more of a priority.**" に着目してください。問題文の prefer、fashionable、comfortable といった表現を使わず**言い換えて**いますね。次に "I feel **a lot more** confident" を見てみましょう。ここでは**比較級**が使われており、この a lot は**比較級の強調**を表します。これは文法の項目でスコア UP につながります。

では続けて②の comfortable shoes が好き、という観点の回答例です。こちらは fashionable shoes と対比しながら話を展開しています。

▶**モデル回答 ❷** ● 022

I'd choose comfortable shoes because they're suitable for outdoor sports. I often play tennis or go cycling, and designer shoes aren't practical for such activities at all, no matter how fancy the style or the brand is.

[訳] アウトドアスポーツに適しているので、履き心地のよい靴を選びます。私はよくテニスやサイクリングをします。ブランドものの靴はどれだけスタイルや銘柄が高価でも、そういった活動にまったく実用的ではありません。

重要スコア UP 語彙

- □ suitable 適している
- □ no matter how どれだけ~でも (= however)
- □ practical 実用的な
- □ fancy 高価な

レベル UP ポイント

この回答は、1文目で comfortable shoes を好む理由を、そして2文目で fashionable shoes を好ましくない理由を述べて、**対比させています**。表現に関するポイントは、問題文の prefer を choose にうまくパラフレーズしていることです。"Do you prefer A or B?" の二者択一の質問の場合、"I'd choose ~." や "I'd go for ~." の答え方は応用しやすく必須の表現です。次に、2文目の "designer shoes (ブランドものの靴)" に着目してください。これは "fashionable shoes" に含まれる1例であり、このように**具体的な種類に言及する**ことも表現力 UP のコツです。そして最後の "**no matter how ~**" は、スコア UP に直結の文法用法で、前に述べた内容をさらに強調する際に使えます〈**no matter how 形容詞/副詞 S V**〉の形で覚えておきましょう。

Q2 Have you ever bought shoes made in other countries?

海外で作られた靴を購入したことはありますか。

答えはYes/Noどちらでも構いませんが、Yesの方が話を広げやすいでしょう。その場合のポイントは、**その靴の種類や特徴を明確にすること**です。また、**どこの国や地域の靴か**、について話すのも効果的です。この他に、いつどこで買ったか、さらには、買ってみてどうだったか、という感想を述べるのも効果的です。一方、Noで答える場合は、買ったことがない理由を述べます。その際、**日本製の靴と特徴を比較する**と答えやすくなります。この場合は、価格をはじめとして「サイズ」「形」「色」「デザイン」「材質」などの違いを比較するのもおすすめです。では1つ目の回答例からを見ていきましょう。

回答例

▶モデル回答 ❶ 🇬🇧 🔊023

I reckon nearly all the shoes I've bought were made abroad. Japanese brands tend to be a bit pricey for me, and most non-branded shoes are perhaps imported from China. So, as long as the shoes look OK and fit well, I don't care where they're from.

[訳] これまで買ったほぼすべての靴は海外製だったと思います。日本のブランドは少し値段が高く、ノーブランドの中国からの輸入靴がほとんどだと思います。なので、見た目が悪くなく履き心地がよければ、生産地は気になりません。

重要スコアUP語彙

- □ reckon　～だと思う（= think）
- □ non-branded　ノーブランドの
- □ as long as　～である限り
- □ pricey　高い
- □ import　～を輸入する
- □ fit well　サイズが合う

レベルUPポイント

この回答の特徴は、購入した**靴の特徴**（non-branded）、そして**どこの国の靴か**（China）について述べている点です。表現に関して参考になる箇所が多く、例えば問題文の"made in other countries"は"made abroad"に**パラフレーズ**されています。またimported from Chinaも、直接の言い換えではありませんが、**特定の国や地域を用いて**表現した一例です。文法に関しては、as long asの運用がスコアUPにつながり、それと同時に**文の構造にもバラエティ**が出ます。

では、もう一つのパターンの答えも見ていきましょう。

▶モデル回答 ❷ ●　　024

Yes, but I rarely do that these days. I much prefer domestic brands because I know the quality of the shoe is assured. I once bought a pair of imported trainers, but they wore out much more quickly than expected and lasted only a month.

[訳] はい、ありますが、最近はめったに買うことはないです。靴の品質が確かなので、国内ブランドの方がずっと好きです。以前、海外のスニーカーを買ったことがあるのですが、予想以上に早く傷んで、1カ月しか持ちませんでした。

重要スコアUP語彙

- □ rarely めったに～ない
- □ be assured 確かである、安心できる
- □ trainers スニーカー
- □ last 長持ちする
- □ wear out すり減る

レベルUPポイント

こちらは先ほどの例と異なり、3文目で**過去のストーリーを中心に話を展開している**パターンです。スコアUPにつながるポイントは、**比較級**です。3文目のthey wore out **much more quickly than expected**が該当箇所です。正式にはthan **I had expected**となりますが、会話ではthan expectedと省略されます。なお、preferは2文目にあるように、**much で強調**することができます。much prefer ～（～の方がずっと好きである）で使えるようにしておきましょう。

実践問題 ② Sky / Stars（空／星）

▶ **背景知識と語彙力をレベル UP!**

「**空**」と「**星**」は難易度が高いトピックで、天体に関する知識や、関連表現の運用がハイスコアゲットの鍵となります。まずは天体に関する基本語彙と、スコア UP フレーズから見ていきましょう。

■ **基本天体学用語**

- sunrise 日の出
- sunset 日没
- planet 惑星
- astronomy 天文学
- the universe 宇宙
- the solar system 太陽系
- the Northern Lights オーロラ
- rainbow 虹
- binoculars 双眼鏡
- telescope 望遠鏡
- starry night 星空
- constellations 星座
- solar [lunar] eclipse 日食［月食］
- the Milky Way 天の川

■ **スコア UP フレーズ**

- look up at the sky 空を見上げる
- be visible in the night sky 夜空ではっきり見える
- sleep [camp] under the stars 星空の下で眠る［キャンプをする］
- catch glimpses of the Milky Way 天の川をちらっと目にする
- get a clear view of the night sky はっきり夜空が見える
- look at the moon and stars through a telescope
  望遠鏡で、月や星を鑑賞する

Q1 Do you prefer the sky in the morning or the sky at night?

朝空か夜空、どちらが好きですか。

この問題のポイントは、**朝空と夜空の特徴**について触れることです。朝空であれば、「美しい日の出を見ることができる」が最も話しやすい内容でしょう。他にも、朝に**惑星**（**planets**）が見えることについて話すのも効果的です。一方、夜空の主な特徴は**星座**（**constellations**）を見られることです。さらに、夜空を見ながらくつろいだり、望遠鏡で天体観測を楽しむ、といった内容が考えられます。ではまず、「**夜空が好き**」の回答を見ていきましょう。

回答例

▶モデル回答 ❶ ●　　025

I much prefer the night sky because it always changes as the Earth rotates. While the morning sky tends to look the same every day, the night sky gives you the chance to see fascinating objects like planets, constellations, shooting stars, and those sorts of things.

［訳］地球の自転によって常に変化するので、夜空がはるかに好きです。朝空は毎日同じに見えますが、夜空は惑星、星座、流れ星など、非常に興味深い天体を見られるチャンスがあります。

重要スコアUP語彙

- □ rotate 自転する
- □ fascinating 非常に興味深い
- □ shooting star 流れ星
- □ and that sort of thing ～など

レベルUPポイント

この回答は1文目で「夜空が好き」、という主張をしながら2文目の“While ~ every day”の部分で、朝空にも言及しています。このように**二者択一の場合、両方に言及する**と話を広げやすくなります。次に、**while の用法**に着目してください。これは**対比**をするうえでスコアUPにつながる接続詞です。最後のポイントは、**無生物主語の用法**です。2文目の“the night sky gives you the chance to see ~”の箇所がそれに該当します。“I can see ... .”のように主語が“I”ばかりになりがちな場合に効果的です。この“**XXX give(s) you the chance to *do***（XXXにより［のおかげで］doする機会がある）”はあらゆる文脈で使うことができます。意識的に活用していきましょう。

では次は、「**両方好き**」という観点では、どのような内容で話が展開されているか一緒に分析していきましょう。

▶ **モデル回答 ❷** 🇬🇧 **026**

They're so different and it's hard to say. There's something amazing about waking up early and seeing the sunrise on a fresh, crisp morning in autumn. The night sky can be magical too if you can glimpse the Milky Way or clusters of stars.

［訳］それらは大きく違うものであり、どちらが好きと言うのは難しいです。早起きして、秋のさわやかな朝に日の出を見るのは最高です。また、天の川や星団を見ることができれば、夜空も最高です。

重要スコア UP 語彙

- □ There's something amazing about ~　~には素晴らしい部分がある
- □ crisp morning　さわやかな朝
- □ magical　最高の（= wonderful）
- □ glimpse　（わずかな時間）見える
- □ the Milky Way　天の川
- □ clusters of stars　星団（→ 星の集団のこと）

レベル UP ポイント

1文目に着目してください。**They're so different and it's hard to say.** のように、「全く異なるため、断言しにくい」と述べています。これはどちらがよいかを聞かれて、決めるのが難しい際に使える便利な表現です。ここでは先ほどの回答例と異なり、朝空と夜空の両方の魅力について述べています。また、in autumn のように季節に言及している点もポイントです。このように**特定の季節を選び**、それぞれの空の特徴について述べるのも活用できる方法です。この他にも夜については、特定の惑星について話すことも可能です。ちなみに**金星（Venus）**、**火星（Mars）**、**木星（Jupiter）**、**土星（Saturn）**は望遠鏡がなくても肉眼で見ることができます。基礎知識として覚えておきましょう。

Q2 Would you like to know more about stars?
星についてもっと知りたいですか。

回答の質をアップさせるには、**stars に関連した情報を入れること**です。Yes（さらに知りたい）の場合は、**stars の何について知りたいのか**、例えば、**星座（constellations）**、**種類（type）**、**周期（life cycle）**、**構造（structure）**、**進化（evolution）**、**歴史（history）**といった項目に触れてください。ではまず Yes の回答から見ていきましょう。

回答例

▶ モデル回答 ❶ 🔊027

Yes, I would. Sadly, I don't think I ever had the opportunity to study astronomy in school. Now, I'm particularly interested in the constellations and how to recognise them as they change throughout the year. So, going somewhere like a planetarium or observatory might be a good way for me to learn a bit more.

［訳］はい、知りたいです。残念ながら、学校で天文学を学ぶ機会がなかったと思います。今は特に星座に興味があり、そしてそれらは年間を通して変化するので、星座の見分け方にも興味があります。なので、プラネタリウムや天文台のような場所に行くのは、もう少し知るためによい方法かもしれません。

重要スコア UP 語彙

- □ be particularly interested in ~　～に特に興味がある
- □ constellations　星座
- □ throughout the year　1年を通して
- □ planetarium　プラネタリウム
- □ observatory　天文台

レベル UP ポイント

最初に注目すべき点は、1文目で Yes と答えた後に、その理由として「**過去に学ぶ機会がなかった**」→「**今学びたい**」の順に展開していることです。この流れは、**Would you like to do ~? [Do you want to do ~?]**（～してみたいと思いますか）の形式の問題で応用できる回答方法です。次に、最後の文を見てください。ここでは So 以下で "going somewhere like planetarium or observatory" と、**どのようにして学ぶか**が述べられています。これらはテーマと関連している語彙なので、スコア UP につながります。これ以外の方法としては、**映像や本を通して学ぶ**、とすることも可能です。

続けて、No（知りたいとは思わない）のパターンです。この場合も、単に「興味がない」とせずに、必ず星に関連した情報を入れるのが大切です。では見ていきましょう。

▶ **モデル回答 ❷** ●　　　　🔊 **028**

Not at all, because it has nothing to do with my job. In school, I enjoyed learning about things like the formation and life cycle of stars. But I realised that unless you work in space science or space technology, knowledge about stars makes little difference to your life.

［訳］いえ、全くそう思いません。理由は、仕事と一切関係がないからです。学校では、星の形成やライフサイクルについて学ぶことは楽しかったです。しかし、宇宙科学や宇宙技術の分野で働かない限り、星に関する知識は人生にほとんど影響がないことに気付きました。

重要スコア UP 語彙

- □ have nothing to do with ~　~と一切関係がない
- □ the formation and life cycle of a star　星の形成とライフサイクル
- □ space science　宇宙科学
- □ space technology　宇宙技術
- □ make little difference to ~　~にほとんど影響がない

レベル UP ポイント

この「**仕事に関係がない**」という回答方法は、他のトピックでも応用が利く便利な答え方です。特にスコア UP につながるポイントは、**2 文目 → 3 文目への展開**で、2 文目では学ぶ楽しさを、3 文目ではなぜ興味がないかを述べています。これは**もう一方の意見にも触れる方法**です。つまり、興味がない理由を述べるだけでなく、好きだった事実も述べています。こうすることで、話を広げられるだけなく、対比させて表現力の高さを示すこともがきます。また、No と答えつつも、しっかりと**星に関連した語彙**をうまく使っている点、そして文法に関しては、接続詞 **unless**（もし~しないなら）を運用している点もスコア UP のポイントです。

実践問題 ③ Photography（写真）

▶背景知識と語彙力をレベル UP!

「**写真**」のトピックは、一見簡単そうに見えて意外とチャレンジングです。というのも、**一定の背景知識**が必要で、**テーマ別語彙の運用**が難しいからです。例えば camera や take a photo はほとんどの人が使えますが、**high-resolution camera**（高解像度カメラ）や **snap a photo**（写真を撮る）となれば使える人が激減します。このことから、こういった多くの受験者が使わない語彙を所々に織り交ぜれば、印象もよくなります。まずはスコア UP 表現から見ていきましょう。

■ 写真にまつわる動詞表現

- edit a photo 写真を編集する
- snap a photo 写真を撮る
- pose for a photo ポーズをとる
- take photos of myself 自撮りする
- photoshop *one*'s face 写真の顔を加工する
- be an avid photographer 写真愛好家である
- adjust the focus [angle / light] 焦点［角度／光］を調節する
- take photos and post them on social media 写真を撮って SNS に投稿する

■ その他

- tripod 三脚
- high-resolution 高解像度の
- zoom lens ズームレンズ
- landscape 風景
- surroundings 周辺の環境
- subject 被写体
- photogenic 写真写りがよい
- camera shy 写真が苦手な
- out of focus ピントがずれている
- photo album フォトアルバム

Q1 What are good places to take photos in your country?

あなたの国で、写真撮影に向いているのはどんな場所ですか。

この問題は、山や川のようにざっくりとした場所でも構いませんが、もう少し詳しく**特定の場所について話す**方が具体性がアップします。例えば、XXX 公園、YYY 川、ZZZ タワーといったように表現することです。また、**どのような感じの写真が撮れるのか**という点にも触れると、話を広げやすくなります。ではモデル回答を見ていきましょう。

回答例

▶モデル回答 ● 029

I'd say one such great location for photographers is the Tokyo Skytree. It's an iconic building in Japan, and you can see the entire Tokyo skyline from the observation decks. The stunning views make for the most attractive photographs.

［訳］写真家にとって最高のロケーションの一つが、東京スカイツリーだと思います。日本の象徴的な建築物の一つで、展望台からは東京のスカイラインを一望できます。その素晴らしい眺望からは、最も魅力的な写真を撮ることができます。

重要スコア UP 語彙

- □ iconic 象徴的な
- □ entire 全体の
- □ skyline スカイライン（→ 空を背景とした、山や建造物の輪郭線や地平線のこと）
- □ observation deck 展望台
- □ stunning view 素晴らしい眺め
- □ make for ~ ~を可能にする、~につながる

レベル UP ポイント

この回答のポイントは、話の展開方法です。最初に特定の場所（the Tokyo Skytree）を述べ、そこからどこでどういった写真が撮れるか伝えています。このように、**どこで（場所）→ どのような写真（例）**が撮れるか、の流れで話すのがおすすめです。表現面に関しては、問題の "good places" が、"great location" にうまくパラフレーズされています。ちなみに、この質問は**一般論を問う問題**です。ですので、「私はよく~に行って写真を撮ります」のような個人的な話は入れないように注意が必要です。（p. 18 参照）

Q2 Would you like to improve your skills in taking photos?

写真撮影の技術を向上させたいと思いますか。

まず Yes の場合は、向上させたい理由と、**具体的にどういった技術を向上させたいか**を述べることがポイントです。具体的な技術の例として、**正しいレンズを使う (use the correct lens)**、**うまく採光を調節する (adjust the lighting appropriately)**、**瞬間をとらえる (capture the moment)**、**シャッタースピードを決める (decide the shutter speed)**、**動いている被写体に焦点を合わせる (focus on a moving subject)**、などが挙げられます。では回答例を見ていきましょう。

回答例

▶ モデル回答 ❶ 🇬🇧 030

Yes, I think I would if the opportunity arose. I tend to take photos quickly to capture a situation, for example, like friends at a birthday party or a beautiful view of the sea. Sometimes I think that I'd like to learn more about composing photos and getting the angles right.

[訳] はい、機会があればそうすると思います。私は、例えば誕生日会での友人や、美しい海の景色など、状況を捉えるためにささっと写真を撮ってしまいがちです。写真撮影の手はずの整え方や、角度の調整についてもっと学びたいと思うことが時々あります。

重要スコア UP 語彙

- □ if the opportunity arose 機会ができたら
- □ compose a photo 写真撮影の手はずを整える
- □ capture （画像や映像を）撮る
- □ get ~ right ~を正確に行う

レベル UP ポイント

最後の Sometimes 以降に着目すると、about の後に**具体的に何について学びたいか** (composing photos / getting the angles right) が書かれています。また 1 文目の **"if the opportunity arose"** は**仮定法過去**の用法で、arises ではなく arose になっています。こうすることで「(学ぶ機会はないと思うが) もしあれば」といったニュアンスを表すことができます。同じ意味で **"if I got the chance"** も使えます。こういった用法も積極的に取り入れていきましょう。

次に、No で回答する場合のアイデアを考えてみます。理由としては、単に「興味がない」や、「忙しくて時間がない」とするのではなく、**所々に写真に関連した情報を入れる**方が賢明です。例えば「自撮りしたり、SNS に載せるだけなので、特別な技術は不要である」、「写真の機材をそろえるのに費用がかかる」、「すでに~といった写真技術があるので必要ない」などが考えられます。それではモデル回答を見ていきましょう。

▶ モデル回答 ❷ 🇨🇦 🔊031

Honestly, it's not really a priority of mine. Actually, I don't know how to use an actual camera well, with different lenses and proper lighting and whatnot, but I'm satisfied with my basic photography skills. I mainly take photos to post on social media or share with friends.

[訳] 正直なところ、あまり重要ではありません。実際、レンズの違いや適切な照明など、本場のカメラの使い方はよくわかりませんが、基本的な写真のスキルには満足しています。主に SNS に投稿したり、友人と共有するのに写真を撮ります。

重要スコア UP 語彙

- □ priority 優先事項
- □ proper lighting 正しい光の使い方
- □ and whatnot ~など
- □ be satisfied with ~ ~に満足している

レベル UP ポイント

この回答の参考になる点は、**No でありながらも、主題に沿って理由を述べているところ**です。関心がない場合、写真技術と異なるスキルの詳細を述べてしまうと、写真の話題から話がそれてしまいます。ここでは 2 文目から最後まで、しっかりと関連した話で展開されており、テーマ別語彙もうまく使われています。表現方法に関しては、1 文目の **"it's not really a priority of mine"**（それほど重要なことではない）は、幅広いテーマで使えるネイティブらしい自然な表現です。こちらも自然に運用できるよう、練習しておきましょう。

実践問題 ④ Advertisements（広告）

▶背景知識と語彙力をレベル UP!

「**広告**」はスピーキングの全パートにおいて重要で、さらにライティングでも頻出のトピックです。まず基礎知識として、**advertisement と advertising の違い**を理解することが大切です。**advertisement** は、テレビコマーシャル、パンフレット、電車内広告などの**宣伝媒体の種類**を指します。よって、可算名詞であり、**会話ではよく advert や ad のように省略**されます。一方 **advertising** は、そのような媒体を通して行う**宣伝活動、ビジネス活動**を指し、不可算名詞です。そして広告のトピックを攻略するポイントは、**種類と特徴を知っておくこと**です。ではまず、基礎知識となる**広告媒体（advertising medium）**の概要と、関連する語彙を見ていきましょう。

■ 広告媒体

媒体	特徴
television テレビ	**コマーシャル（TV commercial）**を通じて行うマーケティング。多くの人にリーチしやすいが、費用が高いため資金が豊富な大企業向き。
newspapers 新聞	主な例としては、**ディスプレイ広告（display ad）**、**案内広告（classified ad）**、**折り込みチラシ（insert）**がある。
magazines 雑誌	テレビや新聞よりも、**ターゲット層（target audience）**に届きやすい。特に、趣味やファッション、娯楽向けの商品の宣伝に向いている。
radio ラジオ	放送中に商品やイベントの宣伝を行う。**ポッドキャスト（podcast）**もラジオと同じ音声を主体とした広告。
sponsorship スポンサーシップ	企業が広告費を支払い、ロゴや社名を選手のユニフォーム、または競技場内での看板掲示により宣伝する形態。
outdoor 野外	**道路沿い（roadside）**、駅や空港、商業施設などに展示する。ポスターや**広告版（billboard）**が多く、近年はデジタル版も増えている。
cinema 映画館	映画上映前に流れる広告。音響効果や巨大スクリーンで流れるため、インパクトがあり記憶に残りやすい。
digital デジタル	主流なものとして、**SNS（social media）**と**ディスプレイ（display）**がある。**バナー（banner）**や、**ポップアップ広告（pop-up ad）**などが代表例。YouTube をはじめとするビデオもこれに分類される。

■ **advertisement を修飾する形容詞**

- catchy 覚えやすい
- creative 独創性のある
- misleading 誤解を招くような
- annoying うっとうしい
- convincing 納得させられる
- entertaining 愉快な

■ **動詞**

- spread by word of mouth 口コミで広がる
- be easily influenced (by ~) (~に) 影響されやすい
- attract consumers' attention 消費者の注目を集める
- waste money on unnecessary items 不要な商品にお金を無駄に使う
- exaggerate the effect [quality / reliability] of a product
  製品の効果［質／信頼性］を誇張する

Q1 Do you like to see advertisements?

広告を見るのは好きですか。

これはYes/Noどちらでも応答しやすい問題です。Yesの場合は、**どのような種類の広告が好きか**を明確にし、そしてどのような気分になるか、ということにも触れると話を広げやすくなります。一方Noの場合の理由ですが、単に「不快である」や「興味がない」だけでは説明が不十分なので、広告の中身を含めて、なぜそう感じるのかを具体的に話すことが重要です。まずは**Yes（好きである）**の場合の例を見ていきましょう。

回答例

▸モデル回答 ❶ ● 032

Yes, I often enjoy watching the Christmas TV commercials that major retailers release during that season. For example, some food companies tell a heart-warming or nostalgic story about a special family bond, which can be created by using their products for a Christmas feast.

［訳］はい、大手量販店が、クリスマスシーズンに放映するコマーシャルを見るのが楽しいです。例えば、一部の食品会社は、家族の特別な絆にまつわる心温まるストーリーや、昔を懐かしむようなストーリーを伝えるのですが、これらは、クリスマスのごちそうとして自社製品を使うことで生み出されます。

重要スコア UP 語彙

- □ retailer 小売業者
- □ nostalgic 懐かしい
- □ Christmas feast クリスマスのごちそう
- □ heart-warming 心温まる
- □ special family bond 特別な家族の絆

レベル UP ポイント

ポイントは、「クリスマスに流れるコマーシャル」→「その特徴の説明」の**話の展開方法**です。特に 2 文目の For example 以降で、その特徴を具体的に解説しています。このようにクリスマスをはじめとして、ハロウィーン、お正月、といった特定のイベント時に流れる CM について話すのもよいでしょう。その他、食品、衣類、おもちゃなど特定の製品の CM や折り込みチラシについて、あるいはテーマパークなどの CM について話しても構いません。その際は、使われている**音楽、映像、登場人物**などに触れると説得力が増します。それと同時に、この回答例にあるように CM を見て、**どのような気持になるか**を話すのも効果的です。

続けて、**No（好きではない）**で回答したモデルアンサーを検証します。どのような理由を用いて話を展開しているかに着目しましょう。

▶モデル回答 ❷ 🇺🇸 033

No, I find advertisements to be kind of a nuisance. For example, online ads try to get your attention, so they're usually too loud or disruptive. I also don't like the fact that advertisers use tactics like including a jingle instead of actually talking about the product.

[訳] いいえ、広告は少し不快に感じます。例えば、ネットの広告は注意を引こうとするので、大抵はうるさすぎたり耳障りなことがあります。また、広告主が商品について話す代わりに、ジングルを入れるなどの手法を使うのも好きではありません。

重要スコア UP 語彙

- □ do not like the fact that ~ ～という事実が好きでない
- □ disruptive 耳障りな
- □ jingle ジングル*
- □ nuisance 不快なもの
- □ tactics 戦略、手法

* コマーシャル内で挿入される短い音楽やメロディーのこと

レベル UP ポイント

1文目に着目すると、"nuisance"という語を使い不快感を表しています。2文目では、"too loud and disruptive"と表現しており、これもどういった点が不快か伝えています。そして最後の文は、追加としてjingleについて触れ、別の観点から不快な点を述べています。このように「目にするのが好きではない」という感想を、単語単体をパラフレーズするのではなくさまざまな形で表現している部分が、ネイティブらしい回答です。表現としては、1文目の**find A B**（AをBだと感じる）を使える人が意外と少ないので、積極的に取り入れてみてください（例：find the news interesting そのニュースを面白いと感じる）。

Q2 Are there any advertisements that made you want to buy something?

購買意欲がわいた広告はありますか。

この問いはNoの方向で話を広げるのが難しいので、Yesで回答する方が賢明です。その際、**特定の商品やサービスに言及し**（例：おもちゃ、家電、食品）、**どの媒体で見たか**を答えてください。回答は過去のことを中心に話すため、**時制にも注意**して回答しましょう。

回答例

▸モデル回答　🔊034

Honestly, I can't think of any specific product I wanted to buy after seeing an ad these days. But if I remember correctly, when I was a child, there were some inserts and TV commercials that influenced my decisions, and made me want to purchase things like snacks, toys or games.

［訳］正直なところ、最近広告を見て買いたいと思った特定の商品は思い浮かびません。しかし記憶が正しければ、子どもの頃、購入決定に影響を受けた折り込みチラシやコマーシャルがいくつかあり、それでスナック、おもちゃ、ゲームなどを買いたくなりました。

重要スコア UP 語彙

- □ specific 特定の
- □ insert 折り込みちらし
- □ if I remember correctly 記憶が正しければ
- □ influence *one's* decision 決定に影響を与える

レベル UP ポイント

まず参考になる点は、**1文目に最近の話を入れ、2文目から昔の話を展開**していることです。このように「**今はないが、昔はあった**」は、幅広く活用できる話の流れです。2つ目のいい点は、"things like **snacks, toys or games**" のように、どういった商品か具体例を挙げているところです。さらに、**無生物主語**を用いているのもポイントで、最後の文の後半にある "and made me want to purchase" が該当箇所です。この "**XXX make me want to do（XXX がきっかけで *do* したくなる）**" は万能表現なので、意識的に取り入れていきましょう！

以上で、Part 1の実践問題は終了です。回答例のレベルが高いものもあったと思いますが、ご自身の答えに合わせて、使えそうなアイデアや表現を少しずつ取り入れてみてください。また、Part 1の表現や背景知識は、**Part 2やPart 3でも幅広く応用できます**。しっかり復習しておいてくださいね。

では次からPart 2にまいります。少し休憩して切り替えてまいりましょう！

よくある質問＋プチ攻略法をチェック

ここではIELTSスピーキング試験の受験に関して、よく聞かれる質問と、プチ攻略法をご紹介します。ぜひ参考にしてください。

Q1 ペーパーとコンピューター試験で、スピーキングの形式は異なりますか？

いいえ。同じです。すべて試験官とのリアルタイムで行われます。コンピューター試験の場合、ビデオコールというオンライン形式で行われることもありますが、対面と大きな違いはありません。どちらも、どの国の試験官にあたるかは予測できません。

Q2 試験官によりスコアに差が生じることはありますか？

はい、時々あります。例えば初受験で6.0だったとしても、直近で受験すると5.5や6.5になることもあります。**1回目の結果が真のスコアではないこともあり**、0.5から、最大1.0の誤差が生じることもまれにあります。万が一スコアに納得がいかない場合は、再採点（リマーク）を申請できます（有料）。これによりスコアが下がることはまずなく、0.5～1.0上がることはあります。スコアに訂正があった場合は、再採点費用は返金されます。

Q3 どのPartの配点が高いですか？

採点は**全Partでの出来を総合して**評価が行われます。ただし、目標スコアごとに学習のコツがあります。目安として、6.0までが目標であれば、**Part 1とPart 2に比重を置き**、6.5以上の場合は、Part 3も含めバランスよく対策をすることが重要です。

Q4 まったくの初心者です。何から対策を始めたらいいか教えてください。

スピーキングに関して言えば、まずは**身の回りのことについて、30秒自信を持って話せる**ようにしてください。例えば、「趣味」、「関心のある分野」、「得意なこと」、「よく行くお店」、「住んでいる地域の特徴」などです。また、学生であれば「自分が通う学校」、「クラスメート」、「専攻科目」について、社会人であれば「職場」、「同僚」、「職務内容」などについても同様です。これらがある程度準備できたら、IELTSで高頻度で出題されるトピックの対策を行ってください。そして、その次のステップは、**社会問題に対して、背景知識をつけ自身の意見を持つこと**です。例えば、特定の問題に対して、**自分は賛成なのか反対なのか**、そして**その理由と根拠は何か**、といった形です。このことから、**まずはPart 1とPart 2**から始め、**ある程度力がついてきたらPart 3**の対策をするのがおすすめです。

Q5 嘘をついても大丈夫ですか？

問題ありません。回答が質問や主題に沿っていればスコアに影響しません。ただし、**あからさまな嘘**（例：私は総理大臣である）や、**誰にでもわかるような誤った情報**（例：日本は南半球にある）などは避けてください。

Q6 一度出題された問題が、再度出ることはありますか？

はい、あります。特に直近で受けた場合は出題の可能性が上がります。スピーキングの問題は年に3回入れ替えが行われますが、すべてではなく一部です。例えば、2023年1月に出題された問題が、2023年の12月に出る可能性もゼロではありません。このことから、**一度出た問題は必ず復習し**、アイデアを整理しておいてください。

Q7 試験直前はどんな勉強をしたらいいですか？

発音や流暢さ、文法の運用力は数日前に行っても伸びません。従って、試験の1～3日前は、「このトピックが出たらこのアイデアや表現を使う」といった**考えと語彙の整理**がおすすめです。そして当日は、**Part 2に焦点を当てて**ください。これは、Part 1やPart 3よりもトピックを絞りやすく、直前対策でも一定の効果が期待できるからです。万が一Part 1がうまくいかなくても、ここである程度挽回できる可能性もあります。

Q8 スコアを○○ → XXXに上げるには、1日どのくらい勉強すればいいですか？

これは、その人のスコアのレベルによります。例えば、今のスコアが6.0と言っても、ぎりぎりの6.0（5.5寄り）か、ある程度ゆとりのある6.0（6.5に近い）かで実力が異なります。特に、スピーキングとライティングはスコアを伸ばすのに時間がかかります。もし具体的な学習時間を答えるとすれば、私は「**食事・家事・睡眠・仕事［学業］以外のすべての時間**」と答えています。「隙間時間でコツコツ」、や「1日30分～1時間頑張ろう」という姿勢では、いつまでたっても目標スコアを達成できず、人生や機会を無駄にしてしまい、ライバルにも抜かれ、気が付けば季節や年度が変わってしまいます。何かを達成するには、何かを犠牲にしたり、捨てたり、という勇気も必要です。これに加え、教材や指導にある程度投資することも重要です。例えば、独学で1年かかることが、指導を受ければ半年で終わるかもしれないからです。**お金と時間は常にトレードオフ**です。これらのことから、自分が何に時間とお金を費やすべきか、という点をしっかり考え、学習計画を立ててください。

以上がIELTSのスピーキングにまつわる質問とプチ攻略法です。道のりは少し長いですが、焦らず一歩ずつ着実にマスターし、目標達成に向けて一緒に頑張っていきましょう！ :)

Part 2

Part 2

レクチャー

Part 2は、与えられたトピックに対し**1分で準備し、2分以内でスピーチを行う**パートです。ただし、ビジネスや授業での発表のような**形式張ったフォーマルなスピーチではなく**、主題に沿った情報を簡潔に伝える、というシンプルなタスクです。普段から話し慣れていないとタフですが、ポイントをおさえたうえで効率的に対策をすれば攻略できます。ここでは基本情報から、学習方法、そしてスコアUPにつながる項目を見ていきます。まずは試験の概要と流れを確認していきましょう。

試験の手順とタスク

Part 1が終わると、次のように試験官（E: Examiner）から指示があります。

E: Now, I'm going to give you a topic, and I'd like you to talk about it for one to two minutes. Before you talk, you'll have one minute to think about what you're going to say, and you can make some notes if you wish. Do you understand?

では、これからあなたにトピックを与えますので、1～2分でそれについて話してください。話し始める前に、何を言うか1分考える時間があります。メモを取っても構いません。わかりましたか。

そして問題が書かれたブックレットとペン、メモ用紙が渡されます。オンラインの場合は、画面上に問題＊が表示されます。では例題を見てみましょう。

＊自宅受験の場合でも問題は画面上に現れますが、メモは画面上にタイプして取ります。

■ 例題

Describe part of a city or a town where you enjoy spending time.

You should say:
 where it is
 what it is like
 what you do there
and explain why you spend time there.

［訳］楽しい時間を過ごす都市や町のある場所について話してください。
次の項目について触れるといいでしょう：
それはどこか
それはどのような場所か
そこで何をするか
そして、なぜそこで時間を過ごすかを説明してください。

続けて、試験官は次のように問題を読み上げます。

E: I'd like you to describe **part of a city or a town where you enjoy spending time**.

あなたが時間を過ごすのを楽しむ**都市や町のある場所について話してください**。

ここで **1 分間の準備時間**が与えられ、この間にメモを取ることができます。その後、次のような指示があります。

E: Remember you have one to two minutes for this, so don't worry if I stop you. I'll tell you when the time is up. Can you start speaking now, please?

1～2 分話す時間があるので、途中で止めても気にしないでください。時間になったらお知らせします。では話始めていただけますか。

ここからスピーチを 2 分間行う、という流れです。スピーチはこのメモを見ながら話すことができます。では続けてこのパートの基本情報を見ていきましょう。

8の基本事項をおさえよう！

Part 2 のスピーチを行う上で大事な 8 つのポイントをおさえておきましょう。

- ロ トピックを変更してもらうことはできません。
- ロ スピーチの間、試験官は黙って聞いているのみです。話をさえぎることはありません。
- ロ わかりにくい箇所があれば、スピーチに入る前に試験官に確認してください。
- ロ スピーチ中、残り時間を確認することはできません。
- ロ スピーチが 2 分以内に終わっても、早く終了することはありません。目安として**最低 1 分半は話す**ことを心がけてください。
- ロ 内容や語彙、文法などの運用レベルが高くても、あまりにも早く終わるのは望ましくありません。時間が余った場合は、黙り込むよりも何か情報を加えましょう。
- ロ 2 分経つと、スピーチの途中であっても終了となります。**話が中途半端な形で終わっても問題ありません。**
- ロ 問題にある **You should say: 以下の項目**は **prompt** と呼ばれます。これは話す内容を考えやすいように書かれていますが、**すべて含める必要はありません。**
  重要なことは、**スピーチが主題に沿っているか**です。また、prompt に注意が行き過ぎると**たどたどしくなり fluency が失われがち**です。このことから、**prompt は入れるのが望ましいが、必須ではない**という認識を持っておいてください。

例題で概要をチェック！

では次に、どのようなスピーチを行えばよいかを、モデルスピーチを見て全体像を確認していきます。そして、ここでのポイントは、何のために読んでいるか「**読む目的を明確にする**」ことが重要です。次の 3 ステップを参考に学習効果を高めましょう。

Step 1 内容把握

まずざっと一読し、全体の内容を把握します。知らない表現があっても無視して流し読みしてください。完璧に理解する必要はありません。

Step 2 精読

Step 1 より**じっくり読んで**、細かな内容理解に集中します。知らない表現があれば辞書で意味を確認し、必要に応じて訳にも目を通してください。

Step 3 分析

文章で工夫されている**文法、語法、構成、展開方法などの項目に焦点を当てて読み、**使えそうな表現やアイデアを拾います。真似できそうにない難しい箇所は無視し、自身のレベルに合わせて必要な個所を選び、ネタをストックしてください。

よほど器用な人でない限り、「内容理解＋分析」を同時に行うのは困難です。なので、このようにまずは**意味理解**（meaning first）、そして**分析**（analysis second）の手順で読む目的を分けると効果的です。これはライティングのモデルエッセイを読む場合も同様です。ではこの手順でモデルスピーチを見ていきましょう。

▶**モデルスピーチ**　★太字は話の展開をスムーズにするつなぎ言葉　**035**

One interesting place where I often spend a lot of time is Shibuya, which is one of the busiest and most vibrant areas in Tokyo. Shibuya is really popular among people of all ages, especially teenagers and young adults, **because** it's seen as the centre of fashion and entertainment. I mainly go there to do some shopping on my way home from work or watch a film at my favourite cinema with my wife on our days off.

There are several reasons why Shibuya is special and fascinating to me. One is its convenience, which means that you can get almost anything you want, from groceries to appliances. Some shops sell modern and fashionable clothing or electronic devices, **while** others sell antiques and traditional Japanese products. It's **also** in an extremely convenient location for public transport – there's easy access to trains and buses from everywhere in Tokyo.

Another reason is that you can also spend time in Yoyogi Park, which is only a 15-minute walk from the central area. **While** some people take a stroll or do exercise there, others have a picnic on the grass on sunny days. During the holidays, there are a couple of festivals where traditional dancing and musical performances take place. I feel these events make the park an all the more enjoyable and sociable place for everyone. (223 words)

［訳］　私がよく過ごす楽しい場所の一つは、東京で最も人が多く活気あるエリアの一つである渋谷です。渋谷は、ファッションとエンターテインメントの中心地と考えられており、あらゆる年齢層の人々、特に 10 代から 20 代の若者にとても人気があります。私は主に仕事帰りに買い物をしたり、休日に妻と一緒にお気に入りの映画館で映画を見るために、渋谷に行きます。

渋谷が私にとって特別で魅力的な理由はいくつかあります。一つは便利さです。これは、食料品から電化製品まで、欲しい物はほとんど何でも手に入るということです。最新かつはやりの衣料品や電子機器を販売する店もあれば、骨董品や日本の伝統品を取り扱う店もあります。また、公共交通機関で行きやすい非常に便利な場所にあり、東京のどこからでも電車やバスで簡単にアクセスできます。

もう一つの理由は、中心部から徒歩わずか 15 分で代々木公園に行けることです。散歩したり運動したりする人もいれば、晴れた日に芝生でピクニックをする人もいます。休暇中は、伝統的な踊りや音楽演奏が行われるお祭りがいくつかあります。これらのイベントで、公園がみんなにとってさらに楽しく社交的な場所になっていると感じます。

重要スコア UP 語彙

- □ vibrant　活気のある
- □ on one's days off　（仕事がない）休みの日に
- □ grocery　食料品
- □ electronic device　電子機器
- □ have a picnic　ピクニックをする
- □ people of all ages　すべての年齢層の人たち
- □ fascinating　とても面白い
- □ appliance　家電
- □ take a stroll　散歩をする
- □ sociable　社交の

ほとんどの場合、2 分間が終わると**スピーチについて 1 つ質問をされます**。この質問は通常 Yes / No question で、**評価には含まれません**。長く話しても切られるので、短く 1 ～ 2 文で 5 秒前後を目安に回答するだけで十分です。以下が応答例です。

E: Are you planning to go to Shibuya sometime soon?

C: **Yes, probably next month. I'm really looking forward to it.**

以上が Part 2 の概要です。おおまかな内容や流れ、そしてどういった内容のスピーチをすればいいか全体像はご理解いただけましたか？　なお、このスピーチはあくまでモデルなので、本番でこのクオリティで話すことはほぼ不可能です。ですので現時点では概要をつかんでいただくだけで OK です。また、冒頭の基本事項で「スピーチは最低 1 分半話すことを目指してください」とお伝えしました。もし、20~30 秒ほど早く終わってしまった場合は、何か補足で付け足すか、あるいは "**That's about all I have to say.**" や、"**I think that's about it.**" のように話し、スピーチが終わりであることを伝えてください。

では次は、スピーチを攻略するための効果的な学習法を紹介していきます。続けてどんどんまいりましょう。

攻略法の前に

スピーチ練習の基本をつかもう

Part 2の攻略法をチェックする前に、スピーチをする上で基礎知識となる「**練習スタイル**」について知っておきましょう。大まかに、以下の3つに分類することができます。

1 即興スタイル

準備なしですぐに話し始める形式。「**即時性**」を鍛える方法で、オンライン英会話はこの形が一般的。文法や語彙の正確性やバラエティは後回しにし、**fluencyを優先**することが重要。

2 半準備スタイル

あるテーマや質問に対し、1～5分ほど時間を取ってアイデアをまとめ、それからスピーチする形式。「**短時間で情報を精査し、内容をまとめる力**」を鍛えることができる。

3 完全準備スタイル

事前にテーマが与えられており、十分なリサーチや練習を行い、発表する形式。しっかりとスクリプトを作成することで、「**語彙や文法の正確性**」や「**構成力**」を鍛えることができる。

これらのスタイルはそれぞれ一長一短があります。例えば、ずっと本番と同じ1の即興形式ばかりやっていては、**正確性や構成力が向上しませんし**、逆に毎回スピーチを作成する3の完全準備スタイルでは、**即興力や即時性が伸びません**。よって、これらを織り交ぜ練習することで、スピーキング力を多角的に鍛えることができます。ではこれらを土台として、次からは具体的なトレーニング方法を一緒に見ていきます。

必勝攻略法

練習メソッド

ここでは、最短最速で Part 2 を攻略するための、**5 つの練習メソッド**を紹介します。私自身の学習経験や研究だけでなく、実際に指導する中で、効果が高かった方法を厳選しました。ぜひご自身の好みやレベルに合うものを取り入れてみてください。では一つずつ見ていきましょう。

攻略ポイント ❶ Prompt 20 秒メソッド（初心者～中級者向け）

スピーチに慣れていない方や IELTS 初心者の方にとって、2 分間話し続けるというのはなかなかタフです。そこでおすすめなのは、各 **prompt に焦点を絞り、20 秒を目標に話すメソッド**です。以下の、❶～❹の prompt に着目してください。

> **Describe part of a city or a town where you enjoy spending time.**
>
> You should say:
> where it is ❶
> what it is like ❷
> what you do there ❸
> and explain why you enjoy spending time there. ❹

これら 4 つの prompt ごとに話す練習をします。❶を例に取ると、"where it is" に対して 20 秒話してみる、といった形です。先ほどのモデルスピーチから抜粋してみます。

[where it is ❶ に対する回答]

One interesting place where I often spend a lot of time is Shibuya, which is one of the busiest and most vibrant areas in Tokyo. Shibuya is really popular among people of all ages, especially teenagers and young adults, because it's seen as the centre of fashion and entertainment. (49 words)

このように prompt に合わせて回答を考えます。分量に関しては、話すスピードにもよりますが、**3 ~ 5 文、ワード数で言えば 40 ~ 60 語程度**のレンジがベストです（この例は 49 語）。話すのが苦手な方は、文法や正確性は後回しにして、とにかく「止まらず、言い直さない」というマインドで話し続けてください。また、特に**❹の why 以下の部分は話を広げやすい**ので、ここは 20 秒 → 30 秒 → 40 秒のように少しずつ膨らませていくといいでしょう。このように分解して話す方法は負荷が軽いので、初中級者の方には最適です。また、6.5 以上が確実に取れて、7.0 以上を目指される方は、**prompt ごとに 20 秒間詰まらず**、かつ**正確性の高い文法と語法、そして表現のバラエティを意識**して練習してみてください。わずか 20 秒ですが、いざやってみると負荷が上がるので、さらに上を目指す方には最適です。

攻略ポイント ❷ Prompt 無視メソッド（中~上級者向け）

これは、**prompt を見ずに話す方法**です。次のように**紙で prompt をすべて隠し、2 分話すことを目標**に練習します。

Describe part of a city or a town where you enjoy spending time.

このように行う理由は、先ほど述べたように prompt に意識が行き過ぎると、**たどたどしくなり fluency が失われるから**です。そしてここで重要なポイントが 2 つあります。1 つ目は、**主題からそれないこと**です。Prompt 無視メソッドは、自由に話を組み立てやすい分、本筋からそれないよう注意が必要です。2 つ目は、**5W1H を意識して話すこと**です。これは、prompt が **what、where、when、why、who、how で始まるため**です。つまり、こういった 5W1H の情報を**普段から意識的に盛り込みながら**練習することで、自然なスピーチができるようになります。おすすめは、最初は 1 分を目標に設定し、1 分 30 秒 → 2 分のように、**少しずつ負荷と高めていく方法**です。次第に精度も上がり、効果的です。

攻略ポイント ❸ アイデア出しのトレーニング ▸▸▸ キーワード式

これは、より本番の形に即して、できるだけ多くのトピックに対して話すアイデアを考えるメソッドです。本番では１分の準備時間が与えられます。しかし、この時間は話す内容を考えるためのものというよりも、**事前に考えておいたネタを思い出す時間**と考えてください。もちろん初見の問題が出ることもありますが、**出題頻度が高いトピックを一通りカバー**しておけば、十分に対応できます。以下の例題を使い解説を進めていきます。

Describe a city or a town where you would like to live in the future.

You should say:
  what it is
  whether you have visited or not
  what you know about it
and explain why you would like to live there.

［訳］将来住みたい都市か町について説明してください。
次の項目について触れるとよいでしょう：
それはどこか
訪れたことがあるかないか
そこについて何を知っているか
そしてなぜそこに住みたいのか説明してください。

アイデアはキーワードを挙げて、そこから展開していくやり方があります。キーワードの書き出し方には主に「**マインドマップ型**」と「**箇条書き型**」の２種類があります。前者は、自分の回答の主題を中心に、**関連する言葉を枝状に拡大していく**形、後者は **5W1H を中心に、単語やフレーズごとに書き出す**形です。

まずは「**マインドマップ型**」から見ていきます。今回は上記の問題に対する回答として、オーストラリアのメルボルン（Melbourne）を中心に作成していきます。どのようなキーワードを用いてアイデアを広げているかに着目しながら、分析してみてください。

▶マインドマップ型 ▸▸▸ 数を決めずに思いつく限り書き出し、そこから厳選する

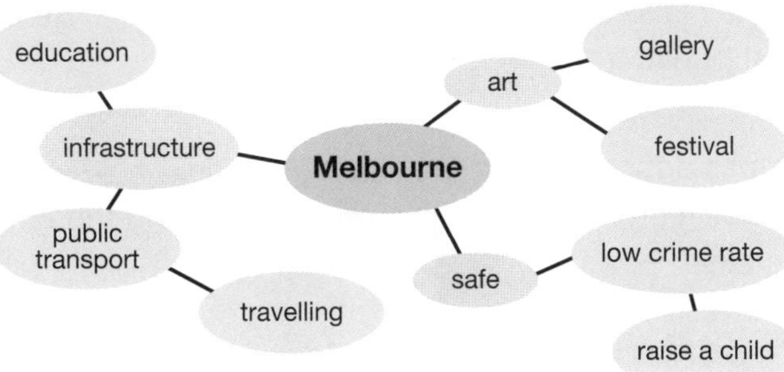

このようにメルボルン（Melbourne）に、キーアイデア（infrastructure、art、safe）を出し、さらに枝状にしてその具体例（education、gallery、low crime rate ...）を出していきます。この場合、prompt は無視して構いません。そして、以下がキーアイデアの **safe** をもとに作った回答の英文の一部です。

Melbourne is known as one of the **safest** cities in the world because of its **low crime rates**. This means parents don't need to worry too much about their **children** becoming victims of crime. ...

メルボルンは犯罪率が低いため、世界で最も安全な都市の一つとして知られています。つまり、親は自分の子どもが犯罪の被害に遭うことを、あまり心配する必要はないということです。

このようにキーワードを拾いながら文を作ります。ここまで正確な文をすぐに作るのは難しいですが、練習を積むことで即興力はアップしていきます。

▶箇条書き型 ▸▸▸ 5W1H を中心に項目ごとに書き出す

[**Melbourne**]

when

· by 2035

· after I finish my masters

whether you have visited or not

· when I was in high school

· took part in a study abroad programme

what you know about
・a safe and clean environment
・excellent public transport

why
・world class education and leading healthcare
・affordable lifestyle - relatively lower cost of living than other major cities

この5W1Hの項目は、主題に沿っていれば問題の**promptにある5W1H以外を含めても構いません**。実際に上記の"when"の項目は問題には書かれていません。分量としては、各promptにつき2～3項目、上記のようにキーワードを入れた短いフレーズを挙げてください。そしてそれらを見ながら、口頭で英文を作る練習をします。

以上が「**マインドマップ型**」と「**箇条書き型**」を用いたキーワードの書き出し方です。これらは一例なので、何度か試す中で、ご自身の好みやスタイルに合う形でアレンジしてみてください。

攻略ポイント❹ フルスクリプトメソッド

これはとてもシンプルで、本番で話す内容の**スピーチを実際に作成する**メソッドです。この方法は、語法や文法の正確性、そしてスピーチの構成力を高めるのに効果的です。何十本も作る必要はありませんが、5～10本ほど作成してみるとよいでしょう。フルスクリプトを作る場合、次の分量を目安に作られることをおすすめします。

目標スコア	目安となる分量（文字数）
5.0 - 5.5	150～170語
6.0 - 6.5	170～200語
7.0 ~ 7.5	200～230語

少ないと思われるかもしれませんが、本番では言葉に詰まったり、たどたどしくなるため、これ以上の分量を話すのは現実的ではありません。そして、先にも述べたように**丸暗記は減点対象**になりますので、あくまで構成や内容の整理、語彙の運用を目的に行ってください。その上で、スピーチは特に次の4点を意識して作成してみてください。

- 主題からそれていないか
- **テーマに関連した語彙**を使えているか
- 時制は正確か（特に**現在完了形と過去完了形**）
- **接続語**（p. 22 参照）を効果的に使えているか

また、もし可能であれば、**スピーチ原稿を作って添削を受ける**ことをおすすめします。添削サービスを利用したり、オンライン英会話であれば、「今度授業でプレゼンがあるから見てほしい」のような形でお願いすると、見てくれる場合もあります。このメソッドは、話の構成、そして語彙や文法の正確性を高めるうえで効果が高いので、ぜひ取り入れてみてください。ただし、前にも述べたように丸暗記は避けてください。

攻略ポイント ❺ スピーチ力アップ！ ▸▸▸ テーブルトピックメソッド式

このメソッドは、**即興力と総合的なスピーチ力をアップさせたい方**におすすめです。これはランダムに与えられたキーワードについて、即興で話す練習です。例えば、"sky"と言われたら、10 秒間考えて 1 分間 sky について話す、といった具合です。

話す内容は、キーワードに関することであれば何でも OK です。ポイントは、IELTS に特化した語、特に **Part 2 で出題の可能性が高いキーワードに絞って練習すること**です。以下、過去の出題から厳選したテーブルトピック一覧も活用してみてください。

■ おすすめテーブルトピック一覧

· park	· toy	· book	· job
· cafe	· gift	· food	· rule
· sport	· shop	· website	· skill
· friend	· festival	· tradition	· wild animal
· travelling	· weather	· ambition	· photograph
· leader	· tourist site	· advertisement	· conversation
· hometown	· street market	· TV programme	· school subject

- 話す時間は、**最初は 30 秒を目標**に始めて、慣れてきたら 60 秒、90 秒と時間を延ばして負荷を高めていきます。ポイントは、**できるだけ止まらず、言い直しを最小限にすること**です。これにより**流暢さ**が鍛えられます。
- 一人で行う場合は、話しやすそうなワードから取り組み始めるのもいいですし、仲間と複数人で、ワードを選び合いゲーム感覚で行ってもいいでしょう。

以上がスピーチ力を向上させる５つのメソッドです。複数のメソッドを紹介しましたが、もちろんすべて取り入れる必要はありません。いくつか試してみて、ご自身に合ったものを１つ２つ取り入れていただければ OK です。学習効率と質を少しずつアップさせ、総合的なスピーチ力を鍛えていってくださいね。

それでは次のページから、回答に役立つ**アイデアトレーニング**に移ります。これは高頻度で出題される問題を中心に、回答のアイデアを出していく練習です。では早速始めていきましょう！

アイデアトレーニングに チャレンジ！

ここからは、アイデアを具体的に構築していきます。まず前提として覚えておいていただきたいことは、話すネタを考える際は、**みなさん自身のアイデアをもとに作る**ということです。本書をはじめ、ネットやその他の書籍には、数多くのモデルスピーチが掲載されています。しかし、それらはあくまで**他人が作ったもの**です。そのため、暗記すると棒読みになりがちで不自然に響きますし、内容を忘れてしまうことも少なくありません。このことから、**まずは自分でしっかりとアイデアを考える**、そして他の人が書いたもので**使えそうなネタや表現があれば加える**、という形が効果的です。

では、以下の 3 つのステップをもとに、アイデアトレーニング 8 問* に挑戦してみましょう。

＊このトレーニングはアイデアを考えることが目的なので模範解答は載せていません。

Step 1 アイデアをまとめる

問題を見たら、話す内容を考えていきます。「アイデアバンク（idea bank）」というメモスペースを設けているので、どんどんキーワードを挙げていってください。

箇条書きでもかまいませんし、先ほど紹介したマインドマップ型でまとめても構いません。トレーニングの初期段階で重要なことは、アイデアの**構築**、**整理**、**厳選**の 3 つです。そのためにも、まずはこれを集中的に行いましょう。

Step 2 ワンポイントレクチャーをチェックする

各問題には、**【ワンポイントレクチャー】**が付いています。これは理解や、表現力を高めるための項目です。自身でアイデアをまとめた後に目を通し、参考にしてください。

Step 3 挙げたキーワードを見て話す

攻略メソッド❸（p. 138）で紹介した、**キーワードを見て話す練習**をします。例えば、Hometown がテーマで、“shopping mall” と書いた場合、それについて 3 ～ 4 文（30 ～ 50 語）で話すという手順です。特に 2 分間話すのが苦手な方は、まずはこのようにしてキーワードをもとに、話す内容やネタをどんどん増やしていきましょう。

Q1 Hometown

Describe a famous place in your hometown.

You should say:
what this place is
where it is
what people do there
and explain why the place is famous.

▶ ***Idea bank***

ワンポイントレクチャー

ホームタウンは最重要テーマの一つなので、準備は必須です。このトピックでのおすすめは「**観光地**」について描写することです。理由は過去の出題から見ても、圧倒的に応用が利くからです。その観光地の特徴、魅力、歴史、または名物などについても触れると話を広げやすくなります。もし適当な場所が思いつかない場合は、自分で作るか、あるいは近隣の市町村にある有名な場所について話してください。また、ホームタウン関連のトピックでは、観光地以外にも次の項目を考えておくと安心です。

- **よく行く公園** ………………… その公園の特徴と、そこで何をするか
- **改善点** …………………………… 交通渋滞、騒音、治安の悪化、公共交通機関不足
- **ここ数年間に起こった変化** … 人口増加［減少］、観光客の増加、駅周辺の再開発

Q2 Famous person

Describe a famous person you would like to know more about.

You should say:
  who the person is
  what the person does
  what is interesting about the person
and explain why you would like to meet the person.

▶ ***Idea bank***

ワンポイントレクチャー

最近の試験傾向から、**SNSでフォローしている有名人**、次いでスポーツ選手、起業家、歌手のいずれかを考えておくのがおすすめです。重要な点は、**日本人以外の有名人**を考えておくことです。これは「会ってみたい海外の有名人について話してください」という出題があるからです。そういった人物については、次の項目をリサーチしておきましょう。

- **生い立ち** ………………… 出身や家庭の状況など幼少期、学歴などのバックグラウンド
- **尊敬できること** ……… 考え方や生き方、社会貢献活動（慈善活動、人道支援など）
- **有名になった出来事** … 賞をもらった、記録を樹立した、何かを発明したなど

ちなみに、**famous はポジティブな語**なので、ネガティブな内容はあまり入れないよう注意が必要です。

Q3 Book

Describe an interesting book you read recently.

You should say:
  what it was about
  when you first read it
  what you learned from it
and explain why you found the book interesting.

▸ ***Idea bank***

ワンポイントレクチャー

含める内容は、**登場人物、あらすじ、感想**が中心となります。本から学んだこと、そしてその学びがどのような場面で活かされたか、といった点まで深めると話が広がります。注意点は、試験官がその本について知らない場合でも、内容を**イメージしやすいようにシンプルに描写すること**です。複雑な表現や専門的用語は控え、**聞き手ファーストのマインド**で話してください。また、話し始めにジャンルを明確にすることも重要です。以下が主なジャンルです。

・novel 小説	・biography 伝記	・how-to 実用書
・science 科学	・fantasy ファンタジー	・self-help 自己啓発
・history 歴史	・romance 恋愛	・business ビジネス

なお、このトピックは「映画」のテーマでも応用可能です。ある程度アイデアの準備ができたら、「**好きな映画**」についても話せるかチャレンジしてみましょう！

Q4 Something special

Describe something special you would like to buy in the future.

You should say:
  what it is
  what it looks like
  when you intend to buy it
and explain why you would like to buy it.

▸ ***Idea bank***

ワンポイントレクチャー

ここでのポイントは **special であることを示す**ことです。つまり、単に買いたいものを描写するだけでなく、特別感を出す必要があります。候補には「**高価な商品**」、「**特別なイベント用の贈り物**」、「**希少価値の高いもの**」が挙げられます。おすすめは次の２つです。

- **車** ……………… 車の特徴に加え、その用途や車で行きたい観光地を考える
- **マイホーム** …. 家の特徴や設備を中心に、ペットを飼いたい、パーティーやガーデニングをしたい、といったように、趣味などを交える

パソコンや携帯電話でも構いませんが、話を広げるのが難しいだけでなく、よく似たトピックで、まれに **"not computers or mobile devices"**「コンピューターとモバイル端末は除く」という指示文があります。そのため、別のネタを考えておくのが賢明です。

Q5 Toy

Describe a toy you liked when you were a child.

You should say:
what it was
who gave it to you
how often you played with it
and explain why you liked the toy.

▸ ***Idea bank***

ワンポイントレクチャー

おもちゃのテーマは、Part 1でも出題されますので、特に準備が必須です。最初のステップは、**おもちゃの種類**を明確にすることです。代表的なものは、次のような候補が考えられます。まずは1つ話しやすいおもちゃを選びましょう。

- doll house 人形の家
- building blocks 積み木
- model railway 鉄道模型
- board game ボードゲーム
- action figure アクション人形
- tricycle 三輪車
- jigsaw puzzle ジグソーパズル
- drawing board お絵描きボード
- kitchen play set おままごとセット
- stuffed [plush] animal 動物のぬいぐるみ

あるいは、Lego（レゴ）やBarbie doll（バービー人形）のように、特定のおもちゃでも構いません。この他、大きさや、色に加え、材質などの特徴、そしてそのおもちゃについての**エピソードや思い出**を入れると、話を広げやすくなります。

Q6 Journey

Describe a journey you once made and remember well.

You should say:
  where you went
  when it was
  what happened during the journey
and explain why you remember the journey well.

▶ ***Idea bank***

ワンポイントレクチャー

旅行に関するスピーチの準備は必須です。まず journey については、「**遠方への長距離旅行**」という意味なので、ある程度距離があり、短くても１週間程度の旅行を想定してください。ここでは過去の出題から、次の点を考慮に入れながら話すネタを考えるのがおすすめです。

- **移動手段を明確にする** …… 移動手段が指定されている出題パターンが考えられる。特に車は応用が利く
- **道中での出来事を考える** … ポジティブな経験とネガティブな経験（トラブル）を考えておく
- **観光地について** …………… 「途中～に立ち寄った」、といった内容を入れると話を広げることができる。場所の詳細は、事前にリサーチし話を作っておく

Q7 Tradition

Describe an interesting tradition in your culture.

You should say:
what the tradition is
what people do
how popular the tradition is
and explain why you find the tradition interesting.

▶ ***Idea bank***

ワンポイントレクチャー

traditionは、『ロングマン英英辞典』では「**昔からある考え方、慣習、何かを行う方法**」と定義されています。従って、ここ数年で広まったことではなく、**古くから存在すること**について話す必要があります。ただ「家の中で靴を脱ぐ」や「お辞儀をする」なども候補になり得ますが、話を広げづらく、2分間スピーチするには不向きです。よって、季節の行事や、地域の風習など、以下のようなネタが話しやすいでしょう。

- クリスマス（**Christmas Day**）の過ごし方
- 夏祭り（**summer festival**）
- お花見（**cherry blossom viewing**）
- 新年（**New Year's Holiday**）の過ごし方
- 食文化や伝統工芸（茶道、華道、歌舞伎、俳句など）

Q8 Weather

Describe your favourite weather condition.

You should say:
what kind of weather it is
what you usually do in the weather
how it makes you feel
and explain why it is your favourite weather condition.

▸ ***Idea bank***

ワンポイントレクチャー

まずは基本的な天気、天候を表す語を確認しましょう。次のようなものが考えられます。

- **晴天／温暖／乾燥** …… sunny / warm / hot / tropical / mild / dry
- **雨天／曇り／寒い** …… rainy / cloudy / cold / freezing / chilly

これらの語が一般的ですが、四季を用いて、次のようにも表現することが可能です。
spring weather / summer weather / autumn weather / winter weather
次に、prompt にもあるように、その**天候時に行う活動や催し**を考えてください。例えば、スポーツや、芸術、娯楽活動やイベントなどです。ただし、これで終わると短いので、それに関連した**思い出や経験など過去の出来事**を入れるのがおすすめです。

以上でアイデアトレーニングは終了です。どんな内容を話すかイメージできましたか？話すネタが固まっているだけで本番でもゆとりが生まれ 0.5 スコアが変わると言っても過言ではありません。少しずつアイデアを構築し、ストックを増やしていってくださいね。

頻出トピック 15 を カバーせよ！

ここからは実践問題に入る前の下準備として、Part 2 で出題頻度の高いトピック（問題）をカバーしていきます。2013 年から約 10 年間分のトピックと、公式問題集に掲載されている約 300 問を分析した結果、対策の重要なポイントとして**「出題頻度の高いトピック（問題）をカバーしておけば応用が可能」**ということがわかりました。当然すべてを網羅するのは不可能ですし、本番では初見の問題が出る可能性もあります。しかしながら、先ほどのアイデアトレーニングの 8 題とここで紹介する 15 トピックに関するアイデアをしっかりと準備することで、土台を固めることができ、学習効率がアップします。以下に 5 つのテーマに分類してありますが、どこから始めても構いません。それでは早速見ていきましょう！

Part 2 | 頻出トピック 15

Places 場所

① Describe a café or restaurant you often go to.
（よく行くカフェかレストランについて）

② Describe a quiet place where you spend time relaxing.（リラックスして過ごす静かな場所について）

③ Describe a house / apartment you would like to live in in the future.
（将来住みたい家／アパートについて）

People 人

④ Describe a person whom you admire.
（尊敬する人について）

⑤ Describe a person whom you spend a lot of time with.
（一緒に多くの時間を過ごす人について）

Objects / Entertainment もの、娯楽

⑥ Describe your favourite film.
（お気に入りの映画について）

⑦ Describe a TV programme you often watched as a child.
（子どもの頃よく見たテレビ番組について）

⑧ Describe something that is useful at work or school (not a phone or a computer).
（仕事または学校で便利なものについて〔電話やコンピューターは除く〕）

Activities / Events 活動、出来事

⑨ Describe a famous festival in your country.
（自身の国の有名な祭りについて）

⑩ Describe a sport you would like to try in the future.
（将来挑戦したいスポーツについて）

⑪ Describe an important decision you made in the past.
（過去にくだした重大な決断について）

Others その他

⑫ Describe a job you would like to do in the future.
（将来やってみたい仕事について）

⑬ Describe a piece of news that made you feel happy.
（聞いてうれしくなったニュースについて）

⑭ Describe a skill that you would like to learn or improve.
（身につけたい、もしくは向上させたいスキルについて）

⑮ Describe a subject, other than English, you enjoyed studying as a child.
（英語以外で、子どもの頃楽しく勉強した科目について）

以上が Part 2 における最重要トピックです。先ほどのアイデアトレーニングの手順を活用しながら、話す内容を整理しておいてくださいね。

では次はいよいよ実践問題です。Part 1 も含め、これまで学習した内容をフル活用してチャレンジしましょう！

James のスコア UP ワンポイントティップ

効果的なスピーチの始め方ってあるの？

ではまず始めに、**好ましくない**スピーチの始め方を見ていきます。次の 3 つは**不自然なので避けてください**。

× I'll talk about ~.

"I'll ~" は、**今その場で決めたこと**を述べる時に使います。

× Let me talk about ~ .

"Let me ~" は、「～させてもらうね」、というように**許可を得る場合**に使います。

× I'd like [I want] to talk about ~.

"like" からわかるように、"would like to" は**自ら好んで行う場合**に使います。自ら好んでスピーチをするわけではないため、不自然です。これは "want to" も同じです。

次に、**"I'm going to talk about ~."** は、誤りではありませんが、不自然かつ単調です。これは例えば日本語で、「よく行くカフェについて話してください」と言われて、「はい、ではよく行くカフェについて話します」と始めるようなことと同じです。このような理由から、紋切り型の始め方ではなく、**フリーにスピーチする**のがおすすめです。ここでは 2 名の元試験官が作成した模範例を見ていきます。彼らがどのように話し始めているかを分析しながら、その流れをつかんでください。

036

Q1. Describe a product you would like to buy in the future.

将来購入したい製品について話してください。

回答例

At the moment, I'm thinking of buying a desk for my home office. I decided to get one the other day because I often find myself working at the dining room table in my home, which means I don't have my own space to work or study.

今のところ、自宅のオフィスのためにデスクを買おうと思っています。先日、購入を決めました。これは、自宅のダイニングテーブルで仕事をすることが多いためで、仕事や勉強をする自分の場所がありません。

問われている質問に1文目からすぐに答え始めているパターンです。このように、**長い前置きを入れずにスピーチに入るのがベスト**です。そしてこの後に、購入を考えている理由が描写されています。もう一例見ておきましょう。

037

Q2. Describe a time when you had to use your imagination.

想像力を使わなければいけなかった時について話してください。

回答例

This is going back quite a way, but the first thing that comes to mind, for some reason, is the time when I entered a short story writing competition back in elementary school. I believe I was in grade 6 at the time, and had just started a new school.

かなり昔の話ですが、真っ先に思い浮かぶのは、なぜか小学生の頃に短編小説のコンクールに参加した時のことです。当時は6年生で、新しい学校に入ったばかりでした。

□ quite a way かなり □ come to mind 思いつく □ for some reason なぜか

この問題は過去の出来事について話すため、軽く背景の説明を入れると状況が理解しやすくなります。必要に応じて、簡単な前置きを入れるのも効果的です。

以上がネイティブのスピーチの始め方です。機械的な表現ではなく、フリーな感じで話始めていますね。時々「テンプレートはありますか?」と聞かれることがありますが、すべての問題にフィットする万能な定型表現はありません。ですので、こういった例やその他の回答例を参考にし、少しずつ自然な話し方を身に付けていきましょう。

実践問題

ここからは実践問題を通して、スピーチ力を高めていきます。本番と同じ形式（準備1分／スピーチ2分）でトライしても構いませんが、先ほどのトレーニングと同じく次の手順がおすすめの取り組み方です。

1 アイデアをまとめる

問題を見たら、話す内容を考えていきます。ご自身でメモを準備し、アイデアとなるキーワードをまとめてください。先にも述べたように、**アイデアの構築、整理、厳選**の3つを中心に行いましょう。

2 ワンポイントレクチャーを読む

各問題で、重要なポイントやアイデア構築のためのヒント、また注意点を解説しています。ある程度アイデアを出したら、レクチャーを参考に、**解釈が合っているか**、または**追加や修正などがないか**をチェックしてください。

また、これと同時にスコアUPにつながる**テーマ別語彙**も確認してください。もちろんすべてスピーチに使う必要はありませんが、みなさんが考えられたアイデアやスピーチに一部追加していただくことで、表現力がUPします。

3 回答例を分析

最後にモデルスピーチが付いているので、そちらも分析してみてください。1回目は**内容理解（meaning first）**に集中してざっと読み、2回目以降は精読しつつ、**文章分析（analysis second）**しながら読み進めてください。

それでは早速始めていきましょう！

★ Q1～Q3には添削回答が提示されています。紙面の都合上、すべての誤りを修正しているわけではなく、特に重要な箇所を抜粋して添削しています。

★ 添削回答には目安のスコアを記載しました。これは発音と流暢さを除く**本書独自の採点方式**です。よって、公式の採点基準との一致を保証するものではありません。

Q1 **Ideal home**

Describe a house or apartment you would like to live in in the future.

You should say:
what the house or apartment is like
what is special about it
when would you like to live in it
and explain why you would like to live there in the future.

Q2 **Creative person**

Describe a creative person whom you admire.

You should say:
who the person is
what the person means to you
when the person shows creativity
and explain why you think the person is creative.

Q3 **Health**

Describe an article on health that you read in a magazine or online.

You should say:
what the article was on
when and where you read it
what you learned from it
and explain whether it was helpful or not.

Q4 **Wild animals**

Describe a time when you got close to a wild animal.

You should say:
what the animal was
when and where it happened
what the animal was doing
and explain how you felt then.

実践問題

解説

Q1 Ideal home 理想の家

難易度 ★★☆☆☆

Describe a house or apartment you would like to live in in the future.

You should say:
  what the house or apartment is like
  what is special about it
  when would you like to live in it
and explain why you would like to live there in the future.

［訳］将来住みたい家、またはマンションについて話してください。
次の項目に触れるとよいでしょう：
どんな家、またはアパートか
何が特別か
いつそこに住みたいか
そして将来なぜそこに住みたいか説明してください。

ワンポイントレクチャー

まずは**住居のタイプ**を選びましょう。ここで表現力をUPさせるには、**形容詞や前置詞句を用いて**語彙をバージョンアップさせることです。例えば、a **three-bedroom** flat（**寝室が3つの**マンション）、a **detached** house **with a garden**（**庭付きの一戸建て**）のように表現する方が、印象がUPします。

次のポイントは、「**住居にフォーカスして話すこと**」です。例えば「駅が近い」、「買い物に便利」などは**周辺の環境のこと**なので、こういった内容を中心に話してしまうと、**話が逸脱**してしまいます。補足的であれば構いませんが、まずは住居の特徴を中心に話してください。このことから、しっかりと考えるべき項目は「**住居の種類**」と「**住居の設備**」の2つです。まず種類から見ていくと、次のような項目を中心に考えるとよいでしょう。

- **住居の種類** ………… 一戸建て、マンション（低層、高層）、別荘、賃貸 or 持ち家か、など
- **デザインや造り** …… 木造、レンガ造り、ガラス張り、モダン、和風、西洋風など

次に**設備**に関しては、リビングルームやキッチンといった基本的な語句以外にも、以下のような項目を含めると話を広げやすくなります。

- **特徴、設備** …[**特徴**] 景色、部屋の数、ペットの飼育は可能か、築年数、日当たり
  [**設備**] 庭、バルコニー、ジム、ガレージ、書斎、置きたい家具

最後に表現に関しては、"in the future" を明確にすることも印象 UP につながります。例えば **after retirement** (退職後に)、**in my early 40s** (40 代前半に)、**after I get married** (結婚後) のように表現すると具体性が UP します。

では次に、このトピックで使えるスコアUPにつながるテーマ別表現を見ていきましょう。

スコア UP テーマ別語彙 7 選

① **stuffy** 風通しが悪い

► My flat is really hot and **stuffy.** 私のマンションはすごく暑くて風通しが悪い。

② **light and airy** 明るくて風通しがよい

► 対義語は **dark and stuffy** (暗くて風通しが悪い)

③ **high-rise** 高層の

► a **high-rise** apartment building 高層マンション
関連用語として、**skyscraper** (超高層ビル) は要チェック！

④ **affordable** 手頃な

► 「収入内でまかなえる価格帯の」というニュアンス。**"affordable housing"**、**"affordable price"**、**"affordable rent"** などとセットで覚えておこう。

⑤ **spacious** 広々とした (対 cramped 窮屈な)

► a two-bedroom apartment with a **spacious** living room
広々とした居間付きで寝室が 2 つあるマンション

⑥ **get a lot of sun** 日当たりがよい

► My room **gets a lot of sun** in the afternoon.
私の部屋は、午後になるとすごく日当たりがよい。

⑦ **storey** 階 = floor

► **two-storey** (2 階建ての) のように、数字とハイフンを足して形容詞として用いる。
例 | a **ten-storey** office building 10 階のオフィスビル

それでは次に、2 パターンのスピーチの分析をしていきます。まずは改善が必要な添削例から見ていきましょう。

回答例

▶ **モデル回答❶（5.5 レベル）**　★ 赤字は添削でスピーチをバージョン UP した箇所

I want to live in a luxury apartment in the city centre ❶ ~~by 35~~ **by the time [before] I turn 35**. Now, I live with my parents and a sister in a small house near Tokyo. It's old and it takes about 20 minutes to walk to the **closest** station, so good access to ~~transports~~ **public transport** is very important. We also need security and amenities for a better life. That's why I want to live in a ~~big and convenient apartment.~~ **big, luxury apartment in a convenient location**.

❷ **There are several reasons for this**. First, I really like night views because they make me feel relaxed. If I live in a ❸ **high-rise** luxury apartment, I can enjoy fantastic night views from the ~~veranda~~ **balcony**. I think this will be exciting and romantic.

Second, there is a ❹ ~~space that we can use for free.~~ **communal space that is available for all residents to freely use**. There are a lot of amenities like a modern kitchen and table, so we can hold parties. I want to invite my friends or colleagues and cook them something special.

Finally, ❺ ~~luxury apartments are convenient.~~ **most luxury apartments in Japan, especially those in the city centre are convenient**. This is because there are many stores, restaurants and various facilities nearby. My wife and I get home at night, so ❻ ~~a nursery is really helpful.~~ **a nursery that operates until late at night is really helpful for us because we can work without worrying about our children**.

■ スコア

語彙 (LR)*	文法 (GRA)*	論理性 (C)*	総合スコア
5.5	5.5	5.0	**5.5**

* LR: Lexical resource, GRA: Grammatical range and accuracy, C: Coherence

総合評価

最も改善すべき点は、論理性で主に２点あります。１つ目は、冒頭に luxury とありますが全体的に**高級感の描写が不足していること**、２つ目は Finally 以下で、**apartment の描写が少ないこと**です。ではこれらを中心に、語法と文法のミスを含め❶〜❻の添削部分に焦点を当てて見ていきましょう。

レベル UP ポイント

❶ ここは「35 歳までに」と言おうとしていますが、文脈がなく急に "by 35" だと、何が 35 かがあいまいです。この場合、"**turn ＋数字** " とすることで、年齢を表すことができます。また "by" は、用法が多いため、**by the time SV** (SV する時までは) とすることで、意味がより明確になります。

❷ この文がないと、**一貫性**が失われてしまいます。理由は、突然 "First" と言われても、聞き手は**何の一つ目かがわからない**からです。なので、この②の文を入れることで、First は**一つ目の理由、ということがクリアになります**。

❸ **high-rise** (高層の) がないと、夜景を見るのが困難なため、この語が必要です。またその後ろの veranda (イギリス英語。北米では porch) ですが、英語の veranda は、１階にある屋根付きのスペースのことなので、balcony (バルコニー) が正しい表現です。

❹ まず、a space ではどのような space かがわからないため、**communal space** (共有スペース) とします。次に、"we" としてしまうと「私たちだけが利用できる」というニュアンスが出てしまいます。よって、"all residents (すべての住人)" とすると自然です。最後に、**available** (利用可能な) は幅広いテーマで使うことができるので、こちらもおさえておきましょう。

❺「高級マンションは便利」とありますが、このままだと「すべての高級マンションは便利」という響きになるため、most を入れ**断定的な意味を緩和**します。次に、**especially those in the city centre** (特に繁華街のマンション) とすることで、具体的にどういったマンションかを表現できます。この those は apartments を指し、繰り返しを回避しています。

❻ ここは、**どのような nursery が、そしてなぜ helpful か**を明確にする必要があります。この前に「夫婦で帰宅が遅い」とあることから、「**夜遅くまで開いている託児所**」とします。また、この後ろになぜ helpful かの理由として、「子どものことを心配せずに働けるので」を加えることで、より明確で論理性の高い英文が完成します。

では続けて、9.0 レベルのモデルスピーチを一緒に見ていきましょう。

回答例

▶ **モデル回答❷ (9.0 レベル)** ★ 太字は文のつながりをスムーズにする接続語 038

Currently, my family and I are living in an old, rented apartment with four bedrooms, but I'm far from happy with it. **So**, I'd like to move to a large, modern house with no neighbours as soon as possible.

The **first** reason for this is that our current place is not large enough to accommodate five people. My ideal house would have three storeys and at least five bedrooms, and as I generally work from home, a private study with soundproof walls would be great. My two daughters of school age also need a separate study space where they can concentrate on their homework.

Secondly, we've also been having major problems with our neighbours regarding privacy and boundaries, so the house should be in its own grounds with high hedges and fences. **Another** thing is we have two cars and are paying exorbitant rent for our parking spaces. **So**, the house should have a double garage with a long driveway leading to it.

Finally, the house would have to be new, because with old places, like our present apartment, you're likely to get maintenance problems. We've had leaking pipes, electrical faults and jammed doors among other things. I'm hopeless at doing repairs and have been forced to call in plumbers, electricians, and whatnot, which can be very costly and troublesome.

In reality, a house with all of these particular features is a bit out of our budget, but I'd choose comfort over price. So, my dream home is a large, new, detached house with a spacious parking lot.

［訳］　現在は、寝室が4つある古い賃貸アパートに家族で住んでいますが、全く満足していません。なので、隣人がいない、広くてモダンな家にできるだけ早く引っ越したいです。

（引っ越したい）1つ目の理由は、今の住居は5人家族にとって十分な広さがないからです。理想的な家は、3階建ての最低でも5つの寝室がある家です。また、自宅で仕事をすることが多いので、防音壁のある個室の書斎があると最高です。小学生の2人の娘も、宿題に集中できる別々の勉強部屋が必要です。

2つ目の理由は、近隣との間でプライバシーと境界について大きなトラブルをかかえていることです。なので、家は高い生け垣とフェンスがある独立した敷地でないといけません。別の問題点は、車が2台あり、駐車スペースに法外な料金を払っていることです。このことから、家は長い私道付きで2台の車が駐車できるガレージがあるのが理想です。

最後に、今住んでいるアパートのように、古いとメンテナンスの問題が出てくる可能性があるので、家は新築でなければなりません。これまでパイプの漏れ、電気の故障、ドアが閉まりにくい、といったことがありました。私は修理が全くできないので、配管工、電気技師などを呼ばざるをえませんでした。これは非常に費用がかかり、面倒になりかねません。

現実的には、こういったすべての特徴を兼ね備えた家は少し予算オーバーですが、私は価格より快適さを選びます。こういった理由から、夢のマイホームは、広い駐車スペースがある大きな新築一戸建てです。

重要スコアUP語彙

- □ be far from ~　全く~ではない
- □ accommodate　~を収容する広さがある
- □ study　書斎
- □ soundproof wall　防音壁
- □ boundary　境界
- □ be in *one's* own grounds　独立した敷地である
- □ hedge　生け垣
- □ exorbitant　値段が法外な
- □ driveaway　私道（道路から自宅の車庫までの道）
- □ leaking pipe　水漏れしているパイプ
- □ electrical fault　電気系統の故障
- □ jammed door　動かないドア
- □ among other things　特に
- □ be hopeless at　~がひどく苦手である
- □ plumber　配管工
- □ electrician　電気技師
- □ costly　高くつく
- □ troublesome　面倒な
- □ in reality　現実的には
- □ be out of one's budget　予算オーバーである
- □ dream home　夢のマイホーム
- □ detached house　戸建て住宅
- □ spacious　広々とした

スコア UP ポイント

モデル回答の中から、特にスコア UP につながる項目をいくつか抜粋して見ていきましょう。

Point 1 順序を示す表現の運用

このスピーチ例では、大きな新しい家に引っ越したい理由が 3 つ提示されています。複数の理由を述べる場合は、**順序を明確にするための表現を使う**ことが重要です。ここでは各パラグラフの冒頭でそれらが使われています。1 つ目は "**The first reason for this is**"、2 つ目は "**Secondly**" 3 つ目は "**Finally**" のように述べています。

Point 2 時制の幅広い正確な運用

このスピーチにはさまざまな時制が使われています。現在形以外では、以下が一例です。

"my family and I **are living** in an old,"（第 1 パラグラフ 1 文目）

► 一時的な状況を表す**現在進行形**

"we**'ve also been having** major problems ~"（第3パラグラフ1文目）

► 「ずっと~している（いらだちを示唆する）」を表す**現在完了進行形**

"we**'ve had** leaking pipes"（第 4 パラグラフ 2 文目）

► 「これまで~ということがあった」という経験を表す**現在完了形**

Point 3 仮定法 would の効果的な運用

このトピックは「住んでみたい家 or マンション」ということで、「**想像、願望**」を表す**仮定法の would** が所々でうまく使われています。以下の第 2 パラグラフの 2 文目をご覧ください。

> My ideal house **would** have three storeys and at least five bedrooms, and as I generally work from home, a private study with soundproof walls **would** be great.

最初の would は、「理想の家は 3 階建てで~**だったらいいな**と思います」というニュアンスです。また、if 節が省略されているとも考えることができます。省略せずに書くと "**If I could buy my dream house**, it **would** have three storeys ..." のようになります。そして 2 つ目の would も、「**無理かもしれないが**、防音のプライベート書斎があればいいなと思います」というニュアンスで、さらに第 4 パラグラフの 1 文目の "Finally, the house **would** have to be new" の would も仮定法の用法です。このように願望を表すトピックの場合は、仮定法を効果的に活用していきましょう。

Q2 Creative person クリエイティブな人

難易度 ★★★☆☆

Describe a creative person whom you admire.

You should say:
  who this person is
  what this person means to you
  when this person shows creativity
and explain why you think this person is creative.

[訳] 尊敬するクリエイティブな人について話してください。
次の項目に触れるとよいでしょう：
それは誰か
その人はあなたにとってどういう存在か
いつその人が創造力を示すか
そしてなぜその人がクリエイティブかを説明してください。

ワンポイントレクチャー

まず話す人は、友人や家族、同僚など、身近な人が話しやすいでしょう。あるいは、特定の業界における有名人や、歴史上の人物について話すことも可能です。ただし、このトピックは少し注意が必要で、**“creative” と “admire” の 2 つの要素をスピーチに盛り込む**必要があります。まず creative については、発想力や企画力といった、何かを作り出す**能力が表れている具体的な場面**について描写してください。作り出すものは「イベントの企画・立案」、「製品やサービスの開発」、「芸術作品の制作」など何でも構いません。

一方、admire に関しては、その人の**尊敬できる要素**に触れる必要があります。性格や考え方、これまでの実績、普段の出来事など、尊敬できるような**場面やエピソードを加える**と話を広げやすくなります。

ちなみに、Part 3 では **creativity** に関するテーマがよく出題されます。その中でも、**“creative な人たちはどんな職業の人か**？”という質問がよく聞かれます。候補として次のような職業の人が考えられます。１つか２つ選び、具体的にどういった場面で創造力が必要か事前に考えておきましょう。

■ **creativity が必要とされる職業**

・chef 料理人
・author 作家
・hairdresser 美容師
・painter 画家

· florist 花屋	· photographer 写真家
· architect 建築家	· film director 映画監督
· musician 音楽家	· fashion designer ファッションデザイナー
· game designer ゲームデザイナー	· makeup artist メイクアップアーティスト

では次に、このトピックで使えるスコアUPにつながるテーマ別表現を見ていきましょう。

スコアUPテーマ別語彙7選

① **innovative** 斬新な

➤ come up with **innovative** ideas 斬新な考えを思いつく

② **be open to** ～に積極的な，前向きに受け入れる

➤ **be open to** new ideas [new experiences / different cultures]
新しいアイデア［新たな経験／異文化］に**対して前向きである**

③ **be curious about** ～に好奇心がある

➤ Children **are curious about** the world around them.
子どもは、身の回りの世界に好奇心を持っている。

be curious about everything（あらゆることに好奇心旺盛な）も要チェック！

④ **use *one's* imagination** 想像力を使う

➤ **use my imagination** to design and make products
想像力を使い、新しい製品をデザイン、制作する

類似表現の **use one's brain**（頭を使う）もスコアUPフレーズ。

⑤ **from scratch** ゼロから

➤ start a business **from scratch** ゼロからビジネスを開始する

start、develop、designなど「始める、作り上げる」関連の動詞と相性がよい。

⑥ **think outside the box** 独創的な考え方をする、型にはまらずに考える

➤ My teacher encouraged me to **think outside the box**.
独創的に考えるように、先生に促された。

⑦ **look at the world in a different way** 異なる視点で物事を見る

➤ 類似表現の **see things from a different perspective** も使えると、表現力がさらにUP!!

それでは次に、2パターンのスピーチの分析をしていきます。まずは改善が必要な添削例から見ていきましょう。

回答例

▶ **モデル回答❶（6.5 レベル）** ★赤字は添削でスピーチをバージョン UP した箇所

There are several creative people that I admire. One person that I can think of now is Steve Jobs, the ~~founder~~ **co-founder** of Apple. I think he's one of the most ❶ ~~creative people~~ **innovative [talented] business leaders of our time**. I first ❷ ~~knew~~ **learnt about** him when I was in junior high school.

About his background, he started a project with his friend in the family garage. He dropped out of college, but he made constant effort to create devices that would change our everyday life **and social interactions**. As well as his brilliant inventions, I really respect his ~~life~~ ❸ **attitude to life** as he achieved success by overcoming many ~~problems~~ **challenges**, which gives me ~~power~~ **a lot of inspiration**.

When I first watched his presentation on YouTube, I was really impressed by his performance. In 2007 he ~~sold~~ **launched** the iPhone. It was completely new and different from previous devices because ❹ ~~you were able to use both internet and special features.~~ **it was a combination of the internet and mobile technology with a touchscreen**. It also had ~~an excellent~~ **a cutting-edge** design. ❺ ~~Due to this success, Steve Jobs became famous around the world.~~ **The success of this launch made Steve Jobs a household name throughout the world**.

Personally, ~~I love~~ **I'm a big fan of** Apple products and use them every day. ❻ ~~Especially, I love~~ **I especially [particularly] like** MacBook Pro because it has great audio performance and high-quality webcam. At the moment, my dream is to study art and design in the future. I can say that Steve Jobs has ❼ ~~affected~~ **influenced** this decision. Also, I want to ~~get~~ **pursue [build]** a career in product design industry and ~~challenge~~ **try** something innovative ~~like~~ **in the same way** Steve Jobs did.

■ スコア

語彙 (LR)	文法 (GRA)	論理性 (C)	総合スコア
6.5	6.5	7.0	**6.5**

総合評価

非常によく書けており7.0に近い回答です。全体的に "admire" と "creative" 感も表れており、主題に沿っています。ただし、語彙の使い方で少し改善が必要です。では語法のレクチャーを中心に見ていきましょう。

レベルUPポイント

❶ creativeが前文で使われているので、重複回避のため **innovative**（革新的な）、あるいは **talented**（才能のある）に、そしてpeopleは意味が広いので、具体的な **business leaders** に変えています。また、最上級を使う際はどの**範囲で一番**かを明確にする必要があり、**of our time**（我々の時代で）を加えています。

❷ knowは「～を知っている、～と知り合いだ」という**状態**を表します。よって、「～を知る（ようになる）」とする場合は、このように "**learn about**" を使います。もし実際に会って知り合いになる場合は、"**get to know** him（彼と知り合いになる）" のように、**get to know** を使います。

❸ この文は**動詞と名詞の相性が悪い例**です。ここはlifeをrespectするのではなく、**生き方をrespectする**、と考えるのが普通です。よってこのように **attitude to life**（生き方）、あるいは **outlook on life**（人生観）とすれば自然に響きます。

❹ ここは少しハイレベルな文章です。まずここでの焦点は "iPhone" なので、主語はyouよりも、itとする方が文章の一貫性が保たれます。次に、"special features" があいまいなので、添削のようにすれば具体性がUPします。

❺ 添削前の文でも問題ありませんが、このように**無生物主語**を使うと文章に変化が出て、またより英語らしい響きになります。また、famousは連発して使いがちなで語です。ここでは、**a household name**（よく知られた名前）のようにすると繰り返しを防ぐことができます。特に **become a household name**（有名になる）の形でよく使うので、覚えておきましょう。

❻ especiallyは、Especially, SV. のように、**文頭に置いて文全体を修飾することができません**。よって、ここでは添削のように **especially [particularly] like**（特に～が好き）とします。

❼ affectは通常**ネガティブな意味**で用いられるので、訂正が必要です。心情や意思のような**目には見えないものに影響を与える**、とする場合は、influenceが適切です。

では続けて、9.0 レベルのモデルスピーチを一緒に見ていきましょう。

回答例

▸ **モデル回答❷（9.0 レベル）** ★太字は文のつながりをスムーズにする接続語 039

One person whom I find to be particularly creative is a friend of mine named Max from Sydney. He was my supervisor for roughly three years at the pharmaceutical company where I worked until 2022. His main duties involved directing the company's marketing strategies, including the development of various product campaigns, as well as managing the team of employees in the department.

As I got to know him better, I realized that I had never met anyone as bright and creative as he is, when it comes to business and entrepreneurial endeavours. In the past, I had always simply associated creativity with the arts – acting, visual arts, and whatnot. **But** Max has shown me how creativity goes a long way to setting up, and pulling off, successful business opportunities. With a degree in Business Management, and a specialisation in Digital Marketing, he always seems to be well-informed about social trends, and is two steps ahead of the curve. **Whenever** he sees a lack of some sort, or a public need, he often has various ideas about how that need could be fulfilled with a new business venture.

Besides these abilities, I respect his proactive attitude to work. **Even when** business is going well, he's eager to develop new concepts, and considers what the future business landscape will look like, including potential customer needs and commercial opportunities. **In this way**, he's always thinking outside the box and coming up with innovative ideas and solutions that make him one of the most quick-witted people I've ever met.

［訳］　私が特にクリエイティブだと思うのは、シドニー出身のマックスという友人です。彼は、私が 2022 年まで勤務していた製薬会社で、約 3 年間私の上司でした。彼の主な仕事は、いくつかの製品企画の開発を含めた、会社のマーケティング戦略を指揮すること、そして部署に所属する従業員のチームマネジメントでした。

彼のことをよく知るにつれ、ビジネスや起業家的な取り組みにおいて、彼ほど聡明でクリエイティブな人に出会ったことがないことに気付きました。それまでは、創造力というと、演技や視覚芸術などの芸術を連想していました。しかし、マックスはビジネスチャンスを創り上げげたり、成功につなげたりするために、創造力がいかに役立つのかを教えてくれました。彼はデジタルマーケティング専攻で経営学の学位を持っていて、常に社会の流行を熟知しており、時代の先を行っているように思えます。何か足りないものや、世の中のニーズに気付くと、新規事業を通じどのようにそういったニーズを満たすことができるか、というアイデアをいくつも持っていることがよくあります。

こうした能力もさることながら、私が彼を尊敬するのは、仕事に対する積極的な姿勢です。ビジネスが軌道に乗っている時でも、新しいコンセプトの開発に意欲的で、想定される顧客のニーズやビジネスチャンスなど、将来の市況を考えています。このように、彼は常に既成概念にとらわれず、革新的なアイデアや解決策を考える、私がこれまで出会った人の中で最も頭の回転が速い人の一人です。

重要スコア UP 語彙

- ☐ supervisor　上司
- ☐ roughly　おおよそ
- ☐ pharmaceutical company　製薬会社
- ☐ direct　～を統括する
- ☐ marketing strategy　マーケティング戦略
- ☐ entrepreneurial endeavour　起業家としての取り組み
- ☐ associate A with B　A と言えば B を連想する
- ☐ visual arts　視覚芸術
- ☐ and whatnot　～など
- ☐ go a long way　役立つ
- ☐ pull off　～を成功させる
- ☐ business opportunities　ビジネスチャンス
- ☐ specialisation　専門分野
- ☐ well-informed　熟知している
- ☐ ahead of the curve　時代を先取りして
- ☐ new business venture　新規事業
- ☐ proactive attitude to work　仕事に対する積極的な姿勢
- ☐ business landscape　ビジネスの状況
- ☐ potential　見込みのある
- ☐ commercial opportunities　ビジネスチャンス
- ☐ think outside the box　型にはまらずに考える
- ☐ quick-witted　頭の回転が速い

スコア UP ポイント

スピーチの中から、特にスコア UP につながる項目をいくつか抜粋して見ていきましょう。

Point 1 **時制のコントロール**

文法の採点基準で評価につながるのが、「**過去形と過去完了形の使い分け**」です。第 2 パラグラフの 1 文目と 2 文目をご覧ください。

1 文目 ... I realized that I **had** never **met** anyone ... .
2 文目 In the past, I **had** always simply **associated** ... .

1 文目は、「理解した時より前は、そういった創造性の高い人に出会ったことがなかった」ということなので、"realized" よりも前の時制を表す "**had** never **met**" になっています。2 文目も同様に、マックスに出会う以前は「創造性というと、演技や視覚芸術などの芸術を**連想していた**」ということなので、同様に "**had** always simply **associated**" となります。この過去完了については、「4 つの評価基準」(p. 40 参照) の文法の項目で触れているのでもう一度確認しておきましょう。

Point 2 **whenever と even when の運用**

この 2 つは**複文**、つまり接続詞の入った文を作る際に役立ちます。**whenever** (**～する時はいつも**) は、"**Whenever** he sees a lack ~." の形で第 2 パラグラフ目最後の文で使われています。**even when** (～の時でさえ) は "**Even when** business is going," の形で第 3 パラグラフの 2 文目にあります。毎回でなくても構いませんので、単文 (SV で終わる文) だけでなく、接続詞を用いた**複文を意識して話す**ことを心がけましょう。

Point 3 **creative の幅広い描写**

問題文に "creative person" とあるので、**その人が creative な具体的な場面**について触れることが大切です。ただし、creative を別の語で何度も言い換えるのは容易ではありません。こういった場合は、**creativity が表れている場面を描写**します。ここでは、第 2 パラグラフ目の最後の文 "Whenever ... new business venture." と第 3 パラグラフの 2 文目、"Even when ... commercial opportunities." の箇所がその例で、彼 (Max) の creativity が表れている場面が書かれています。特定の単語の言い換えが思い浮かばない場合は、このように**特定の単語の特徴が表れている状況を描写する**ことを心がけましょう!

Q3 Health 健康

難易度 ★★★☆☆

Describe an article on health that you read in a magazine or online.

You should say:
  what the article was on
  when and where you read it
  what you learned from it
and explain whether it was helpful or not.

［訳］雑誌やオンラインで読んだ、健康に関する記事について話してください。
次の項目に触れるとよいでしょう：
何についての記事だったか
いつどこで読んだか
そこから何を学んだか
それが役に立ったか、またはそうでなかったか説明してください。

ワンポイントレクチャー

まずは article の内容について考えていきます。おすすめは以下のテーマです。

- 長生きの秘訣
- ストレス解消法
- 運動の効果や重要性
- 医療業界の現状や課題
- 健康的な食事やダイエット
- 現代人の食生活や生活スタイル、生活習慣病

一つ注意点としては、**新型コロナの話題**について話す際は注意が必要です。なぜなら、使う**表現の難易度が高く**、話を広げるために**一定の背景知識が必要**だからです。そのため、この話題を選ぶと、必然的に話す内容のレベルが上がるため非常にリスキーです。ネタ選びでミスを犯さないためにも、「言いたい」→「**言えそう**」への発想転換も必要です。ただ、よく使われる語彙は知っておくと応用が利きますし、Part 3 で健康のトピックが出た際、新型コロナについて話すことも考えられます。以下にいくつか代表的な表現を紹介しておきますので、必要に応じて使用してください。

■ **新型コロナウイルス（COVID-19）関連表現**

- maintain social distance ソーシャルディスタンスを保つ
- test positive for Covid-19 新型コロナ陽性となる
- reduce the risk of infection 感染リスクを減らす
- prevent the spread of Covid-19 新型コロナの蔓延を防ぐ
- avoid close contact with others 他人との濃厚接触を避ける
- the coronavirus outbreak [pandemic] 新型コロナの発生［世界的大流行］
- wear a face covering in crowded and enclosed places
  人混みや密閉された場所でマスクを着用する

では次に、このトピックで使えるスコアUPにつながるテーマ別表現を見ていきましょう。

スコア UP テーマ別語彙 7 選

① **stay fit** 健康でいる（= keep fit）

► Regular exercise helps me **stay fit and active.**
定期的な運動をすることで、健康で活発でいられる

② **get in shape** 体を鍛えて健康になる

► 関連表現として、**be in good shape**（健康である）、**be out of shape**（不健康である、運動不足である）も要チェック！

③ **cope with stress** ストレスにうまく対処する（= manage stress）

► ストレスに関連したその他の表現として、**reduce stress**（ストレスを減らす）、**avoid stress**（ストレスを避ける）は運用必須！

④ **have a good night's sleep** ぐっすりよく眠る（≒ sleep well）

► 類似表現の **take a nap**（軽く眠る）や、**have plenty of sleep**（十分に睡眠を取る）も睡眠のトピックで使える。

⑤ **develop healthy eating habits** 健康的な食習慣を身に付ける

► 関連表現の **maintain healthy eating habits**（健康的な食習慣を保つ）、**change eating habits**（食習慣を変える）もあわせてチェック！

⑥ **lead a sedentary lifestyle** 座りがちな生活を送る

► 特に Part 3 で、現代の生活習慣について話す時に使える。sedentary は「座った状態の」という意味の形容詞。

⑦ **eat a balanced diet** バランスとの取れた食事を摂る

➡ exercise regularly, **eat a balanced diet** and drink moderately
定期的に運動し、バランスのとれた食事をし、飲酒をほどほどにする

それでは、2パターンのスピーチの分析をしていきます。まずは改善が必要な添削例から見ていきましょう。

回答例

▶ **モデル回答❶（7.0 レベル）** ★赤字は添削でスピーチをバージョン UP した箇所

An article I read several months ago was about how to manage mental health. It was a newspaper article that my mother ❶ recommended ~~me to read~~ **(that) I read**. The article ❷ ~~had~~ **focused on** ~~information~~ **topics** such as effective exercise and daily activities **that help improve mental health.**

First, the most interesting part of the article was **where it discussed** how serious a mental health problem is around the world. In particular, many people feel stress due to ❸ various factors **such as human relationships, financial difficulties and family issues**.

Second, the article explained what type of exercise is good for mental health. **According to the article,** ~~Doing~~ **doing** yoga regularly helps you to ~~keep~~ **maintain** your health because it relaxes the mind, reduces anxiety and leads to ~~improve the quality of sleep~~ ❹ **a better quality of sleep**. Now, I go to a yoga class at a local gym every weekend.

Third, learning about animal therapy was really new to me. The article said that pets, especially dogs, ~~become the perfect partners~~ ❺ **make the perfect companions compared with other animals**. In fact, therapy dogs ❻ ~~became~~ **have become** increasingly popular in the US in recent years. There was also an interesting ❼ ~~episode of~~ **story about** a hospital that introduced a therapy dog. It was interesting to learn that dogs help reduce loneliness and depression in ~~people~~ **patients with mental health problems**.

■ スコアリング

語彙 (LR)	文法 (GRA)	論理性 (C)	総合スコア
6.5	6.5	7.5	**7.0**

総合評価

論理性に優れており、主題からそれることなく話に一貫性があります。ただし、確実に7.0以上を取るためには、さらに表現と文法のミスを減らしバージョンUPさせる必要があります。では詳細を見ていきましょう。

レベルUPポイント

❶「～にdoすることをすすめる」と表現する場合、“recommend 人 to do”の**不定詞用法**も誤りではありませんが、添削のように**〈recommend (that) S V〉**が一般的です。また、**recommend *doing***の形もよく使われます。

❷ A such as B（BなどのA）は、sports **such as** tennisのように、**BがAに属する概念や一例**でなければいけません。この英文にあるように、effective exerciseとdaily activitiesはinformationの例ではありません。ここは添削のようにinformationをtopics（話題）とすることで改善されます。

❸ various factorsのみでも間違いではありませんが、少しあいまいです。このように実際の**項目を例に出す**と具体性がアップするので、覚えておきましょう。

❹ **“lead to 動詞”の形は誤り**です。lead toは**〈lead to 名詞**（結果～になる）**〉**、**〈lead to 人 to *do***（人が*do*することにつながる）**〉**の2つが一般的です。従って添削例のように、a better quality of sleepのような名詞を入れるのが適切です。

❺ becomeは**「ある状態から別の状態になる」**という意味なので、ここでは不自然です。この場合は、**make**（～に向いている）が適切です。また、partnerほど近くなるわけではなく、**「一時的に時間を過ごす動物」**というニュアンスなので、companion（友達）が適切です。最後に、compared with other animalsのように**比較の要素**を入れるとさらに回答の質がUPします。

❻ この文は「近年アメリカで人気がますます高まり、**今もその状態が続いている**」ということなので、**現在完了**が適切です。このように「～した」と表現する際は、日本語に惑わされず、**その状態が続いていれば現在完了**を使ってください。

❼ **episode**は**「（映画、テレビ、本などの）1話」**という意味です。ほとんどの場合、日本語の「エピソード」の意味は、storyが適訳です。

では続けて、9.0 レベルのモデルスピーチを一緒に見ていきましょう。

回答例

▶ モデル回答❷（9.0 レベル） ● ＊太字は文のつながりをスムーズにする接続語 040

A couple of months ago, I came across an article related to health when I was reading a lifestyle magazine. The article talked about successful dieting, including nutrition, exercise and health management.

The most interesting idea in the article was that doing weights is more effective than doing cardio to reduce weight in a healthy way. **Before** reading it, I had believed that walking or running long distances was the best way to burn calories and lose weight. **But** this article has changed my mindset and exercise routines. Now, my everyday workouts have usually been body-weight exercises at home and machine weights at the gym.

Second, I learned how important a balanced diet is to dieting success. **As well as** emphasizing the need to avoid high-calorie foods and eat plenty of fruit and vegetables, the article explained that eating protein is essential to build and maintain muscle mass. **So**, I usually eat foods rich in protein at every meal, such as chicken, fish, eggs, beans, those sorts of things.

Finally, I found out that technology is also the key to effective weight loss. The article looked at several useful apps that help develop healthy eating habits. The one I regularly use offers a range of recipes, meal plans and workouts based on my lifestyle and dietary preferences. It **also** has the function of keeping track of all kinds of fitness and health data.

Fortunately enough, I've lost roughly 10 pounds over the last two months, and I do hope the weight won't come back after the diet ends.

［訳］ 2～3カ月ほど前、生活雑誌を読んでいて、健康に関連する記事を偶然見つけました。その記事には、栄養、運動、健康管理など、効果的なダイエット方法が書かれていました。

中でも最も興味深かったのは、健康的に体重を減らすには、有酸素運動よりもウェイトトレーニングをする方が効果的だということです。記事を読む前は、カロリーを消費して体重を減らすには、ウォーキングや長距離を走るのが一番だと信じていました。しかし、この記事を読んで、私の考え方や運動習慣が変わりました。今では、普段の運動は、家での自重運動とジムでのマシンを使った筋トレが主流になっています。

次に、ダイエットを成功させるには、バランスの取れた食事が重要であることを学びました。その記事には、高カロリーの食品を避け、野菜や果物をたっぷり食べることの必要性を強調すると同時に、筋肉を鍛え、筋量を維持するには、タンパク質の摂取が不可欠であると説明がありました。だから、私は普段から毎食、鶏肉、魚、卵、豆類など、タンパク質が豊富な食品を食べるようにしています。

最後に、効果的な減量には、テクノロジーも重要だと知りました。この記事では、健康的な食習慣を身につけるための便利なアプリをいくつか紹介しています。私がいつも使っているアプリは、ライフスタイルや食事の好みに合わせて、さまざまなレシピ、食事計画、運動を提供してくれます。また、健康状態や健康に関連したデータを記録する機能も備えています。

とても幸いなことに、この2カ月で約10ポンド（4.5キロ）の減量に成功しました。ダイエット終了後もリバウンドしないことを強く願うばかりです。

重要スコアUP語彙

- □ come across ~　~を偶然見つける
- □ lifestyle magazine　生活雑誌
- □ nutrition　栄養
- □ health management　健康管理
- □ do weights　筋トレをする
- □ do cardio　有酸素運動を行う
- □ burn calories　カロリーを燃やす
- □ change one's mindset　思考を変える
- □ exercise routine　運動習慣
- □ workout　運動
- □ machine weight　器具を用いた筋トレ
- □ maintain muscle mass　筋肉量を維持する
- □ rich in ~　~が豊富な
- □ the key to　~にとって非常に重要である
- □ dietary preference　食事の好み
- □ keep track of ~　~を記録する
- □ fortunately enough　とても幸いなことに
- □ pound　ポンド（1ポンド=453.6 g）
- □ the weight comes back　リバウンドする

スコア UP ポイント

スピーチの中から、特にスコア UP につながる項目をいくつか抜粋して見ていきましょう。

Point 1 主語のバラエティ

このトピックの主題は “article（記事）” です。このことから、主語は “I” ではなく、the article、あるいはそこに書かれていた内容にして書く方がベターです。article との組み合わせで、次の動詞が使われています。

第 1 パラグラフ the article **talked about** ...
第 2 パラグラフ this article has **changed** my mindset ...
第 3 パラグラフ As well as **emphasizing** the need to avoid high-calorie foods and eat plenty of fruit and vegetables, the article **explained** that eating protein ...
第 4 パラグラフ the article **looked at** several ...

このように、異なる動詞を使って同じ語の繰り返しを回避しています。また、このトピックの他にも、例えば、好きな映画［本／テレビ番組］などが出題された場合も同じです。このように、**主題が何か**をしっかり見極め、“I” で始まる文を多用し過ぎないよう、意識的に英文を組み立てましょう。

Point 2 過去完了形の運用

これは評価基準の文法の項目で取り上げた、重要文法事項です。ここは第 2 パラグラフの 2 文目がポイントです。

Before reading it, I **had believed** that walking or running long distances was the best way to burn calories and lose weight.

この記事を読んだのは、第 1 パラグラフにあるように “A couple of months ago（2 カ月前）” です。しかし、この文では「カロリーを消費して体重を減らすには、ウォーキングや長距離走が一番だと信じていました」とあります。つまり、この**記事を読む以前**はそのように信じていたということがわかります。このことから、**読んだ時よりも前の事実**であることから**過去完了**を使って表します。このように、過去のことについて話すトピックの場合は、常に**過去形と過去完了形の使い分け**を意識して話すことを心がけましょう。

Q4 Wild animals 野生動物

難易度 ★★★★★

Describe a time when you got close to a wild animal.

You should say:
what the animal was
when and where it happened
what the animal was doing
and explain how you felt then.

[訳] 野生動物に近づいた時のことについて話してください。
次の項目について触れるとよいでしょう：
その動物は何か
いつどこで近づいたか
その動物は何をしていたか
そしてその時どう感じたかを説明してください。

ワンポイントレクチャー

これは多くの人が経験したことのない出来事なので、難易度が高いトピックです。まずは wild animal を決める必要があります。候補としては次のような動物が挙げられます。

■ 野生動物の種類

・bear クマ	・tiger トラ	・deer シカ*	・rhino サイ
・hippo カバ	・fox キツネ	・lion ライオン	・elephant ゾウ
・whale クジラ	・giraffe キリン	・dolphin イルカ	・monkey サル

*deer は単数の場合は a deer だが、複数は deer と表現する

ここでの注意点は「**動物園、サファリパーク、水族館、農場の動物について話すのはNG**」ということです。これは、そこで飼育されている動物は**野性（wild）ではないから**で、もしそこにいる動物について話してしまうと、試験官に「この受験者は wild の意味を理解していない」と思われ、スコアダウンにつながります。次に考えるべき内容は、**どこでいつどのように野生動物を見たか**、です。主に以下のケースが考えられます。

- 車やバスで田舎道を走っている時に見かけた
- 国立公園（national park）に行った時に見かけた
- キャンプや野山散策（bush-walking）に行った時に遭遇した

- スキューバーダイビングやホエールウォッチング中に海洋生物を見た

これらの例以外では、**奈良公園の鹿**について話すことも可能です。一見 wild ではないように思えますが、飼育されているわけではないので wild です。その他に含めるべき内容としては、その時その野生動物が**何をしていたかを**描写することです。例えば、えさを食べていた、移動していた、眠っていた、木登りをしていた、などが挙げられます。

最後に、その**動物特有の情報**を含めることも大切です。ただし背景知識がないと難しいので、事前のリサーチが必須です。おすすめは、**英語圏の国立公園（national park）**のホームページを見ることです。この他にも、**National Geographic** や、**AZ Animals** もおすすめです。ここでは動物名を入れると、詳細な情報が正確な英語で書かれています。話したい動物の情報や関連語彙を取り入れてみてください。

では次に、このトピックで使えるスコア UP につながるテーマ別表現を見ていきましょう。

スコア UP テーマ別語彙 7 選

① **encounter** 遭遇

- It was a chance [close] **encounter.** 偶然の［近距離での］遭遇だった

② **natural habitat** 生息地

- explore wildlife in its **natural habitat** 生息地に野生動物を探しに行く
  preserve the **natural habitat** of native species 在来種の生息地を保全する

③ **nocturnal** 夜行性の

- その他の動物の特徴を表す単語には、**herbivorous**（草食の）、**carnivorous**（肉食の）、**aquatic**（水生の）も要チェック！

④ **catch sight of ~** ～を偶然目にする

- **catch sight of** wild kangaroos while driving in the countryside
  田舎を運転している時に、野生のカンガルーを偶然見かける

⑤ **explore the wilderness** 手つかずの場所を探索する

- wilderness は「**開発されていない土地、平原**」を意味する。手付かずの大自然が残り野生動物も多く生息している。

⑥ **be home to ~** ～の生息地である，～の拠点である

- 都市、施設、森などの特定の場所を主語にして使う。
  The forest [island] **is home to** thousands of species.
  その森［島］には、何千もの種が生息している。

⑦ **roam around** うろうろ歩き回る

➥ 他にも野生動物に使える動詞として、次の表現もおさえておきましょう。

creep 忍び寄る / **approach** 近づく / **graze** 草を食べる
forage for food 食料を探す / **lie on the ground** 地面に横たわる

それでは次に、モデルスピーチの分析をしていきましょう！

回答例

▶ **モデル回答 (9.0 レベル)** ● ＊太字は文のつながりをスムーズにする接続語 041

It was about two years ago when I went to Yellowstone, which is one of the most famous and largest national parks in the US. The wild animal I saw there was the grizzly bear. Yellowstone is known to be home to many wildlife species, including mammals, amphibians, reptiles and birds. I visited the park with my father when I was in college, and went on a wildlife and bear watching tour, which was guided by an experienced conservationist. She shared some fascinating information about the size, behaviour and status of grizzly bears. **For example**, they can climb trees, swim and run up and downhill, and they are listed as a threatened species.

The tour began at 4 p.m. because grizzly bears are most active at dusk and at night. **First**, for about an hour, we wandered around the open spaces near some forested areas, and then we drove to the Hayden and Lamar valleys. We saw several species of wildlife there, such as bison, reindeer and mountain goats roaming around. **But then**, after patiently waiting a while, we had a surprise chance encounter. In the distance, a group of grizzly bears ventured to the roadside from the trees. We couldn't believe our eyes! According to the guide, the road passed through their natural habitat, and we were fortunate enough to see them in the wild. Before this unique opportunity, I had only seen a grizzly in captivity at a zoo, **so** seeing wild ones was extremely exciting for me.

［訳］　２年ほど前、アメリカで最も有名で大きな国立公園の一つであるイエローストーンに行った時のことです。そこで見た野生動物がハイイログマです。イエローストーンは、哺乳類、両生類、爬虫類、鳥類など、多くの野生動物が生息していることで知られています。私は大学時代に父とこの公園を訪れ、経験豊富な自然保護活動家の案内で、野生動物と熊の観察ツアーに参加しました。彼女はハイイログマの大きさ、行動、状態について、すごく興味深い情報を教えてくれました。例えば、木に登ったり、泳いだり、丘を駆け上がったりできること、そして絶滅危惧種に指定されている、といった情報です。

ハイイログマは夕暮れから夜にかけて最も活発に活動するため、ツアーは午後４時に始まりました。まず１時間ほど、いくつかの森林地帯に近い開けた場所を歩き回った後、ヘイデン・バレーやラマー・バレーに車を走らせました。そこでは、バイソンやトナカイ、シロイワヤギなど、数種類の野生動物がうろうろ歩いているのを目にしました。しかしそれから、しばらく辛抱強く待っていると、偶然遭遇したのです。遠くで、ハイイログマの群れが木々の間から道ばたにのっそり出てきたのです。目を疑いました。ガイドによると、この道路は彼らの生息地を通っており、運よく野生のハイイログマを見ることができたのだそうです。それまで動物園で檻にいるハイイログマしか見たことがなかったので、野生の状態で目にすることができ、すごく感動しました。

重要スコアUP語彙

- □ wildlife species　野生動物種
- □ mammal　哺乳類
- □ experienced　経験豊富な
- □ amphibian　両生類
- □ reptile　爬虫類
- □ conservationist　自然保護活動家
- □ threatened species　絶滅危惧種
- □ dusk　夕暮れ
- □ wander around　～を歩いて回る
- □ patiently wait　辛抱強く待つ
- □ surprise chance encounter　驚くほどの偶然の遭遇
- □ venture to ~　～にのっそり出てくる
- □ cannot believe one's eyes　目を疑う
- □ see ~ in the wild　～を野性の状態で目にする
- □ see ~ in captivity　～が檻にいる状態を見る

スコアUPポイント

モデルスピーチの中から、特にスコアUPにつながる項目をいくつか抜粋して見ていきましょう。

Point 1　知覚動詞の運用

知覚動詞は**五感で感じる行為を表し**、これには例えばsee、hear、feel、smellなどがあります。高校で学習する基本事項ですが、7.0を突破するための文法項目の一つです。ここでは、第２パラグラフの３文目でsee（偶然目にする）が使われています。

We **saw** several species of wildlife there, such as bison, reindeer and mountain goats **roaming** around.

つまり see ~ doing（~が do しているのを見かける）という用法です。もし意図的かつ、集中して観察していた場合は、**watch** を使います。

Point 2 関係代名詞の非制限用法の運用

「4 つの採点基準」(p. 41 参照）でも触れたこの用法は、**補足説明をする際**に有効です。こうすることで、and の繰り返しを防ぎ、スムーズな文章展開ができます。次の 2 文が該当箇所です。

第 1 パラグラフ 1 文目 ~ Yellowstone**, which** is one of the most ....
→ which は Yellowstone を指す。

第 1 パラグラフ 4 文目 ~ watching tour**, which** was guided by ....
→ which は watching tour を指す。

Point 3 第三者を引用すること

もし話すネタが見つからない場合は、**別の人の話を引用する方法**がおすすめです。ここでは第 2 パラグラフ後半にある "**According to** the guide" が該当部分です。引用先は、家族や友人、ニュース、本などなんでも構いませんし、作り話でも構いません。以下の表現は幅広く使えるので、ぜひ活用してみてください。

- **according to** what I've heard 聞いたところに**よると**
- **according to** one study on ~に関するある研究**によると**
- **according to** a book I read [a film I watched] a few months ago 数カ月前に読んだ本［見た映画］**によれば**
- **according to** an online article I came across* the other day 先日たまたま見つけたネット上の記事**によれば**

以上で Part 2 のレクチャー＋問題演習は終了です。お疲れさまでした。少しチャレンジングな問題や内容もあったと思いますが、まずは**自信を持って話せるトピックを少しずつ増やすこと**が大切です。そして忘れてしまってもあせらずに、何度も復習することで少しずつ定着＋運用力を高めていきましょう。

次は最難関の Part 3 です。これまで Part 1 と Part 2 のトレーニングを通じて培った表現やアイデアも応用できるので、どんどん活用してくださいね。それでは少しブレイクして、気合を入れ直してまいりましょう！

James のスペシャルコラム ②

"make me happy" は今日で卒業！

まずは以下の英文をご覧ください。

(1) Eating ice cream **makes me happy**.
(2) I went to Disneyland last week, and it **made me happy**.

この 2 つは文法、語法上何の問題もありませんが、IELTS ではこの "make me happy" の使用は極力控えてください。なぜならこれは、一般的に幼児が使う表現のため、**稚拙に響くから**です。また、happy は**漠然としていて、どのようにうれしいのかがあいまい**です。これは good、nice、bad なども同様で、このような意味がクリアでない語を連発すると、語彙力に乏しいと判断されてしまいます。もちろん、その後に具体的な理由や例を述べれば問題ありませんが、上記のような形で終わるのは望ましくありません。ここでは "make me happy" に代わる効果的なアプローチと、関連表現を見ていきます。

アプローチ 1 happy 以外の明確な語彙を使う

happy の代わりに、より具体的な意味を持つ形容詞を使います。伝えたい内容に合わせて次のように、特定の出来事、行動などを主語にして使うのがおすすめです。

X makes me feel proud [relaxed / satisfied / confident / energised].
X すると誇らしく感じる［リラックスできる／満足できる／自信が湧く／元気が出る］。

例 Winning an award in the dance competition made me feel **proud and satisfied**.
そのダンスコンテストで賞が取れて誇らしく、満足感を得ました。

アプローチ 2 love [really enjoy doing] because (of) を使う

それが好きな、あるいは楽しい理由を because 以下で述べます。

例 I **really enjoy** taking photos of landscapes **because** it gives me the opportunity to appreciate the beauty of nature and get close to local wildlife.
風景の写真を撮るのがすごく楽しいです。それは自然の美しさを感じたり、現地の野生生物に近づけるからです。

□ appreciate the beauty of nature 自然の美しさを感じる □ wildlife 野生動物

アプローチ3 その他の定型表現を使う

最後は少し上級者向けの表現を紹介します。安定して 6.0 以上のスコアが取れる方にはおすすめの表現です。

be ecstatic about ～にすごくうれしい

► ecstatic は、"extremely happy" という happy を強調した語で、about と相性がよい。

例 | I **was ecstatic about** the birth of my nephew.
甥が生まれてすごくうれしかったです。

perk (~) up ～を元気づける

► 「落ち込んでいたり、テンションが低かったりする時に気持ちを高める」というニュアンスがある。例文のように、主語は人以外の名詞を置いて使うことが多い。

例 | Listening to upbeat music **perks me up** and boosts my mood.
テンポのよい音楽を聴くと、元気が出て気分が高まります。

warm one's heart ～を幸せな気持ちにする

► プレゼントをもらってうれしい時、心温まる話を聞いて感動した時、または優しい気遣いに幸せな気持ちになった時に使う。be touching も同じ意味で使用可能。

例 | My Grandma bought me a teddy bear for Christmas, and that present really **warmed my heart**.
クリスマスに祖母がテディベアを買ってくれて、そのプレゼントがすごくうれしかったです。

以上が "make me happy" を言い換えるためのアプローチです。もし、本番でうっかり言ってしまったとしても、わざわざ訂正する必要はありません。ただ、これが口癖になっている人は、普段から上記のような表現を用いて、意識的に改善していきましょう！

Part 3

Part 3

レクチャー

Part 3では、ディスカッションが行われます。**時間は4～5分**で、Part 1とは異なり、**社会問題をはじめとした一般的な質問が中心**です。このことから、文法、語法などの要素に加え、特定のテーマに関する「**背景知識**」が必要です。そして何よりも、さまざまな事柄に対して「**自分の意見**」を持ち、それを発信する力が求められます。まずは試験の概要から見ていきましょう。

試験の手順とタスク

Part 2が終わると、次のように試験官から指示があります。

E: We've been talking about XXX (Part 2で出題されたテーマ), and I'd like to discuss with you one or two more general questions related to this.

ここまでXXXについて話し合いました。これに関連して、より一般的な質問について何問か議論していきたいと思います。

テーマに関しては、Part 2と関連しています。例えば、Part 2のスピーチのトピックが「最近読んで面白かった本」であれば、次のような「**読書**」を中心とした問題が出されます。

例

Q1. How do you think people's reading habits have changed in recent years?

近年、人々の読書習慣はどのように変わったと思いますか。

Q2. Why do some books become popular internationally?

世界中で人気が出る本がありますが、それはなぜでしょうか。

このような一般論が問われます。問題数は受験者の応答の長さによりますが、平均**6～8問**です。試験官は試験用の出題リストに書かれている質問以外もしてきます。つまり、**受験者の回答によって、次の質問が決まります**。なお、**話す内容における「情報」の正確性がスコアに影響することは、まずありません**。明らかな誤りを除き、問われたことに対して適切、かつ論理的に回答できていれば問題ありません。

10の問題パターンをおさえよう！

Part 3攻略のためには、**出題頻度の高い質問パターンを知り、適切に応答できるように対策すること**が重要です。まずは10の出題形式を把握し、全体像をつかみましょう。

1 Opinion（意見）型

最も頻度が高く、“**Do you think ~?**”や、“**What's your opinion on ~?**”のように、意見を求められる質問。まずは自身の主張を明確にし、それを裏付ける理由や具体例を挙げることがスコアUPのポイント。

例 | Do you think food defines a culture?

2 Pros / Cons（賛否両論）型

Agree / Disagreeを問う形式で、特定の意見に対して、**賛成か反対か**を述べるパターン。単にI agree [disagree] のように始めてもよいし、副詞や動詞を用いてI **completely** [**strongly** / **mostly** / **tend to**] agree [disagree] のように**程度を調整して回答する**のもよい。

例 | Do you agree that the ways people measure success has changed over time?

3 Positives / Negatives（長所・短所）型

よい点と悪い点について問う形式。一方のみを問われる場合、メリットとデメリットのどちらが大きいか、と問われる場合もある。「**メリットとデメリット**」は“**advantages and disadvantages**”、“**benefits and drawbacks**”、“**positives and negatives**”と表現されることがあるが、どれも意味は同じととらえてOK。

例 | What are some of the positives and negatives of using GPS systems?

4 Cause / Reason（原因・理由）型

ある事象が起こっている**原因や理由**を答えるタイプ。回答する際、根拠は**1つではなく2つ提示する**と説得力がアップする。その場合の定型表現としては、“**One major cause [reason] is** ... .（主な一因［理由の1つ］は…）”と、“**Another cause [reason] is** ... .（もう1つの原因［理由］は…）”の2つをセットで使うとよい。

例 | These days many people throw things away as soon as they have been used or damaged instead of repairing them. Why is this happening?

5 Effect / Solution（影響／解決策）型

特定の問題や事象に対し、どのような影響や結果が考えられるか、あるいは解決策や施策が効果的かを答える形式。こちらも 4 Cause / Reason 型と同じく、**2つの影響［解決策］を述べる**と話を広げやすく、説得力が増す。

例1 | What are the effects of air pollution?

例2 | Can you suggest some possible solutions to food waste?

6 Compare / Contrast（対比）型

「**昔と現在の変化**」を問う形式が多く、「**男女間の好みの違い**」、「**若者と年配者の考え方の違い**」などについて問われる。ポイントは、**両者の相違点や類似点**を明確にして話すこと。例えば、昔と現在を比べる場合は、先に昔のことを、次に今の状況について触れて対比を明確にし、さらに**比較級**を用いると効果的。

例 | How has the growth of technology changed classrooms in recent years?

7 How important（重要度）型

どの程度重要かを問うタイプ。時折“How difficult”のように難度を問われることもある。回答パターンは、❶ **extremely [pretty]** important（**極めて**［**そこそこ**］重要）のように**副詞を付けて程度を調節**する、❷ **essential** や **vital** などの**類語を使う**、重要ではない場合は、❸ **not as** important **as** it was（昔ほど重要ではない）や **be of little [no]** importance [value] (to)（～にほとんど［全く］重要性はない）、のように回答する。

例 | How important is natural talent in becoming successful in life?

8 Example（例示）型

種類や、具体例を問う形式。「将来どういった物が発明されると思うか」や、「人は人生でどういったリスクを取るか」といった形の質問。特に指定がない場合、**1つの例を深く掘り下げる**か、**2つ挙げて軽く説明を加える**、といった2つの答え方がある。

例 | What kind of small businesses are most popular in your country?

9 Option（選択肢）型

複数提示されたものの中から、どれかを選択して答える形式。**1つに絞って話しても、いくつかに触れてもよい**。例えば「子どものしつけは、親と教師のどちらが責任を持って行うべきか」と問われた場合、❶親、❷教師、❸親と教師、の3つ答えの選択肢が考えられる。

例 | Who do you think should be more responsible for teaching the concept of sharing, parents or teachers?

10 Prediction（予測）型

ある事象に対して、**将来どうなるか**を述べるタイプ。表現力UPのコツは、現状を考察した上で意見を述べること。つまり、「現状は～なので、将来的には…になる」といった形が理想。加えて、**いつを想定した話か**を明確にすることも重要。例えば、**by 2050**（2050年までに）や、**within the next ten to twenty years**（10～20年以内に）などと**具体的に**述べれば、好印象となる。

例 | How do you think the toy industry will change in the future?

以上が主要な10パターンです。こういった質問は、**大学（院）入学のためのインタビュー**や、**現地就職の面接**においても定番です。このことから、**Part 3対策は、英語を生かして活躍するきっかけにつながる**、と言っても過言ではありません。しっかりと答えられるよう、対策をしていきましょう。

それでは次に、Part 3を攻略するための具体的なアプローチを一緒に見ていきます。

必勝攻略法

基礎編

一定のスコアを得るためには、クリアで論理的、そして**英語的発想**で回答する必要があります。特に重要なポイントは、「**話の構成**」と「**展開方法**」の精度を高めることです。ここでは論理性をアップさせ、高得点を獲得するためのアプローチ「**基礎編**」を見ていきます。早速まいりましょう！

攻略ポイント ❶ 常に“一般論”で話せ！

Part 3 は**一般論**に関する問題です。よって、回答には Part 1 のように**パーソナルな内容を入れてはいけません**。以下の英文では、個人的な事例を含む**改善が必要な応答**と、一般論で展開した**適切な応答**を比較しています。下線部に着目してください。

Q. How has technology changed the way we communicate?

テクノロジーによって、我々のコミュニケーションの取り方はどのように変わりましたか。

[△ 個人的な事例を含んでいる]

A: I believe technology has greatly improved how we interact with each other in many situations. ❶ <u>I often use social media apps, like Twitter and WhatsApp when I want to find people who share similar interests. Technology is also useful when I want to take part in online events like a conference and a seminar. So, I can say technology has changed my life in a positive way in terms of communication.</u>

[訳] テクノロジーは、多くの場面で人との関わり方を大きく向上させたと思います。❶私は、同じ関心を持つ人を探したい時に、Twitter や WhatsApp などの SNS アプリをよく利用します。また、会議やセミナーのようなオンラインイベントに参加したい時にも、テクノロジーは役に立ちます。ですから、コミュニケーションの観点から、テクノロジーは私の人生を向上させたと言えます。

[○ 一般論で展開している]　🔊 042

A: I believe technology has greatly improved how we interact with each other in many situations. ❷ Take communication through the internet for example, many people use social media apps like Twitter or WhatsApp when they want to find people who share similar interests. Technology is also useful when it comes to events like conferences or seminars, because it makes it possible to take part online, irrespective of time or location. (69 words)

[訳] テクノロジーは、多くの場面で人との関わり方を大きく向上させたと思います。❷例えば、インターネットを通じたコミュニケーションでは、多くの人が Twitter や WhatsApp などのソ SNS アプリを利用して、同じ関心を持つ人を探します。また、会議やセミナーなどのイベントでも、時間や場所にとらわれずオンラインで参加することができるため、テクノロジーが役立っています。

違いはおわかりいただけましたか？ 下線部❶が**自分自身の話**なのに対し、❷は**一般的な目線**で述べていますね。パーソナルな内容とは、「子どもの頃～」、「姉は昨年～」、「同僚の多くは～」といった身近な例を指します。実際に、個人的なことを多少含めても大きな減点にはなりませんが、印象は悪くなります。よって具体例を挙げる際は、社会での一般的な考えを話すように意識しましょう。その際、次の観点から考えるとアイデアを出しやすくなります。

1. **歴史上の事実** (historical fact)
   [例] 第二次世界大戦は 1945 年に終結した。
2. **統計上のデータ** (statistical data)
   [例] 2022 年に世界の人口は、80 億人に達した。
3. **一般的に認識されていること、多数の人が納得すること** (popular beliefs)
   [例] 発展途上国では、教育を受ける機会が不足している。
4. **科学的に証明されている事実** (scientific fact)
   [例] 喫煙により、がんのリスクが高まる。
5. **実施されていること、起こっていること** (action / policy / law など)
   [例] カナダでは、メディケア (medicare) という国民皆保険制度が採用されている。
6. **その他の一般常識、事実、時事ニュース** (マイナーなものは除く)
   [例] オンラインで学位取得が可能なコースを提供する大学が増えている。

この 6 つの観点は、ライティングでアイデアを考える際にも活用できるので、しっかりとおさえておきましょう。

攻略ポイント❷　50語以上、30秒を目標に話せ！

Part 3での理想的な回答の目安の分量としては**最低50語、理想は70語、上限として90語くらい**を意識してください。つまり**情報量は少なすぎず・多すぎず**を念頭に置くことが大切です。文の数で言えば、1文の長さにもよりますが、4～6文が妥当です。これらの分量は、**ご自身で問題に対して原稿を作る際の目安**にしてください。そして普段からそれを目標に話す練習をし、体にしみ込ませることが大切です。前ページで紹介した[**一般論で展開**]の字数が69語なので、この±20語を目安にしてください。

攻略ポイント❸　両方の側面から、2つずつ考えよ！

まずは以下の問題をご覧ください。

Q1. What are the possible disadvantages of online learning?

考えられるオンライン学習のデメリットは何ですか。

この問題は当然デメリットを答えますが、こうした問いへの対策を練る際には**同時に「メリット」についても考えておく**方がベターです。理由は、**メリットとデメリットの両方について問われるケースがあるから**です。ではもう一つ、別の問題も見てみましょう。

Q2. Do you agree or disagree that people today are happier than those in the past?

今の人たちは、昔の人たちよりも幸せという考えに賛成ですか、反対ですか。

これは賛成か反対かを問うタイプの問題です。こちらもQ1と同じく、**賛成意見と反対意見の両面**を考えるようにしてください。両方の面を考えておくことは、**英語力と背景知識のアップ**にもつながります。

そしてもう一つ重要なのは、**アイデアは2つずつ考える習慣をつけること**です。これはQ1の例で言えば、オンライン学習のメリットとデメリットを**2つずつ**、Q2であれば賛成と反対の理由をそれぞれ**2つずつ**という意味です。これは1つの場合は説得力が弱く、また、3つだと難易度が高く、アイデアが重複する可能性があるからです。

では、次は「応用編」です。特に**7.0突破を目指す方には必須の項目**を幅広くカバーしています。続けてどんどんまいりましょう！

必勝攻略法

応用編

攻略ポイント❹ 語気を緩和せよ！

これは日本語にも当てはまることですが、事実や確定的なことを除き、自分の**意見を述べる場合**に意識すべき点です。例えば次の英文をご覧ください。

(1) Children love playing with animals.
(2) Social media is a great learning tool.
(3) Sushi is the most popular food in Japan.

この 3 つの文は文法・語法上何の問題もありませんが、Part 3 ではあまり好ましくありません。理由は、**断定的な響きがあるから**です。(1) は、動物と遊ぶのが苦手な子どももいますし、(2) は、必ずしも SNS が優れた学習ツールとは限りません。さらに (3) は、すしが一番という根拠はなく、あくまで主観です。つまり上記のままだと、このように「**そうじゃない場合もあるだろう**」や「**そんな根拠はないだろう**」と指摘される可能性があります。このことから、断定的な響きがある文や、根拠のない主観的な文は**突っ込み防止**のために語気の緩和が必要です。別の言い方をすれば、例外があっても大丈夫なように、表現に**保険をかける感じ**でとらえてください。上記の文は、次のようにすると改善されます。

(1) **Many** children love playing with animals.
► "Many" を入れて、「**多くの**子どもは」とすると響きが柔らかくなる。

(2) **I think** social media **can be** a great learning tool.
► **I think** で全体を和らげ、さらに **can** を用い「可能性がある」とし断定を回避。

(3) Sushi is **perhaps** the most popular food in Japan.
► "perhaps" を入れ、「**おそらく**最も人気が高い」とすることで語気が緩和される。

響きが少し柔らかくなりましたね。この用法は **hedging**（ヘッジング：語気緩和）と言い、響きを和らげるだけでなく、**客観性も高め**ます。これはライティングの Task 2 でも非常に重要な項目です。ただし、**事実や確定していること**（例：世界の人口は増加している）、**科学的に証明されていること**（例：喫煙は健康に悪い）、**自然現象**（例：日本には梅雨がある）などは、語気緩和をすると不自然なので注意が必要です。

× Smoking **can be** bad for your health.

➤「喫煙は健康に悪いこと」は事実なので、**"is"** が適切。語気緩和は不要。

このことから、「**自分の主張は例外が含まれるか**」という観点から、語気緩和が必要か判断してください。パーソナルな話が中心の Part 1 ではあまり気にする必要はありませんが、Part 3 のような社会問題のトピックについて議論する際は重要性が高くなります。なお、この方法は、上記の (1) 形容詞、(2) 動詞、助動詞、(3) 副詞以外にも用法や表現があります。以下の一覧を参考に、必要に応じて語気緩和のテクニックを活用していきましょう。

■ **語気緩和に使える単語一覧**

品詞	例
助動詞	can / may / might / could / should
動詞	think / help / tend to / seem [appear] to / be thought to be expected to / be considered to be / have the potential to
形容詞	many / most / some / around / possible / likely
副詞	usually / often / sometimes / mainly / likely / perhaps / generally speaking / in most cases / not always [necessarily]
その他	one of the 最上級＋複数名詞 It could be the case that / It is often said that

▶**注意！**

よくある勘違いの一つに **will の用法**が挙げられます。まず will は「だろう」という意味ではなく、**未来の確定を表す「だ」**という**確実性**を示唆します。これは例えば、"My son **will** turn five next month.（息子は来月 5 歳になります）" からわかるように、これが「なるだろう」であるとおかしいのがわかりますね。よって、will を用いて「～だろう」を表す場合は、① **I think を付ける**、②**相性のよい副詞を付け**て **"will probably"** や **"will (most) likely"**、のように表します。

例 | In the future, more countries **will likely** invest in renewable energy. 将来、再生可能エネルギーに投資する国が増える**だろう**。

➤ こうすることで、断定を避けることができ、日本語の「だろう」が表現できます。

なお、will を用いて未来の確実性を強調する場合は、certainly や definitely を用いて **"will certainly [definitely]"**（必ず～する）のように表現してください。

攻略ポイント ⑤ 具体性 UP には 3 つのアプローチを使え！

「基礎編」では、主張の仕方と、具体的かつ論理的に話を展開することの重要性について触れました。ここでは、より具体性を持たせ、そして話を広げるためのアプローチを 3 つご紹介します。特に「どうやって具体的に話を展開すればいいかわからない」というお悩みをお持ちの方は必見です。少しレベルは高めですが、これをマスターすれば表現力がさらにアップします。では 1 つずつ見ていきましょう。

アプローチ 1 抽象概念を細分化する

抽象的な問題の場合に、「**年齢層**」、「**地域**」、「**ジェンダー**」などのカテゴリーをもとに分類して話を広げる方法です。次の文を、下線部に着目して読んでみてください。

043

Q. Is it important to have goals in life?

人生で目標を持つことは重要ですか。

A: Yes, having a goal is extremely important, no matter how large, small, or how specific or vague it may be. ❶ **For children**, having an ambition, whether it's related to sports, art or exams, encourages perseverance and commitment. ❷ **For businesspeople**, having a clear goal, such as gaining a promotion or a pay rise, usually motivates them to make more effort and challenge themselves. So, I believe having a goal gives people energy, inspiration, and purpose in life regardless of scale.

はい、目標を持つことは、その大きさや具体性に関係なく、極めて重要です。❶**子どもであれば**、スポーツや芸術、試験など、大きな目標を持つことで忍耐力や真剣に取り組む姿勢を高めることができます。❷**ビジネスパーソンであれば**、昇進や昇給など明確な目標を持つことで、さらに努力しよう、あるいはもっと自分にチャレンジしてみよう、とやる気が湧いてきます。このように、目標を持つことはその大きさにかかわらず、人にエネルギーや刺激、そして生きがいを与えてくれると思います。

- □ vague ぼんやりした
- □ commitment 真剣に取り組む姿勢
- □ gain a pay rise 昇給する
- □ purpose in life 生きがい
- □ perseverance 根気、粘り強さ
- □ gain a promotion 昇進する
- □ challenge oneself 自分にきついことを課す
- □ regardless of scale 大きさにかかわらず

ここがポイント

下線部❶と❷の役割はおわかりいただけましたか？ この問いは抽象的なため、このように**細分化してアイデアを分けて**います。❶「子ども」、❷「ビジネスパーソン」のように分類し、それぞれにとっての目標を述べています。こうすることで、アイデアの重複も避けられて、より幅広い観点から話を展開することができます。この他にも、発言の最初に次のような表現を用いて分類する方法もあります。

▸ It depends on ~ .（~による）を用いた表現

It depends on the age group. 年齢層によります。

It depends on the situation [case / individual].
状況［場合 / 個人］によります。

▸ vary [differ]（異なる）を用いた表現

~ **vary** [**differ**] depending on ... . ~は…により異なります。

~ **vary** [**differ**] from person to person. ~は人により異なります。

➖ person 以外に、culture、country、place といった**無冠詞単数名詞**が入る。

▸ different を用いた表現

~ mean(s) **different** things to **different** people [cultures].
~の意味は人［文化］により異なります。

Different people have **different** views about ~.
~に関する考えは人により異なります。

アプローチ 2 メリット・デメリットについて触れる

このアプローチは**プラスとマイナスの面について触れることができる問題**に活用でき、特に「どういった影響を与えたか」、「どのような変化をもたらしたか」といったタイプの問題におすすめです。以下の英文で確認しておきましょう。

🔊044

Q. How does the development of tourism influence society?
観光産業の発達は、社会にどういった影響を与えますか。

A: I believe that tourism growth has a significant impact on people's lives. ❶ **On the positive side**, it stimulates the economy of tourist destinations. An increase in tourists boosts demand for a range of goods and services and leads to increased employment and revenue. Profits from tourism can then be reinvested in infrastructure. By contrast, ❷ **an obvious drawback is** pollution caused by over-tourism. When huge numbers of people flock to tourist destinations, protected areas are swamped with litter, and air pollution from plane and car use increases.

観光の発展が人々の生活に与える影響は大きいと思います。❶**よい面**は、観光地の経済を活性化させることです。観光客が増えれば、さまざまな商品やサービスの需要が高まり、雇用や（政府の）収入増加につながります。観光で得た利益は、インフラに再投資することができます。一方で、❷**明らかなマイナス面**は、過剰観光による汚染です。観光地に大勢の人が押し寄せると、保護区域はゴミであふれかえり、飛行機や車の利用による大気汚染が増大します。

- □ stimulate the economy 経済を活性化させる
- □ revenue （政府の）収入
- □ infrastructure インフラ
- □ flock to ～に一斉に押し寄せる
- □ boost demand for ～の需要を高める
- □ reinvest ～を再び投資する
- □ over-tourism 観光過多
- □ be swamped with ～であふれかえっている
- □ litter ごみ

ここがポイント

主題は「観光産業の発達は、社会にどんな影響をあたえるか」とあり、少し抽象的です。回答では❶メリット（よい面）と❷デメリット（悪い面）に分けて話を展開しています。このように**両面に触れることで**、具体性と回答の質も高まり、試験官への印象がよくなります。このテクニックは、次のような "How" や What" で、抽象的かつ、影響を問われた際に応用できます。

例 1 How do films influence society as a whole?
映画は社会全体にどういった影響を与えますか。

例 2 What impact do advertisements have on children?
広告は子どもにどういった影響を与えますか。

メリット、**デメリット**について述べる際には、以下の表現が使えます。バラエティを持たせることで、語彙の評価でプラスになりますので、覚えておきましょう。

■ **メリット / プラスの点**

advantage / benefit / positive / positive aspect / plus point

■ デメリット / マイナスの面

disadvantage / drawback / downside / negative / negative aspect

★ merit や demerit という言葉そのものはあまり使われないので、上記のいずれかを活用しましょう。

アプローチ3 結果に触れる

これはある事実や意見を述べた後に、それが**どういった結果に結びつくか**、**どういったことが起こりうるか**、といった形で話を展開する方法です。次の文を、下線部に着目しながら読み進めてください。

Q. What skills should children learn at school? 045

子どもは学校でどういったスキルを身に付けるべきですか。

A: I believe teamwork skills should be the priority. For instance, taking part in a group music activity is a great way to build teamwork. When children sing or play music, especially as part of a choir or a band, they can learn how to cooperate with their peers and how to contribute to the group. **Developing teamwork skills will ultimately benefit children when they carry out group projects, like presentations and research, in the future**.

チームワーク力が最優先だと考えます。例えば、集団の音楽活動に参加することは、チームワークを築くのに最適な方法です。特に合唱団やバンドの一員として歌ったり演奏したりすることで、子どもたちは仲間との協力の仕方や、集団への貢献の仕方を学ぶことができます。**チームワークを身に付けることは、将来、プレゼンテーションや研究など、グループでのプロジェクトを遂行する際にも役立ちます。**

- □ build teamwork チームワークを築く
- □ cooperate with ～と協力する
- □ choir 合唱団
- □ peer 仲間

ここがポイント

この問題は、特定のスキルを提示するだけでも十分ですが、下線部のように**最終的にどういった結果になるか**まで掘り下げると、より具体性が UP します。下線部では「チームワークスキルを養うことで、子どもが将来発表や研究といったグループプロジェクトを行う時に、最終的にプラスとなる」とあります。つまり、チームワークスキルの習得により、**将来どういった場面で役立つか**が述べられています。毎回触れる必要はありませんが、最終的な恩恵、結果、影響まで深堀りすれば主張の説得力が高まります。

以上が具体性を高めるための方法です。ここで紹介した「**抽象概念を細分化する**」、「**メリット・デメリットについて触れる**」、「**結果について触れる**」の3大アプローチは、多くの問題で活用できます。意識的に取り入れて運用力をUPさせていきましょう！

攻略ポイント❻ Concession（譲歩）を入れよ！

Concessionとは「**譲歩**」のことで、アカデミックスキルにおいて大切な**counterargument**（**反対の意見を述べること**）の一つです。日本語で言うと、「自分の主張を述べつつも、相手の主張に部分的に賛成したり、受け入れたりすること」を指し、ライティングでも重要です。例として次の「犬か猫、どちらがペットとして好ましいか」、という問いに対する回答を見ていきます。特に下線部に注目してください。

046

I think dogs are better pets than cats because they are more social. They often seem comfortable around people, and also prefer to spend time with their owner rather than being alone. **Of course, some breeds of cats are active and friendly, but** dogs are much easier to please and to get along with overall.

犬は猫よりも社交的なので、よりペットに向いていると思います。人が周りにいると気分がいいようで、また単独でいるよりも飼い主と一緒にいることを好みます。**もちろん、猫の品種には活発で人なつっこいものもありますが**、全体的に犬の方が喜ばせやすく、仲良くなりやすいと思います。

- □social 人なつこい
- □get along with ~ ～と仲よくやる
- □breed （動物の）種類
- □overall 総じて

下線部の役割はおわかりいただけましたか？ 1、2文目は「ネコよりも犬がペットに向いている」いう内容を述べているので、当然この後に犬の長所や魅力が続くことになります。しかし、Of course ... butの部分で「もちろん、中には活発で人なつこい猫の種もいるが」と猫の特徴にも触れて**譲歩**しています。これには2つの役割があります。1つは、「猫の中にも、人なつこい種類もいるでしょ」という**反論や突っ込み防止**のため、そしてもう一つが、両面を考えた上での意見であることを示して**説得力を上げる**ためです。表現としてはbutの代わりに、譲歩を表す**although**を用いて、"**Although** some breeds of cats are active and friendly," とすることも可能です。中には「それを入れると主張が弱くなるのではないか？」、と感じる人がいるかもしれませんが**それは逆**です。これはディスカッションや、エッセイライティングでも同じです。もちろん毎回入れる必要はありませんし、入れないからといってスコアが下がるわけではありません。ですが、うまく運用できると好印象となり、**結果的にスコア UP** にもつながります。慣れるまでは少し難しいかもしれませんが、こういった点も意識しながらアイデアの構築を行っていってください。

ここで登場した but と although 以外にも、concession で使える表現があります。レベルの高い手法ですが、留学で必ず生きてきます。すべて覚える必要はありませんが、2～3 個は使えるように何度も音読し、徐々に取り入れていきましょう！

■ Concession（譲歩）に使える表現 10

1. However しかしながら
2. Even though たとえ~だとしても
3. Except when ~の場合を除いて
4. That said とはいえ
5. While that may be true, ~. それは真実かもしれないが、~。
6. This isn't always the case, but ~. いつもそうだとは限らないが~。
7. There might be some exceptions, but ~. 例外はあるかもしれないが~。
8. Although there's some truth to that, ~.
   それはある程度正しいかもしれないが、~。
9. Of course, it depends on the situation, but ~.
   もちろん状況によるが、~。
10. Of course, many may disagree with this, but I believe ~.
    もちろんこれに反対する人は多いかもしれないが、私は~だと思う。

以上が、攻略ポイントに関するレクチャーでした。具体性と論理性をアップさせる方法はおわかりいただけましたか？ 1 つずつで構いませんので、意識的に使うことで運用力を高めていきましょう。

それでは、続けてディスカッションで使うと効果的な表現を見ていきます。

ディスカッションならではの表現をマスターしよう！

Part 3 は Part 1 と異なり、少し**フォーマルな表現を使って話すこと**が重要です。そして話す内容や構成に合わせて、さまざまな表現を使い分ける力も評価対象の一つです。ここではディスカッションで使う機会が多く、かつスコア UP につながる表現を厳選しました。さらに運用力を高めていきましょう！

▸意見を述べる時

“I think” や “I believe” などでも構いませんが、少しバラエティを持たせると印象が UP します。次の表現は “I” で始まる文の連発回避にも効果的です。次の一覧から 2 つは使えるようにしておきましょう。

❶ From what I gather, ~. 私の理解では~です。
❷ In my opinion [view], ~. 私の意見では~です。
❸ It appears to me that ~. ~のように思われます。
❹ My understanding is that ~. 私の理解では~です。
❺ To (the best of) my knowledge, ~. 私の知る限りでは~です。

▸理由を述べる時

単に because だけでも問題ありませんが、時々異なる表現を使うことでバラエティが増えます。ここでは主張の強さや内容に応じたさまざまな理由の述べ方を紹介していきます。ご自身の考えに応じて適切なものを選んでみてください。

❶ The main reason is (that) ~. 主な理由は~です。
❷ Reasons include ~ and ... . 理由は、~や…です。
❸ The most obvious reason is (that) ~. 最も明らかな理由は~です。
❹ One reason may [seems to] be (that) ~. 理由の一つは~だと思われます。
❺ I think that’s mainly [probably / partly] because ~.
それは主に［おそらく／一つの理由として］~だからだと思います。

▸例を挙げる時

For example や For instance でも問題ありませんが、次の 4 つも運用できればバラエティを UP させることができます。一つずつ取り入れてみてください。

❶ To give an example, ~ . 1つ例を挙げると、~。
❷ Take ~ for example [instance], ... ~を例に挙げると、…。
❸ The best example I can think of at the moment is ~.
今思いつく最適な例は~です。

★ spring to mind 思いつく

❹ A good example that springs [comes] to mind* is that ~.
思いつく一例として~があります。

▸関連、関係を表す場合

例えば日本語でも「教育に関して」と言えば、この次に教育の話題がくることが聞き手にとって明確になりますね。ここでは話題を転換したり、導入したりする際の表現を見ていきましょう。

❶ as for~ ~に関して言えば
❷ in terms of ~ ~の観点から言えば
❸ when it comes to ~ ~に関して言えば
❹ considering [given] ~ ~を考慮に入れると

▸その他

以下の表現も Part 3 で効果的です。場面に応じて活用していきましょう。

❶ The chances are that ~. ~という可能性があります。
❷ as I said before [mentioned earlier] 先に述べたように
❸ Another point to consider is ~. もう一つ考慮すべき点は~。
❹ It goes without saying that ~. ~ということは言うまでもない。
❺ I think it's safe to say (that) ~. ~と言っても差し支えないでしょう。
❻ It seems likely [unlikely] that ~. ~ということがありそうです [なさそうです]。
❼ It's reasonable to think [assume / say] (that) ~.
~だと考える [想定する/言う] ことは理にかなっています。

以上で前半のレクチャーは終了です。お疲れさまでした。少しハイレベルな内容も含まれていましたが、ポイントはつかんでいただけましたか? 何度も復習して少しずつ吸収していってくださいね。

では次からは、レクチャーの後半戦です。重要テーマごとに焦点を当てていきます。少し休憩してから、再度気合を入れてどんどんまいりましょう!

ちょっとブレイク

◆ 背景知識 UP にはこの 3 つのソースを読み込むべし！

Part 3 攻略には、**背景知識が不可欠**です。しかしながら、手当たり次第にいろいろな記事を読むのは非効率的です。ここで重要なのは、**IELTS で出題されるテーマに関連した記事を読み込むこと**です。メジャーなソースである BBC News、Time、The Economist などインプット用の媒体は無限にありますが、IELTS との関連性が低い記事や、レベルが異なるものもあります。ここでは、IELTS 学習に有益な記事を多く含むソースを 3 つ紹介します。

1 Science Daily（サイエンスデイリー）

サイエンスを中心に扱うサイトだが、教育や文化、芸術といったトピックもカバーしており、かなり有用。論文からの引用も多いが、比較的平易な文体で書かれており専門知識がなくても読めるものが多い。サイトの "Search" から、特定のキーワードを入れて検索すれば関連記事が読める。

2 National Geographic（ナショナルジオグラフィック）

リーディング問題にも引用されることがある、定番のサイト。写真が多く使われているので状況をイメージしやすく、飽きずに読める。多くの記事で重要単語の定義がチェックできる。検索から、IELTS によく出るキーワードを入れれば関連記事を見つけやすい。

3 Natural History Museum（自然史博物館）

ロンドンにある博物館。動植物をはじめ、鉱物や恐竜、天文学などの自然史を扱う。サイトにアクセスしたら、上部の "Discover" をクリックすると、カテゴリーが現れる。関心のある分野を選択すれば OK。

また、**背景知識を効率的＋爆発的にアップさせる方法**があります。それは、**特定のテーマを集中的に読み込むこと**です。例えば、global warming（地球温暖化）のテーマを選んだとすれば、global warming の記事を **1 日に 2 ～ 5 時間ひたすら読む**、といった形です。これを行うのは、異なるテーマをランダムに読むと、うろ覚えになってしまい、**知識が分散してしまうから**です。背景知識が薄い分野は、私も 1 週間に 30 時間ほど読み込みます。最初は知らない表現や内容も多いと思いますが、最後にはスラスラ読めて、背景知識も身に付きます。少しずつ負荷を高め、テーマを絞って集中的にインプットを行いましょう！

最重要テーマ 10 をカバーせよ！

ここからは、テーマごとの頻出問題とキーワードに焦点を当てていきます。取り上げるのは、以下の 10 テーマです。

1. Environment（環境）
2. Modern Life（現代生活）
3. Food and Health（食品・健康）
4. Work and Business（仕事・ビジネス）
5. Tourism and Transport（観光・交通）
6. Education and Learning（教育・学習）
7. Philosophy and History（哲学・歴史）
8. Science and Technology（サイエンス・テクノロジー）
9. Media and Communication（メディア・コミュニケーション）
10. Art, Fashion and Entertainment（芸術・ファッション・娯楽）

対策の手順としては、まず各テーマで取り上げている「**最重要！ 厳選問題**」の 7 問からアイデアを考えてください。同時に、背景知識と語彙力をつけるために「**関連必須キーワード 5**」をお読みください。なお、IELTS では、政治、死刑、宗教、同性婚、銃規制のようなセンシティブなテーマは出題されないので、対策は不要です。少しボリュームはありますが、しっかりついてきてくださいね。それでは早速まいりましょう！

1 Environment
環境

メジャーな出題形式は、特定の環境問題に対して「**原因**」、「**影響**」、「**解決策**」の3点のいずれかを問うものです。例えば、地球温暖化であれば、「**地球温暖化により、人間の生活にどういった影響がありますか**」といった形で問われます。特に出題の多いキーワードは、この**地球温暖化**（global warming）、**気候変動**（climate change）、**汚染**（pollution）、**種の減少**（the decline of species）の4つです。次に、リサイクルも重要トピックの一つです。例えば「**あなたの国では、リサイクルは推進されていますか**」、「**リサイクルを促進する方法は何ですか**」は、高頻度で出題されます。さらに、教育と関連した「**環境について子どもにどのように教育するべきですか**」や、テクノロジーと関連した「**テクノロジーはどういった形で環境問題解決に役立ちますか**」も要チェックです。

最重要！ **厳選問題**

Q1. What is one of the biggest environmental issues impacting your country?
Q2. How does climate change affect the economy?
Q3. What can individuals do to reduce the impact of climate change [pollution]?
Q4. Who do you think is more responsible for air pollution: individuals, businesses, or the government?
Q5. What can be done to protect endangered species from extinction?
Q6. How important are green spaces in cities?
Q7. What do you think is the best way for children to learn about nature, other than formal education?

［訳］ Q1. あなたの国に影響を与えている最も大きな環境問題の一つは何ですか。
Q2. 気候変動は経済にどのような影響を与えますか。
Q3. 気候変動［汚染］の影響を軽減するために個人で何ができますか。
Q4. 大気汚染は、個人、企業、または政府の誰により責任があると思いますか。
Q5.（絶滅）危惧種を絶滅から保護するにはどういったことが可能ですか。
Q6. 都市において緑地はどのくらい重要ですか。
Q7. 正規の教育以外に、子どもたちが自然について学ぶ最適な方法は何だと思いますか。

「環境」関連必須キーワード5

plastic pollution プラスチック汚染	食品パッケージや洗剤など、プラスチック由来の製品需要が高まることで、深刻化する問題。特に**海の生態系**（marine ecosystem）への影響が甚大。ちなみに、プラスチックごみの欠片のサイズが5mm以下のものを**マイクロプラスチック**（microplastics）と呼ぶ。
waste management 廃棄物管理	ゴミ収集から、運搬、処理、廃棄、リサイクルなどの管理システム全般を指す。このシステムの改善が環境保全、そして**公衆衛生**（public health）の向上につながる。特に発展途上国では、インフラや技術不足のため、リサイクルや廃棄物処理が適切に行われていない。その結果、大気汚染や水質汚濁により、人体や環境に甚大な影響を与えている。
greenhouse gas 温室効果ガス	climate changeのトピックにおける必須ワード。**化石燃料を燃やすこと**（fossil fuel burning）で発生し、主に**二酸化炭素**（carbon dioxide）と**メタン**（methane）から成る。温室効果ガスは、太陽からのエネルギーを地球の表面に閉じ込めてしまい、その結果地球温暖化が起こる。この現象を**温室効果**（greenhouse gas effect）という。
electric vehicle 電気自動車	**EV**とも呼ばれ、乗用車、バンやトラックなども含めた総称を指す。ヨーロッパ諸国に加え、中国やアメリカでも年々販売台数が増えており、特に温室効果ガス削減の鍵となる。普及のためには、政府による**自動車税減免**（vehicle tax exempt）の検討や、**充電スタンド**（charging station）、ネットワークの拡充が必要不可欠。
wildlife conservation 野生生物保護活動	保護団体や、動物園が行う活動。具体的には、**飼育下繁殖**（captive breeding）や、**生息地にもう一度戻すこと**（reintroduction）、**生息環境の回復**（habitat restoration）をはじめ、密猟、汚染、気候変動などの脅威から守る取り組みまで活動は幅広い。「**動物園が社会で果たす役割は何か**」や「**絶滅危惧種**（endangered species）**を守るための方法は何か**」と問われたら、これを例として挙げるとよい。

2 Modern life
現代生活

最重要トピックは、毎年出題されている「**都市部と田舎での生活**」です。「**都市部と田舎に住むメリット、デメリット**」については、必ず 2 つずつアイデアを準備しておいてください。また、これと関連した**建築**に関するトピックも近年出題が増えています。中でも、「**住みやすい街作りにおける重要項目**」はしっかりと考えておいてください。同じく建築のテーマで「**都市部にビルをもっと建てるべきか**」や、「**高層マンションに住むことのデメリットは何か**」といった出題が近年見られます。この他にも、日本の**家族構成**（**family structure**）の変化や、家庭における個人の役割の変化についても話せるよう、準備しておきましょう。

最重要！ **厳選問題**

Q1. What are some of the benefits of living in the countryside, compared to living in the city?
Q2. In what way do you think cities will change in the future?
Q3. Do you think the design of buildings is more important than their practical use?
Q4. Should governments spend money on preserving old buildings or constructing new buildings?
Q5. What are the advantages and disadvantages of owning a home?
Q6. How different are the roles of men and women in the home in your culture?
Q7. How has the way people celebrate special events changed compared with the past?

［訳］Q1. 都市に住むことに比べて地方に住むことの利点は何ですか。
Q2. 将来、都市はどのように変化すると思いますか。
Q3. 建物は実用性よりもデザイン性の方がより重要だと思いますか。
Q4. 政府は古い建物の保護または新しい建物の建設のどちらにお金を費やすべきですか。
Q5. 家を所有することの長所と短所は何ですか。
Q6. あなたの文化では、家庭における男女の役割はどのように異なりますか。
Q7. 昔に比べて、人々が特別な行事を祝う方法はどのように変わりましたか。

「現代生活」関連必須キーワード5

infrastructure インフラ	**道路、交通、下水道、学校、病院、通信**といった**社会生活の基盤全体**を指す。特定の項目を指す場合は、**transport [healthcare] infrastructure**（**交通［医療］インフラ**）のように表現する。他にも、**improve [invest in] infrastructure**（**インフラを改善する［に投資する］**）は、スコアUP表現の代表格。
smart city スマートシティ	**AI**（**Artificial Intelligence**） や **IoT**（**the Internet of Things**）といったテクノロジーを活用し、住民の生活やサービスの質を向上させた都市のこと。具体的には、交通、医療、ごみ処理、エネルギー運用といったインフラに最先端の技術を用いる。人口増加に伴い重要性が高まっており、**都市計画**（**urban planning**）におけるキーワード。
family structure 家族構成	「家族」にまつわる質問で問われることがある。特に「**日本における家族構成は、近年どのように変わってきているか**」は過去にも出題されているので、アイデアの準備は必須。関連表現として、**世帯規模**（**family size**）、**拡大家族**（**extended family**）、**ひとり親家庭**（**single-parent household**）は使用頻度が高いので、運用できるように準備は必須！
home ownership 住宅の保有	「住居」のトピックにおけるキーワードの一つ。「**持ち家のメリットとデメリットは何か**」、「**日本では、持ち家と賃貸のどちらが一般的か**」も近年出題されるので、アイデアを整理しておくことが重要。この場合のhomeは**一軒家とマンションの両方を含む**。また、関連用語で**車の保有**（**car ownership**）も重要ワード。
labour shortage 人手不足	**staff shortage**や**a shortage of workers**とも言う。慢性的な人手不足に悩む業種は、国にもよるが**医療**（**health care**）、**小売り**（**retail**）、**建設**（**construction**）などが多い。「**ロボット普及のメリットは何か**」と問われた場合は、**人手不足の解消につながる**、とすればOK。フレーズとしては、**face [address] a labour shortage**（**人材不足に直面する［を解決する］**）の形で使えばバッチリ！

3 Food and Health
食品・健康

このテーマでおさえておくべき項目は、**食習慣**（eating habits）です。「**昔と現代とで、食習慣はどのように変わったか**」は、毎年出題されているので準備は必須です。同様に「**どのようにして、子どもに健康的な食習慣を身に付けさせるべきか**」もアイデアを考えておいてください。次に**健康管理**（health management）も重要ワードで「**政府が国民にできる健康管理の支援は何か**」は、アイデアを考えておいてください。この他にも、運動により得られる**健康上のメリット**（health benefits）、近年深刻化している**食料廃棄**（food waste）や**食糧不足**（food shortage）の解決策についても答えられるよう、考えておきましょう。

最重要！ **厳選問題**

Q1. What types of food do people tend to eat in your country?
Q2. How have eating habits in your country changed in recent years?
Q3. How important is it to try eating dishes from other cultures?
Q4. Do you think people have become healthier today compared with the past?
Q5. Some people say that it is difficult to lead a healthy lifestyle today. What's your opinion on this?
Q6. What could the government do to promote healthier lifestyles in your country?
Q7. Why do you think some people continue to maintain bad habits even when they know they are unhealthy?

［訳］Q1. あなたの国では、人々はどのような食べ物を食べる傾向にありますか。
Q2. 近年、あなたの国で食習慣はどのように変わりましたか。
Q3. 他国の料理を試すことはどのくらい重要ですか。
Q4. 過去に比べて、今日人々はより健康になったと思いますか。
Q5. 今日健康的なライフスタイルを送るのは難しいと言う人がいます。これについてあなたはどのような意見をお持ちですか。
Q6. あなたの国では、健康的なライフスタイルを促進するために政府は何ができますか。
Q7. 不健康と知りながら、なぜ悪い習慣を続けてしまう人がいるのだと思いますか。

「食品／健康」関連必須キーワード5

nutrition 栄養	まず基本として「**健康的な食事とはどんなものか**」という問いに答えられるよう準備が必要。単に「野菜や果物」と答えるだけではなく具体的な種類や栄養素、そして期待できる効果まで考えておくことが重要。関連語として**栄養素**（**nutrient**）と**栄養価の高い食品**（**nutritious food**）は要チェック！
mental health 精神衛生	**身体的健康**（**physical health**）との対比で用いられる。健康全般について話す際は、**精神衛生と身体的健康に分けて考える**と話を広げやすい。また、関連語の**精神衛生上の問題**（**mental health problems**）は重要で、主な例としては、**ストレス**（**stress**）、**不安症**（**anxiety**）、**うつ**（**depression**）などが挙げられる。
obesity 肥満	先進国だけでなく、発展途上国でも深刻な健康問題。形容詞の**obese**も重要で、**obese children**（肥満児）のように使う。また、overweight（太りすぎ）やdiabetes（糖尿病）も必須の関連語彙。フレーズとしては、**increase [reduce] the risk of obesity**（肥満のリスクを高める［下げる］）で覚えておこう。
food security 食の安全性、安定	「**十分かつ、安全な食料が安定的に手に入る状態**」という意味。近年の異常気象、人口増加、そして海における**乱獲**（**overfishing**）などにより、食の安心が脅かされつつある。フレーズとしては、**improve [ensure] food security**（**食の安全性を高める［保証する］**）でよく使う。そして対義語の**food insecurity**（**食料不足**）と関連用語のfood waste（食品廃棄物）もあわせてチェック！
vertical farming 垂直農法	高層建築物の階層や傾斜面を使用して、**垂直的に農作物を育てる農法**。近年では、天候や害虫の影響を受けない**屋内垂直農場**（**indoor vertical farming**）が普及している。テクノロジーを駆使し、農作物のサイクルや、温度、光、湿度をすべてデータ管理して行う。都市部の人口増加による**食糧不足**（**food shortage**）や、**食糧危機**（**food crisis**）対策の一つとして期待されている。

4 Work and Business
仕事・ビジネス

仕事に関する質問は、「**雇用主**」と「**従業員**」の２つの視点に分類できます。まず**雇用者視点**の鉄板問題として、「**従業員のやる気を引き出す効果的な方法は何か**」があります。また、「**若手社員と、年配の社員を雇用するメリットはそれぞれ何か**」と、「**社員間での競争は必要か**」も要チェックです。次に**従業員［被雇用者］**の観点においては、「**転職のメリットとデメリットは何か**」、「**大企業で働くことのメリットは何か**」も時々聞かれます。最後に、テクノロジーとの関連で「**将来どういった職業がロボットやAIに取って代わられると思うか**」といった予測的トピックも出題が増えているので備えておきましょう。

最重要！ **厳選問題**

Q1. What qualities make someone a good worker [leader]?
Q2. Do you agree or disagree that it's better for companies to hire more younger employees than older employees?
Q3. How has technology changed work environments in the last ten to twenty years?
Q4. How should employers increase employees' motivation for work?
Q5. These days, more and more people are working from home. Do you think the advantages of this working style outweigh the disadvantages?
Q6. What jobs might be replaced by robots or automation in the future?
Q7. Which sorts of industries do you think will develop the most in the future?

［訳］Q1. 優秀な働き手［リーダー］になるにはどんな資質が必要ですか。
Q2. 企業が、年配の従業員よりも若い従業員を多く雇用する方がいいということに、賛成か反対ですか。
Q3. ここ10年から20年で、テクノロジーにより職場環境はどう変わりましたか。
Q4. 雇用主は、どのようにして従業員のやる気を高めるべきですか。
Q5. 最近、在宅勤務をする人が増えています。この働き方の長所は短所を上回ると思いますか。
Q6. 将来、どの仕事がロボットまたは自動化に取って代わられる可能性があると思いますか。
Q7. 将来、どの業界が最も発展すると思いますか。

「仕事／ビジネス」関連必須キーワード 5

job satisfaction 仕事の満足度、やりがい	対比でよく使われる**job security**（**職業の安定性**）も重要で、「**仕事のやりがいと安定のどちらが重要か**」はライティングでも出題される重要問題。また、「**会社はどのようにして、社員の仕事満足度を高めることができるか**」についても、アイデアの準備は必須。フレーズとしては、**increase job satisfaction**（仕事の満足度を高める）で覚えておこう。
work-life balance ワークライフバランス	**仕事と私生活のバランス**を意味する語で、あらゆるテーマで使える便利な語。これに関連した問題として、「**企業や政府はどのようにして、ワークライフバランスを保てるよう努めるべきか**」には回答できるよう準備が必要。重要フレーズとして、**ワークライフバランスを保つ**（**maintain a work-life balance**）を使えればスコアUPにつながる。
employee benefits 福利厚生	社員が**給与以外で受け取れる特典や権利全般**のこと。代表的な例としては、**有給休暇**（**paid holiday**）、**病欠休暇**（**sick leave**）、**保険**（**insurance**）、**年金**（**pension**）などがある。類似表現として、**perks**があり、こちらは**無料の食事**（**free meal**）や**社員割引**（**staff shopping discount**）など、**会社独自の特典**を指すことが多い。
leadership quality リーダーとしての資質	「**リーダーとしての資質［能力］は何か**」は、ライティングでもよく問われる頻出トピック。ポイントは、**必要な資質**と、それが**どういった場面で必要になるか**を考えておくこと。具体的な資質としては、**innovative**（**革新的な**）、**creative**（**創造的な**）、**ambitious**（**野心的な**）、**proactive**（**積極的な**）、**resilient**（**立ち直りが早い**）などが代表例。
e-commerce 電子商取引、イーコマース	**electronic commerce**の略称で、ネット上で**商取引**（**business transaction**）を行うこと。オンラインショッピング、公共料金の支払い、オンラインバンキングなどが代表例。消費者にとっては、利便性や製品価格の比較がしやすい、選択肢が増える、といったメリットがある。一方、企業もより多くの顧客にリーチでき、かつ顧客の好みや消費行動などのデータの収集・分析ができるため、マーケティングに不可欠。

5 Tourism and Transport
旅行・交通

観光分野における最重要トピックは、**国際観光**（international travel）です。最頻出問題である、「**観光産業の発展によるメリットとデメリット**」は必ず準備が必要です。また、これと関連して**異文化コミュニケーション**（intercultural communication）もキーワードの一つです。例えば、「**外国を訪れる際は、事前にその国について知っておくべきか**」は過去にも出題されています。「**交通・運輸**」も頻出テーマです。「**交通渋滞緩和に効果的な対策は何か**」、そして「**テクノロジーはどのように交通渋滞緩和に役立つか**」は過去に何度も出題されているので、しっかりと準備しておきましょう。

最重要！ **厳選問題**

Q1. What type of transport is popular in your country when travelling long distances?
Q2. How do you think technology will change transport in the future?
Q3. What are the advantages and disadvantages of transporting goods by sea?
Q4. Traffic is a serious problem in many cities around the world. Can you suggest some possible solutions?
Q5. Do you think travelling to other countries is the best way to learn about different cultures?
Q6. Should tourists learn about the local culture before they travel to their destination?
Q7. What are the advantages and disadvantages of the development in tourism?

［訳］Q1. 長距離の旅行をする際、あなたの国ではどの交通手段が人気ですか。
Q2. テクノロジーによって、将来どのように交通手段が変わると思いますか。
Q3. 海上輸送の長所と短所は何ですか。
Q4. 世界の多くの都市で交通は深刻な問題です。可能な解決策を提案できますか。
Q5. 海外旅行は、異文化を知る最善の方法だと思いますか。
Q6. 旅行者は目的地を旅する前に、現地の文化について学ぶべきですか。
Q7. 観光産業の発展の長所と短所はなんですか。

「旅行／交通」関連必須キーワード 5

sustainable tourism サステーナブルツアリズム	自然と文化保護、そして地域コミュニティの経済的利益の両立をコンセプトとした観光形態。つまり、「**環境**」、「**文化**」、「**経済**」の 3 つのバランスをうまく取り、長期的かつ持続的な発展を目指す。これとよく似た、**ecotourism**（**エコツーリズム**）は、**環境・文化の保全と教育**に重きを置いた観光形態で、**wildlife watching**（**野生生物観察**）、**cultural tour**（**文化体験ツアー**）などが代表例。
space travel 宇宙観光	ライティングでも出題され、近年重要性が高くなっているキーワード。「**宇宙観光は将来発展すると思うか**」や「**宇宙観光の発展は、社会にどのような影響を与えるか**」は過去にも出題されているため、アイデアの準備が必要。関連表現として、**宇宙船**（**spacecraft**）、**航空宇宙会社**（**aerospace company**）、**宇宙旅行をする**（**travel to space**）は、運用できれば好印象！
social norms 社会規範	特定の文化や地域における慣習やルールのこと。例えば日本では、あいさつをする時に**お辞儀をする**こと、**時間厳守**（**punctuality**）が重視されること、欧米と異なりレストランでは**チップ**（**tipping**）**が不要**なこと、などを指す。こういった日本の social norm について、2 つは詳しく話せるように準備が必要。
traffic congestion 交通渋滞	「**交通渋滞の原因と対策**」は高頻度で問われる。よく使うフレーズとして、**reduce [ease] traffic congestion**（交通渋滞を緩和する）がある。なお、**traffic congestion** は**渋滞全般**（例：大都市では渋滞がひどい）を意味する不可算名詞。一方類語の **traffic jam** は、**局所的な渋滞**（例：～通り［交差点］の渋滞）を指し、**可算名詞**。
anti-social behaviour 反社会的行為	具体的には、**公共の場での飲酒**（**drinking in public**）、**破壊行為**（**vandalism**）、**落書き**（**graffiti**）、**ポイ捨て**（**littering**）などの迷惑行為が代表例で、犯罪を指すことが多い。Part 3 では「観光産業の発展によるデメリットは何か」と問われた場合のアイデアとして、“**an increase in anti-social behaviour**（反社会的行為の増加）”と答えると効果的。

6 Education and Learning
教育・学習

まず教育においては、「**子育て** (parenting)」が重要なトピックで、「**親が行うべき家庭教育**」、そして「**親の言動が子どもの成長に与える影響**」については、アイデアを整理しておいてください。次に「**学校教育**」です。まず「**よい教師の資質は何か**」、そして「**効果的な授業を行うために教師はどういった工夫をすればよいか**」は高頻度で出題されます。加えて「幼少期からの**外国語学習** (foreign language learning) **のメリットとデメリット**」もほぼ毎年出題されています。最後に、テクノロジーに関連した出題も近年増えており、「**遠隔学習のメリットとデメリットは何か**」、そして「**テクノロジーの普及により、将来教師は不要になると思うか**」が代表例です。こちらもあわせてアイデアをまとめておきましょう。

最重要! **厳選問題**

Q1. What makes a good teacher [parent]?
Q2. Do you think computers will one day replace teachers entirely?
Q3. What sorts of skills should schools help students learn before they start working?
Q4. Do you think competition is necessary for children?
Q5. Some people say that successful parents have successful children. How do you feel about this opinion?
Q6. Who do you think influences children's development the most: parents, teachers, or friends?
Q7. Do you agree or disagree that children should begin to learn a foreign language at an early age?

[訳] Q1. よい教師 [親] に必要なものは何ですか。
Q2. いつの日かコンピューターは完全に教師に取って変わると思いますか。
Q3. 学生が働き始める前に、学校はどんなスキルを学ぶ手助けをすべきですか。
Q4. 子どもにとって競争は必要だと思いますか。
Q5. 成功した両親は、子どもも成功すると言う人がいます。この意見に関してどう思いますか。
Q6. 子どもの成長に最も影響を与えるのは、親、教師、あるいは友人の誰だと思いますか。
Q7. 外国語を早い段階で学び始めるべきだということに賛成ですか、反対ですか。

「教育／学習」関連必須キーワード5

competition 競争	このキーワードで重要な問題は「**子どもにとって競争は必要か否か**」と「**競技スポーツ（competitive sports）のメリットとデメリットは何か**」の２つ。スコアUP表現として、**競争心（competitiveness）**、**激しい［健全な］競争（intense [healthy] competition）**、**競争を奨励する（encourage competition）**は要チェック！
university degree 大学の学位	よく聞かれる質問として「**あなたの国では、大学の学位はどの程度重要か**」、「**あなたの国では、大学に進学する人は多いか**」がある。学位の種類として、**学士（bachelor's degree）**、**修士（master's degree）**、**博士（doctoral degree）**の３つは重要。また、関連用語として**高等教育（higher education）**も要チェック！
vocational education 職業教育	学問主体ではなく、実践的な特定の**職業スキル（job skills）**習得や、**資格（qualification）**取得を目的とした教育のことで、**vocational training**とも言う。例えば、**デザイン（design）**、**建築（construction）**、**配管（pluming）**、**プログラミング（programming）**といった業種でのスキル教育が代表例。
blended-learning ブレンド型学習	**オンライン学習（online learning）**と、**対面学習（face-to-face learning）**を組み合わせた学習形態。柔軟性や効率性の高さといったオンライン上の利点と、実体験や直接的交流といった対面授業の利点を享受できる。一方で、授業準備や研修参加など教員の負担が増えたり、学習者のモチベーション低下が、デメリットとされる。
life skills ライフスキル、生きる力	人生を豊かにするために必要なスキル全般を指す。例えば「**子どもが身に付けるべき重要なスキルは何か**」と問われた場合に使える。代表例としては、**対人スキル（interpersonal skills）**、**問題解決能力（problem-solving skills）**、**時間管理（time management）**、**チームワーク（teamwork）**などがある。回答のポイントは、特定のスキルが、どういった場面でどう役立つかを答えること。

7 Philosophy and History
哲学・歴史

「哲学」は、知識よりも**自身の意見**が求められます。よく問われる人生哲学関連のトピックは、「お金」、「成功」、「幸福」、「変化」、「人生観」などが中心です。例えば「**幸せの定義とは何か**」、「**結果とプロセスのどちらが大切か**」、「**成功に運はどの程度重要か**」、「**現代の人たちは、昔の人より幸せだと思うか**」などは、定番の質問です。次に「**歴史**」は、Part 1 ~ Part 3、そしてライティングでも重要なテーマです。特に「**歴史からどういったことを学べるか**」、「**昔の考え方は現代でも通用するか**」などはメジャーな質問です。この他に、「**歴史上の人物**」、「**歴史上の出来事**」、「**歴史的発明**」も話す機会が多いので、それぞれ1つずつ自信を持って話せるものを準備しておいてください。

最重要！ **厳選問題**

Q1. How important is change in life?
Q2. How is “success” defined in your culture?
Q3. Other than to make money, why do you think people work?
Q4. Are there any links between age and happiness?
Q5. What kinds of risks do people take in life?
Q6. Do you think that studying history is beneficial to modern society?
Q7. What event in history do you think impacted the world most?

［訳］Q1. 人生において、変化はどのくらい重要ですか。
Q2. あなたの文化では、「成功」はどのように定義されますか。
Q3. お金を稼ぐこと以外に、なぜ人々は働くと思いますか。
Q4. 年齢と幸福に何か関連性はありますか。
Q5. 人生で人々はどのようなリスクを取りますか。
Q6. 歴史を勉強することは、現代社会に役立つと思いますか。
Q7. 世界に最も影響を与えた歴史上の出来事は何だと思いますか。

「哲学・歴史」関連必須キーワード5

well-being 幸福	**happiness よりも広い意味の幸せ**を意味する。happiness は楽しさや満足感を強調した語だが、well-being は、それに加え、経済的豊かさ、健全な人間関係、人生の生きがいなどの広い要素も含む。フレーズとしては、**improve [enhance / affect] *one's* well-being**（**幸福度を向上させる［をさらに高める／に影響を与える］**）で覚えておこう！
life lesson 人生の教訓	歴史や哲学を学ぶことで得られるメリットの一つ。ポイントは、重大な**歴史上の出来事**（**historical event**）や、**歴史上の人物**（**historical figure**）をまず1つ［1人］考え、そこから学べる教訓を話せるようにすること。フレーズとして、**learn important [valuable] life lessons**（**重要な［貴重な］教訓を学ぶ**）を使えば表現力 UP!!
critical thinking クリティカルシンキング	哲学において根幹となる思考で、「**特定の情報や考えに常に疑いを持ち、証拠に基づいて論理的かつ合理的にさまざまな角度から物事を判断する力**」を意味する。具体的には、**分析力**（**analytical skills**）、**論理的思考**（**reasoning**）、**問題解決能力**（**problem-solving skills**）などのスキルを含む。
goal setting 目標設定	「**何かを成し遂げるために、目標設定はどの程度重要か**」は定番の質問で、ビジネスでも同様の問題が出題されている。目標設定における5大原則は、**Specific**（**明確な**）、**Measurable**（**測定できる**）、**Achievable**（**達成可能な**）、**Relevant**（**関連性がある**）、**Time-bound**（**時間的制約がある**）で、これらは頭文字を取って、"**SMART Goals**"と呼ばれる。
risk-taking リスクを取ること	フェイスブックの創業者マーク・ザッカーバーグの名言、"The biggest risk is not taking any risk."（最大のリスクは、リスクを一切取らないことだ）にあるように、「リスクを取ること」は欧米ではポジティブな響きがある。「**人は人生でどんなリスクを取るか**」は定番の質問。関連表現として、**risk-taker**（**進んでリスクを取る人**）、**be willing to take a risk**（**進んでリスクを取る**）、**take a chance**（**一か八かやってみる**）は要チェック！

8 Science and Technology
サイエンス・テクノロジー

サイエンスに関しては、「**科学の進歩が我々の生活にどういった恩恵をもたらしたか**」は、回答の準備が必要です。また、教育と関連した「**サイエンス科目と芸術科目はどちらが大切か**」も過去に出題されているので、こちらも要チェックです。テクノロジーについての定番は、「**テクノロジーの発達は、コミュニケーションにどのような影響を与えたか**」で、準備が必須です。また、異なる分野との混合でもよく出題され、「**テクノロジーがビジネスに与えた影響は何か**」、「**テクノロジーの導入は、どういった教育効果があるか**」がその代表例です。加えて、「**ロボット**」も必須トピックで、「**ロボット導入によるメリットとデメリット**」については必ずアイデアを整理しておいてください。

最重要！ **厳選問題**

Q1. At what age should children start using computers or tablets?
Q2. How important is science to our society?
Q3. How could governments support scientific development?
Q4. In what ways does technology help agriculture?
Q5. In the future, driverless cars are expected to be more common on the roads. Are there any potential dangers if this happens?
Q6. What do you think is one of the most important scientific developments of the last century?
Q7. What other sorts of technological developments do you think we can expect in the future?

［訳］Q1. 子どもたちは、コンピューターやタブレット端末を何歳から使い始めるべきですか。
Q2. 私たちの社会にサイエンスはどのくらい重要ですか。
Q3. サイエンスの発展を政府はどのように支援できますか。
Q4. テクノロジーは農業をどのように助けることができますか。
Q5. 将来、自動運転車は路上でより一般的になると考えられています。そうなると、何か危険が生じる可能性はありますか。
Q6. 前世紀で最も重大なサイエンスの発展の一つは何だと思いますか。
Q7. 将来新たにどのようなテクノロジーの発展が起こると思いますか。

「サイエンス／テクノロジー」関連必須キーワード 5

self-driving car 自動運転車	**交通事故や渋滞の減少**（**a reduction in traffic and road accidents**）や、CO2 削減の効果が期待される。そして、人の手を一切介さない車は **driverless [autonomous] car**（完全自動運転車）という。「**自動運転車普及による、メリットとデメリットは何か**」は重要問題のため、アイデアの整理は必須。
cybercrime サイバー犯罪	「テクノロジーの発展によるデメリット」の代表例が、**サイバー犯罪の増加**。具体的には、**ハッキング**（**hacking**）、**個人情報の盗難**（**identity theft**）、**ネット詐欺**（**online fraud**）、**違法ダウンロード**（**illegal downloading**）などがある。関連用語として、**サイバーセキュリティ**（**cyber security**）は要チェック。
automation 自動化	原義は「**人間が行う作業を、テクノロジーを用いて行うこと**」で、**ロボット工学**（**robotics**）や、**人工知能**（**artificial intelligence : AI**）は automation に含まれる。Part 3 では、「**自動化が社会に与える影響**」や「**自動化の影響を受けやすい職種**」についてを問われることがある。具体的な職種とその理由を考えておくことがポイント。
virtual reality バーチャルリアリティ	**VR** と呼ばれ、視覚効果や音響効果により**仮想空間での体験**ができる技術。ゲーム業界をはじめ、医療、教育、芸術など幅広い分野で使われている。身近な例では、自宅に居ながら観光地に行けたり、娯楽施設の体験が味わえたりする。他にも、医療では映像を見ながら手術の訓練ができたり、地質学では現地に行かずに**実地調査**（**fieldwork**）も可能。時間やコスト削減、安全性の確保などのメリットがある。
scientific breakthrough 科学における大躍進	**科学上の発見**（**scientific discovery**）と、**発明**（**invention**）に分類される。前者の代表例として、**electricity**、**DNA**、**penicillin**（**ペニシリン**）、**X-ray**（**レントゲン**）、後者は **airplane**、**telephone**、**automobile**（**自動車**）、**light bulb**（**電球**）、**vaccine**（**ワクチン**）などが代表例。重要なのは、こういった発見や発明が我々の生活にどのような影響を与えたか、を考えておくこと。

9 Media and Communication
メディア・コミュニケーション

メディア分野の定番トピックは、「**有名であること**」です。「**有名であることのメリットとデメリットは何か**」は、すぐに回答できるようにしておいてください。これと関連して「**有名になりたい若者が増えている理由**」も重要です。次に、「**ニュース**」に関連したトピックも頻出で、例えば「**将来的に紙の新聞は、オンラインの新聞に取って代わられるか**」は、ほぼ毎年出題されています。同様に、SNS (social media) 関連も近年出題が見られることから、「**SNSがコミュニケーションに与える影響**」はアイデアを整理しておいてください。「**広告**」もメジャーなトピックで、ビジネスとの混合でよく出題されます。「**広告が与えるよい影響と悪い影響**」は、ライティングでも応用できるので意見をまとめておきましょう。

最重要! **厳選問題**

Q1. What are the advantages and disadvantages of being famous?
Q2. Do you think celebrities can be good role models for young people?
Q3. How do people in your country generally get their news?
Q4. What are the differences between communicating with someone in person compared to online?
Q5. Do you think news on the internet will replace newspapers in the future?
Q6. Do you think advertisements influence children in positive or negative ways?
Q7. How are language and culture connected to each other?

[訳] Q1. 有名であることの長所と短所は何ですか。
Q2. 有名人は若者のよいロールモデルになりうると思いますか。
Q3. あなたの国の人たちは、一般的にどのようにニュースを得ますか。
Q4. オンラインと比べて、直接コミュニケーションを取ることの違いは何ですか。
Q5. 将来ネットのニュースは新聞に取って代わると思いますか。
Q6. 広告は子どもにとって、プラスかマイナスどちらの影響があると思いますか。
Q7. 言語と文化は、どのような相互関係がありますか。

「メディア」関連必須キーワード5

brand awareness ブランドの認知度	**brand recognition** とも言う。英語の brand は「商標、銘柄」の意味。例えば、マクドナルド、イケア、レゴなど、一般的な商品を扱う企業もすべてブランド。フレーズとしては、**increase brand awareness**（**ブランドの認知度を高める**）がよく使われる。
live streaming ライブストリーミング	映像や音声をリアルタイムで配信すること。用途は、コンサートやスポーツの試合をはじめとして、オンライン授業など形態は幅広い。また、近年ではライブストリーミングを用いたショッピング、ゲーム配信が主流になりつつある。運用フレーズとしては、**through live streaming**（**ライブストリーミングを通して**）でおさえておこう。
advertising campaign 広告キャンペーン	消費者に製品やサービスを広め、売り上げを上げるために行う**広報活動**のこと。企業が行うことが一般的だが、政府やその他の団体が特定の事柄について、人々の意識や認知を高めるために実施することもある。フレーズとしては、**launch an advertising campaign**（**広報キャンペーンを始める**）で運用できればバッチリ！
invasion of privacy プライバシーの侵害	「**有名であることのデメリット**」を問われた場合に使えるアイデア。また、「**有名人（celebrity）のプライバシーはどの程度守られるべきか**」も過去に出題されているので、こちらも重要。関連のスコア UP フレーズである **protect *one's* privacy**（～のプライバシーを守る）は要チェック！
digital media literacy デジタルメディアリテラシー	**さまざまなデジタルメディアに関する知識、理解力、運用力**のこと。また、情報媒体を分析し、その信ぴょう性を判断する能力も意味する。SNS の普及により、その健全な運用のためにこの能力の教育の重要性が高まっている。フレーズとしては、**improve digital media literacy**（**デジタルメディアリテラシーを向上させる**）で覚えておこう。

10 Art, Fashion and Entertainment
芸術・ファッション・娯楽

芸術分野では、「**芸術や音楽を学ぶメリット**」と「**芸術の才能は後天的に身に付けられるか**」が特に重要です。ファッションに関しては、「**海外のファッションは国内のアパレル産業にどういった影響を与えるか**」、そして「**若者と年配世代でのファッションに対する考え方はどう違うか**」は要チェックです。次に娯楽に関しては、「**読書**」と「**映画**」が最重要トピックで「**若者とシニアでは、本［映画］の好みはどう違うか**」は、アイデアをまとめておいてください。この他にも、スポーツやショッピングも出題頻度が高いテーマです。特に「**オンラインショッピングのメリットとデメリットは何か**」はすぐに応答できるよう、考えを整理しておきましょう。

最重要！ **厳選問題**

Q1. What are the benefits of learning to play a musical instrument as a child?
Q2. Can we learn something about an individual's personality based on the clothes they buy or wear?
Q3. In what way do you think films help us understand history?
Q4. How different are attitudes to shopping between young people and elderly people in your culture?
Q5. What are the positives and negatives of living in a consumer society?
Q6. Should children play individual sports or team sports?
Q7. What are the advantages and disadvantages of holding the Olympics?

［訳］Q1. 子どもが楽器を演奏することを学ぶ利点は何ですか。
Q2. 買う服や着ている服で、個人の性格を知ることはできますか。
Q3. 歴史を理解するのに、映画はどのように役立つと思いますか。
Q4. あなたの文化では、若者とシニアの買い物に対する態度はどう異なりますか。
Q5. 消費社会における長所と短所は何ですか。
Q6. 子どもたちは個人スポーツ、または団体スポーツのどちらをするべきですか。
Q7. オリンピックを開催することのメリットとデメリットは何ですか。

「芸術・ファッション・娯楽」関連必須キーワード5

natural talent 生まれ持った能力	**innate ability** とも言う。特に「**芸術［スポーツ］のセンスは、生まれ持った能力か、後天的に身に付けられるか**」がよく出題される。また、人生哲学と関連した、「**人生で成功するには、生まれ持った能力か努力のどちらが重要か**」もアイデアの整理は必須。関連語の、**artistic [athletic] talent**（芸術の［運動の］才能）も要チェック！
creativity 創造力	ここ数年出題頻度が高いキーワード。「**創造力が必要な職種は何か**」や、「**どういった活動により、子どもの創造力が高まるか**」はよく出題される。動詞は develop や encourage と相性がよい。関連語として、**想像力**（**imagination**）、**個性**（**individuality**）、**自己表現力**（**self-expression**）は要チェック！
consumer behaviour 消費者行動	ショッピングや広告のテーマにおける重要ワード。過去の出題では、「**ここ数十年で、消費者行動にどういった変化が見られるか**」が鉄板問題。重要フレーズとして、**influence [understand] consumer behaviour**（消費者行動に影響を与える［を理解する］）、関連フレーズとして **increase consumer confidence**（消費者の信頼を高める）は要チェック。
screen time スクリーンタイム	テレビ、スマホ、パソコン、**ゲーム機**（**game console**）などの画面を見ている時間のことを指す。「**親は、子どものスマホやタブレットなどの電子機器の使用を管理すべきか**」は、重要問題。関連表現として、**デジタル機器**（**digital devices**）、重要フレーズとしては、**reduce [limit] screen time**（**スクリーンタイムを減らす［制限する］**）を使えば運用力が UP！
cultural heritage 文化遺産	芸術、特に博物館のトピックにおける重要ワード。文化遺産は、**有形**（**tangible**）と**無形**（**intangible**）に分かれる。有形は、城や遺跡といった**史跡や歴史的建造物**（**historical sites and monuments**）、絵画や陶器をはじめとした**人工遺物**（**artefact**）が代表例。一方、無形は、言語、景観、風習、伝統技術をはじめとした、歴史上、または文化上価値が高い形がない物を指す。

以上で攻略法と必須キーワードに関するすべてのレクチャーは終了です。お疲れさまでした。Part 3 攻略に、どういったスキルや知識が重要か、つかんでいただけましたか？初めて見る内容も多く圧倒されたかもしれませんが、何度も見直して身に付けてくださいね。

背景知識を快速 UP!

分野別語彙+アイデアトレーニング

Part 3 は 2 つの問題タイプに分類することができます。それは「**知識ベース**」と「**意見ベース**」です。前者は、**背景知識があれば回答できるタイプ**、そして後者は知識だけでは対応しづらい**見解が問われるタイプ**です。ここでは前者の知識ベースの問題に対応できる力を養うトレーニングを行います。

多くの受験者が抱える悩みの一つに、**アイデアが出てこない**ことが挙げられます。これは語彙や文法の知識、発音などの能力とは別問題で、知識がないと日本語でも対処することが困難です。例えば「ビジネスで成功するには、どういったスキルが重要ですか」と聞かれた時に、「えービジネスやったことないし、そんなの知らないよー」では、Part 3 を乗り切ることはできません。そこで、以下の演習問題を通して重要テーマの「**分野別語彙力**」と「**アイデア力**」を UP させていきましょう。

分野別語彙トレーニング

まずは語彙のトレーニングからです。次の例題をご覧ください。

例 | 代表的な環境問題を 3 つ挙げてください。

► climate change (気候変動) / deforestation (森林伐採) /
water pollution (水質汚染)

以下にこのような問題が合計 8 つあります。そして、このトレーニング効果を最大限に高めるためには、以下のステップがおすすめです。

Step 1 **まずは自力で問題を解き、その後、解答例・レクチャーを確認する**
Step 2 **語彙の発音を確認し、正確に読めるよう練習する (最低 2 つは確実に)**
Step 3 **問題を繰り返し解き、すぐに語彙を 2 つ以上例を挙げられるまで繰り返す**

実際にスラスラ言えるようになるまで何度も繰り返し、少しずつ運用力を高めていってくださいね。それでは気合を入れてまいりましょう!

Q1 異常気象 (extreme weather event) の例を 2 つ挙げてください。

例 | flooding (洪水)

◆

◆

解答例・ワンポイントレクチャー

wildfire (森林火災) / **heatwave** (熱波) / **tornado** (トルネード) / **hurricane** (ハリケーン) / **blizzard** (ブリザード) / **heavy downpours** (豪雨)

異常気象は、温室効果ガスの排出量増加に伴う地球温暖化が発生の一因とされています。特に**農作物への被害**や、**物流の停滞**、**エネルギー供給停止による生産活動の鈍化**などにより、経済活動全体に甚大な影響を与えます。また、関連ワードの**自然災害 (natural disasters)**、**火山噴火 (volcanic eruption)**、**雪崩 (avalanche)**、**地滑り (landslide)** も、あわせておさえておきましょう。

Q2 代替エネルギー (renewable energy) の種類を 2 つ答えてください。

例 | solar energy (太陽)

◆

◆

解答例・ワンポイントレクチャー

hydro energy (水力エネルギー) / **tidal energy** (潮力) / **wind energy** (風力) / **geothermal energy** (地熱エネルギー) / **biomass energy** (バイオマス)*

代替エネルギーとは、**化石燃料**の代わりに使用される枯渇しないエネルギーのことで、**renewable** や **renewable energy source** とも呼ばれます。フレーズとしては、**switch to [invest in] renewable energy** (**代替エネルギーに切り替える [投資する]**) の形でよく使います。また、化石燃料の種類である**石炭 (coal)**、**石油 (oil)**、**天然ガス (natural gas)** の 3 つは瞬時に回答できるようにしておいてください。

* biomass (バイオマス)： 動植物をはじめとする生命体から生成される、再生可能な有機物質。燃焼することで発熱、電気への変換、あるいは加工されバイオ燃料 (biofuel) として使われる

Q3 大都市が直面している主な問題を２つ挙げてください。

例 | air pollution（大気汚染）

◆

◆

解答例・ワンポイントレクチャー

traffic congestion（交通渋滞）/ **housing shortage**（住宅不足）/ **rapid urbanisation**（急激な都市化）/ **a high crime rate**（高い犯罪率）/ **urban sprawl**（都市のスプロール現象）* / **food waste**（食料廃棄）/ **noise [light] pollution**（騒音公害［光害**］）

都市部における問題は、非常に出題頻度が高いので準備は必須です。こういった問題が起こる主な原因は**急激な人口増加（rapid population growth）**、そしてその結果起こる**人口過多（overpopulation）**や**過密（overcrowding）**が挙げられます。上記の問題のうち２つはその概要と、それによる影響、また対策についても話せるよう準備しておきましょう。

* **urban sprawl**　都市において、住宅やビルの建設が郊外へ無秩序に広がる現象。この結果、交通渋滞や**環境破壊（environmental destruction）**などさまざまな影響が出る

** **light pollution**　高層ビルの**人工光（artificial light）**が、夜遅くまで点灯していることで起こる問題。人間の生活サイクルや、動植物の生育にも影響を与える。特に、渡り鳥やウミガメのように、月や星の明かりを頼りに行動する動物への影響が大きい

Q4 不健康な生活習慣によってもたらされる病名を２つ答えてください。

例 | cancer（がん）

◆

◆

解答例・ワンポイントレクチャー

heart disease（心臓病）/ **stroke**（脳卒中）/ **gum disease**（歯周病）/ **diabetes**（糖尿病）/ **obesity**（肥満）/ **high blood pressure**（高血圧）

健康のテーマでは、専門的な知識は不要ですが、上記のような基本的な病名は知って

おく必要があります。また、生活習慣病の主な原因について考えを整理しておくことも重要です。主な代表例としては、ストレスや喫煙をはじめとして、**食べすぎ（overeating）**、**過度な飲酒（binge drinking）**、**運動不足（lack of exercise）**があります。のような原因を踏まえ、普段からどのように健康的な生活を送ることが大切か、を考えておいてください。

Q5 主なロボットの種類を２つ挙げてください。

例 | delivery robot（配送ロボット）

◆

◆

解答例・ワンポイントレクチャー

industrial robot（工業用ロボット）/ **humanoid robot**（人間型ロボット）/ **floor-cleaning robot**（床掃除ロボット）/ **social robot**（ソーシャルロボット）/ **search-and-rescue robot**（救助ロボット）/ **surgical robot**（手術ロボット）/ **customer service robot**（顧客対応ロボット）

ロボットについて問われた場合は、その**特徴を明確にすること**が大切です。具体的には、「機能」、「種類」、「使われる分野や業種」の３点から考えるとよいでしょう。例えば、上記の **search-and-rescue robot** であれば、「遭難や災害時の行方不明者発見に使われ、特に人間による捜索が困難な場所で重宝される」といった具合です。「ロボットがどのように社会貢献できるか」と聞かれた場合も、このように応答するのがベストです。ちなみに、「ルンバ（Roomba）」は**商品名でロボットの種類ではありません**。家庭用掃除ロボットは **robot vacuum cleaner** と呼ばれますので、覚えておきましょう。

Q6 スポーツをすることで、養われる能力や資質を 2 つ挙げてください。

例 | physical strength (体力) / sportsmanship (スポーツマンシップ)

◆

◆

解答例・ワンポイントレクチャー

stamina (スタミナ) / **social skills** (ソーシャルスキル) / **patience** (我慢) / **leadership skills** (リーダーシップスキル) / **teamwork** (チームワーク) / **concentration** (集中力) / **a sense of responsibility** (責任感) / **self-confidence** (自信) / **competitiveness** (競争心) / **self-discipline** (自己規律) / **cooperativeness** (協調性) / **perseverance** (諦めない心，粘り強さ)

スポーツを行うメリットは、①**体力的 (physical)**、②**対人的 (social)**、③**心理的 (psychological)** の 3 つのカテゴリーに分類されます。①はいわゆる、**健康や体力面**のこと、②は**人間関係**に関連した内容、そして③が**精神的**なこと、いわゆるメンタル面や精神論に関係しています。得られることは、スポーツの種類、あるいは、個人スポーツか団体スポーツかにより若干異なります。「**スポーツをするメリットは何か**」、あるいは「**子どもは、個人スポーツと団体スポーツのどちらをすべきか**」が過去に何度も出題されています。具体的な競技名を挙げ、どういった能力や資質が養われるか考えをまとめておきましょう。

Q7 教育、または学校現場における課題を 2 つ挙げてください。

例 | bullying (いじめ)

◆

◆

解答例・ワンポイントレクチャー

racism (人種差別) / **absenteeism** (正当な理由のない欠席) / **domestic abuse** (家庭内虐待) / **student loan debt** (学資ローンの借金) / **illiteracy** (非識字)* / **learning difficulties** (学習困難) /

educational inequality（教育格差）/ **achievement gap**（学力格差）/
a shortage of teachers（教員不足）/
disruptive classroom behaviour（授業妨害行為）/
a lack of discipline in the home（家庭でのしつけ不足）

この問題のポイントは、こういった課題の概要の説明だけでなく、**原因と解決策**を提示できるようにすることです。また、国外の教育事情にも目を向けることが重要です。例えば、racism や illiteracy は世界では学校教育における大きな問題です。このように海外の教育にも関心を持ち、広い視点で考える意識を持っておきましょう。

★ illiteracy（非識字） 読み書きができないこと

Q8 **職業を選択する際に、給与（salary）以外で考慮すべき項目を 2 つ挙げてください。**

例 | job satisfaction（やりがい）

◆

◆

解答例・ワンポイントレクチャー

financial stability（金銭的安定性）/ **employee benefits**（福利厚生）/
the location of the workplace（勤務地）/
working environment（職場環境）/ **corporate culture**（企業文化）/
social reputation（社会的認知）/ **training opportunities**（研修機会）/
career advancement opportunities（キャリアアップの機会）

社会人経験がない方にとっては難問ですが、準備は必須です。「人が転職をする理由は何か」と問われた場合、これらの要素をアイデアに含めると効果的です。解答例として挙げた **job satisfaction** に関しては、**4. Work and Business** の項目で触れているので、しっかりと確認しておいてください。同じく、上記の **employee benefits** についても、そちらで解説しているので、paid holiday（有給休暇）や、childcare leave（子育て休暇）など具体例を挙げられるよう、復習しておきましょう。

以上で分野別語彙トレーニングは終了です。自信を持って答えられるものをそれぞれ**2 つずつ用意し**、繰り返し練習しておいてくださいね。

では続けてアイデアトレーニングにまいります。

アイデアトレーニング

次は、教養と背景知識をアップさせるアイデアトレーニングです。例えば、「**交通渋滞を解消する効果的な方法を述べてください**」と問われたとします。この場合、交通に関する背景知識、そして関連するキーワードを知らないとうまく応答することは困難です。ここではアイデア不足を解消するために演習問題を通じて、さまざまなテーマの**背景知識を**広げていきましょう。以下がおすすめのステップです。

Step 1 **本番同様にトライしてみる**

まずは本番を想定して、実力で問題（以下の Q1 ～ Q8）に回答してください。

Step 2 **ワンポイントレクチャーを読む**

次に、以降のページの「ワンポイントレクチャー」にあるキーアイデアと関連情報を読んで、背景知識を増やしましょう。発音も同時に確認してください。

Step 3 **アイデアをまとめる**

キーアイデアの中から自信を持って言えそうな項目を 2 つ選び、自分の意見を整理してください。

このトレーニングで取り上げるのは、出題頻度の高い以下の 8 問です。

Q1. What human activity has affected the environment?
Q2. What are the main functions of a river?
Q3. How can reading help children develop?
Q4. What do you think makes a good teacher?
Q5. What roles do zoos play in modern society?
Q6. What are the disadvantages of owning a home?
Q7. What are some effective solutions to traffic congestion?
Q8. What are the advantages and disadvantages of holding international sporting events to the host country?

では早速始めていきましょう。

Q1 What human activity has affected the environment?

どのような人的活動が環境に影響を与えてきましたか。

ワンポイントレクチャー

まず human activity がどのような活動かを明確にする必要があります。そして、「環境」と一口に言っても範囲が広いので、何に対する影響（害）かも考えることが重要です。そして、誰がどのような害を被るのか、つまり人間か、動植物かといった観点からも考えるようにしてください。では代表的な活動と、その影響を見ていきましょう。

活動	影響
Energy production エネルギー生産	**化石燃料の燃焼**（**fossil fuel burning**）により、大量の**二酸化炭素ガス**（**carbon dioxide**）が大気中に放たれる。その結果、大気汚染、そして地球温暖化につながる。
Agriculture 農業	農地拡大のため、**森林伐採**（**deforestation**）が行われる。その結果、**生物多様性**（**biodiversity**）や、**生息地**（**natural habitat**）の破壊につながる。また、過度な水の使用により、深刻な**水不足**（**water shortage**）が起こる。
Construction 建築	建築業は、世界の天然資源消費量の 40% を占めていると言われている。**材木**（**timber**）をはじめ、水やコンクリートを作るための砂を大量に使用する。また、建設や解体作業に伴い、**産業廃棄物**（**industrial waste**）が増加することで、環境や人体への影響が出る。
Tourism 観光	大量に観光客が押し寄せる現象、いわゆる **mass tourism** により、ごみ問題、汚染、資源不足につながる。また、観光産業の発展により、飛行機や電車の往来が増えることから、**排気ガスの排出量**（**carbon emissions**）も増える。
Overfishing 乱獲	ほとんどが**違法漁業**（**illegal fishing**）によるもの。乱獲により、**海の生態系**（**marine ecosystem**）が乱れる。この結果、**種の絶滅**（**species extinction**）と漁獲量減少につながり、漁業、そして最終的には人間の**食の安定**（**food security**）が脅かされる。

Q2 What are the main functions of a river?

川は主にどういった機能を果たしていますか。

ワンポイントレクチャー

およそ2年に一度の割合で出題される難問で、「**水運（water transport）**」についての背景知識がないと、即興で答えるのはかなりチャレンジングです。もちろん**飲み水を供給する（provide drinking water）**といった回答も可能ですが、それ以外の観点も加えて話すと評価アップにつながります。では詳しく見ていきましょう。

機能、目的	概要
Transport and trade 交通や貿易	**製品や人の輸送（transport of goods and people）**に使われ、貿易を支えている。陸送や空輸に比べ、環境にやさしく安全性が高いため、重要なライフラインとされている。
Irrigation for agriculture 農業用のかんがい	**農作物栽培（crop production）**と、**畜産（livestock farming）**のために、川からの用水は不可欠。ちなみに、農業用水は世界の水の消費量の約70%を占めている。
Energy production エネルギー生産	**水力発電（hydroelectric power generation）**に川は不可欠。水力は、化石燃料と異なり、二酸化炭素を排出しないため環境にやさしい。
Flood risk reduction 洪水リスク削減	洪水が起きた時に水を海まで流す機能がある。また**堤防（levee）**により、**洪水から街を守る（protect an area from floodwater）**役割も果たす。
Habitats 生息地	野生動物や植物の生息地としての役割を果たす。特に、**繁殖（breeding）**、**産卵（spawning）**、**食事（feeding）**の場として、不可欠な場所。
Leisure and recreation 娯楽と気晴らし	釣りや遊泳をはじめ、カヌーやカヤックなどの娯楽活動の場所である。**スポーツや憩いの場としての機能を果たす（serves as a place for sports and relaxation）**。
Tourist attraction 観光地	観光地としての役割を果たし、**遊覧ツアー（boat tour）**や、**リバークルーズ（river cruise）**が主なアトラクション。観光客が増えることで、経済の活性化にもつながる。

How can reading help children develop?

読書はどのような形で、子どもの成長にプラスになりますか。

ワンポイントレクチャー

「**読書**」はすべてのパートにおける超頻出トピックです。この問題は、"**What are the benefits of reading for children?**" のような形で出題されることもあります。ポイントは、読書により**どういったスキルや能力が身に付くか**、そして**どのようなジャンルの本**を読むことでその力が向上するか、を考えることです。では具体的なメリットを見ていきましょう。

メリット	概要
Improve language skills 言語能力を高める	**語彙力**(**vocabulary**)や**文法**(**grammar**)はもとより、書く力も向上させることができる。例えば、読書後に本の感想や自分の意見を書いたり、あらすじをまとめたりすることが効果的な方法。
Develop imagination 想像力を伸ばす	特にファンタジー、ミステリー、冒険もの、おとぎ話といったフィクションを読むことで養われる。例えば、架空の世界の状況や、登場人物の行動、**話の展開**(**plot development**)などを考えることで、想像力が鍛えられる。
Develop empathy 共感性を育てる	登場人物やキャラクターの心情や思考を理解しようとする過程で養われる力。例えば、異なる価値観や文化的背景を持つ登場人物に対し、共感する態度が生まれる。共感性は、実生活における**対人コミュニケーション**(**interpersonal communication**)でも重要な力の一つ。
Improve concentration 集中力を高める	例えば、物語の状況や、登場人物の感情を理解しようと意識を向けることで集中力が高まる。特に関心のあるテーマを読む時や、必要な情報を探そうとする際に鍛えられる。また、同時に**集中持続時間**(**attention span**)と**記憶力**(**memory**)も向上する。
Increase knowledge and understanding 知識と理解を高める	さまざまな分野に関する背景知識が増え、理解力が高まる。例えば、歴史、サイエンス、環境といった特定の分野や、**時事問題**(**current issues**)といったノンフィクションを読むことにより養われる。同時に、そういった事象に対し問題意識を持つようにもなる。

Q4 What do you think makes a good teacher?

よい教師に必要なものは何だと思いますか。

 ワンポイントレクチャー

うまく回答するコツは、**教師の特徴やスキルを表す形容詞**を考え、それらが求められる**具体的な場面について話すこと**です。また、「教師」といっても、教える対象年齢により必要な能力や資質が若干異なります。例えば「幼稚園の先生は～」や「高等学校の先生は～」のように分けることも可能です。下記を参考に、2つ特徴を挙げられるようにしておきましょう。

特徴、必要な資質	詳細
Creative 創造力がある	生徒の能力やニーズに合わせた授業や教材を考える際に必要な能力。また、その他の教育活動全般における斬新な思考も重要。
Supportive 助けてくれる	生徒の学習や学校での活動をサポートしたり、生徒や親のさまざまなニーズに親身になって対応する姿勢が大切。
Enthusiastic 熱意のある	教科の指導に加え、すべての教育活動に強いポリシーと熱意を持っていることが重要。それが生徒のやる気を高めることにもつながる。
Approachable 接しやすい	気軽に話しかけやすいこと、質問がしやすいこと、困った時に助けを求めやすいことは、生徒にとって重要な教師の特徴。
Knowledgeable 知識が深い	自身の専門科目についての知識や指導法はもちろんのこと、生徒との接し方など教育心理についても精通している必要がある。
Collaborative 協同的な	同僚教員と助け合い、チームとして何かに取り組む際に必要な資質。共に研さんし、授業やクラス運営力を磨く力も重要。
Adaptable 順応できる	カリキュラムの変更、新しい指導法やリソースの導入などにおいて、あらゆる教育上の変化に柔軟に適応できる力。
Patient 我慢強い	個々の生徒により、理解力、学習スピード、成長は異なるので、根気強く長い目で見守ることが重要。
Strict 厳しい	生徒が安心して学校生活を送ることができるように、クラスや学校の秩序を保つための厳しさは不可欠。

★回答する際は、“A good teacher is [Good teachers are] usually creative in that ...” のようにteacher(s)を主語にするか、“Being creative is perhaps the most important quality because ...” のようにBeingを付けてください。

What roles do zoos play in modern society?

動物園は現代社会でどういった役割を果たしますか。

ワンポイントレクチャー

動物園や動物は、ほぼ毎年出題されている重要トピックです。まず“**zoo は park**”だということを知っておいてください。zoo は“**zoological park**”の略称で、分類は**公園**です。少し違和感があるかもしれませんが、アフリカや北米の国立公園（National Park）では、野生の動物が生息し、保護されている場合がよくあります。また、**動物保護区**（**game reserves**）も park の一種です。近年では、インターネット上で動物の生活を**ライブ配信**（**live streams**）する動物園も増えています。では具体的な内容を見ていきましょう。

役割	概要
Entertainment 娯楽	動物を見て楽しんだり、**実際に触ったりえさをあげる**（**pet and feed animals**）ことができる**サファリパーク**（**safari park**）は、自然保護よりも娯楽を目的に作られた施設。
Education 教育	動物の習性、生活の様子を直に見ることで、五感を通じて学ぶことができる。特に子どもは、**教育的ワークショップ**（**educational workshop**）や、**学習ツアー**（**learning tour**）に参加することによっても、動物や保護活動について知ることができる。
Conservation 保護	**野生動物保護**（**wildlife conservation**）において重要な役割を担う。**飼育下繁殖プログラム**（**captive breeding programme**）の実施に加え、密輸や密猟から救われた動物の**保護区域**（**sanctuary**）としての機能も果たす。
Research 研究	動物に関する情報の収集、分析などの調査・研究を行う。主に、**行動を観察したり**（**monitor behaviour**）、**遺伝子の研究を行う**（**study genetics**）ことで、種の長期的な存続を目的とする。加えて、**解剖学**（**anatomy**）や**獣医学**（**veterinary medicine**）の発展にも大きな役割を担っている。
Economic contribution 経済貢献	**観光地**（**tourist attraction**）としての役割を果たし、動物園や周辺施設などに来場者が増えることで、地元の大きな**収入源**（**source of income**）となる。また、スタッフや水槽業者など**雇用機会の創出**（**job creation**）の役割も担っている。

Q6 What are the disadvantages of owning a home?

持ち家のデメリットは何ですか。

ワンポイントレクチャー

「**住宅保有（home ownership）**」のトピックは過去に何度か出題されています。一見易しそうに見えますが、アイデアに加えて**住宅に関連するフレーズ**を使う必要があるためチャレンジングです。まず基本的な用語をおさえ、デメリットを見ていきましょう。

- tenant 賃借人
- property 不動産
- interest rate 金利
- house prices 住宅価格
- landlord 家主
- mortgage loan 住宅ローン
- estate agent 不動産会社
- closing costs 不動産売買手数料

デメリット	概要
Interest rates can go up. 金利上昇の可能性がある	金利は**固定金利型**（**fixed mortgage**）と**変動型金利**（**variable mortgage**）がある。後者を選んだ場合、景気や物価、為替などの影響で上昇する可能性がある。
It takes time to sell a home. 売却に時間がかかる	持ち家を売りに出した際に、すぐに売れるとは限らない。よって、手続きを含め、売却までに一定の時間がかかる。加えて**不動産の価値**（**property value**）が下がる可能性もある。
It is harder to relocate quickly. すぐに引っ越しにくい	賃貸と異なり、気軽に引っ越せないことがリスクの一つ。住環境が合わなかったり、近隣とのトラブルが起こると厄介。さらには仕事に伴う突然の異動に対応しづらいのも難点。
Owning a home comes with additional costs. 追加費用がかる	賃貸と異なり、**固定資産税**（**property tax**）や、**保険**（**insurance**）、また**維持費や修繕費**（**maintenance and repair costs**）が必要。経年劣化はもとより、特に自然災害による被害があると費用が大きくなる。
Owning a home carries a financial risk. 経済的リスクを伴う	住宅ローンを組んだ場合、仕事や健康上の理由で収入が減り、支払いが滞る可能性がある。結果、**競売**（**auction**）や**自己破産**（**personal bankruptcy**）のリスクを伴う。ローンでの購入は、資産ではなく借金であるという考えも重要。

Q7 What are some effective solutions to traffic congestion?

交通渋滞には、どういった解決策が効果的ですか。

ワンポイントレクチャー

この「渋滞」は、大都市における比較的規模の大きい混雑を想定してください。ポイントは、“solutions”とあるため、**複数の解決策を提示すること**です。以下から2つは発信できるように準備しておきましょう。

解決策	概要
Extend railway services 鉄道を延伸する	**郊外（suburb）**や遠方地域まで鉄道を延伸することで、車通勤の人が減少する。また、特に市街地で駐車場を探す車が減ることによる渋滞緩和も期待できる。
Add bus lanes バス専用道路を増やす	バス専用道路を増設し、**移動の流れをよりスムーズにする（improve the flow of traffic）**。バス利用者が増えることで、自家用車利用が減少し、渋滞緩和につながる。
Improve cycling infrastructure 自転車インフラを整備する	**自転車専用道路（bike lane）**を整備し、路上での安全性を高めることにより、通勤や通学時の利用を増やす。同時に、**駐輪場（bike parking spot）**の増設も重要。
Introduce a congestion charge 渋滞課金を導入する	特に朝夕の混雑する時間帯に、市街地への乗り入れに課金する制度。ロンドンをはじめとして、シンガポールやストックホルムでも実施されている。
Offer sales incentives 優遇措置を取る	公共交通機関の利用にかかる利用者の**費用負担を減らし**、利用を促すこと。具体例としては、**乗車券の割引（discounted passes）**や、**ピーク時以外の割引乗車券（cheap off-peak tickets）**の導入が挙げられる。
Encourage businesses to shift to remote work テレワークへの移行を促す	政府が企業に対して働きかけることで、通勤の必要性が減り、渋滞緩和につながる。企業内で**テレワークを推進する（encourage remote work）**と回答することも可能。
Make use of technology テクノロジーを活用する	AIを用いた**交通管理システム（traffic control system）**を活用すること。これにより、交通渋滞状況をリアルタイムで把握し、その状況に応じて信号の時間やタイミングを調節し、渋滞の緩和を行う。

Q8 What are the advantages and disadvantages of holding international sporting events to the host country?

国際的スポーツイベントの開催は、開催国にどのようなメリットとデメリットがありますか。

ワンポイントレクチャー

「**スポーツ**」のトピックにおける頻出問題で、ライティングでも時々出題されます。この “international sporting events” は、**オリンピック**（**the Olympics**）や**ワールドカップ**（**the World Cup**）といった、大規模な大会を想定してください。問題には “advantages and disadvantages” とあるので、プラスとマイナス面を最低でも２つずつ考える必要があります。特に、**経済**、**社会**、**環境**の３つの観点から考えると、アイデアを出しやすくなります。まずメリットから見ていきましょう。

■ **Advantages**

メリット	概要
Promote economic growth 経済成長を促す	観光客の増加により、開催都市や周辺の観光施設で収益が増え、**雇用機会**（**job opportunities**）が生まれる。また、開催前は建設業を中心に、開催中は飲食業、航空産業、ホテル産業なども栄えることから、**税収**（**tax revenue**）も増える。
Boost revenues 歳入が増える	上記の各産業の活性化による税収以外にも、特にテレビ中継による**放映権**（**broadcasting rights**）、そしてロゴ使用に見られる**企業のスポンサーシップ**（**corporate sponsorship**）などから莫大な収益を得ることができる。
Raise the international profile 世界で知名度が上がる	開催国が、国際大会を企画・開催でき、インフラ、安全性、経済力があることを世界に証明することができる。また、認知度が高まることで観光業の成長や、**外国からの投資**（**foreign investment**）の増加も期待できる。
Improve infrastructure インフラの整備	大規模な工事や開発が行われ、道路や鉄道などのインフラ整備や、公共施設の新設が行われる。これにより、**地元住民の生活の質が向上する**（**enhance the quality of life of local people**）。ただし開催都市の周辺が主となることから、国全体のインフラが改善されるわけではない。

■ **Disadvantages**

デメリット	概要
Place a financial burden 開催国に金銭的負担がかかる	**会場やインフラの建設費用**（**the cost of building venues and infrastructure**）が膨大にかかる。同時に、テロ対策などの治安強化に伴う**警備費用**（**security costs**）も発生する。加えて、大会終了後の施設の**維持**（**maintenance**）や、**解体**（**demolition**）にも費用がかかる。
Threaten public safety 治安を脅かす	開催期間中は、**テロの標的になる**（**become the target for terrorist attacks**）可能性があり、死傷者を伴うテロ事件発生のリスクを伴う。同時に、**暴力事件**（**violent crimes**）の件数も増える傾向にあり、一般市民が被害に遭うことも考えられる。
Harm the environment 環境に害を与える	観光客の増加により、ごみ問題が深刻化し環境に悪影響になる。会場周辺の地域では、**過密**（**overcrowding**）や、**騒音公害**（**noise pollution**）、交通渋滞が起こり、現地住民の日常生活に支障をきたす。さらには、施設やインフラの建設に伴う土地開発により、**森林伐採**（**deforestation**）や**生息地の消失**（**loss of natural habitats**）が起こる。
Require displacement of local residents 地元住民の立ち退き要請が起こる	施設や道路などのインフラ建設に伴い、地域住民が立ち退きを余儀なくされることがある。代わりの住居が保証されない可能性もあり、地元で商売を行う人にとっても死活問題となる。**地域社会**（**local community**）が失われ、**地域の文化や伝統の消失**（**loss of local cultures and traditions**）にもつながる。

以上でトレーニングは終了です。お疲れさまでした。なんとなくアイデアが浮かんでも、実際に言語化するのは意外と難しかったのではないでしょうか。何度も復習して少しずつ運用力を高めていってくださいね。

では次は最後の実践問題です。少しブレイクして気合を入れ直してまいりましょう！

実践問題

ではいよいよ最後です。ここでは、10 年間の出題頻度をもとに厳選した最重要問題を中心に演習を行います。理想的な進め方は、以下の手順です。

Step 1 本番同様に即興で、1 問 1 分以内を目途に回答する。
Step 2 3 分ほど時間を取り、どう回答するか再度考える
Step 3 各問題のレクチャーと回答例と照らし合わせて確認する

という手順です。回答は、著者をはじめ、5 名のネイティブスピーカーの例を掲載しています。少し難易度が高い回答例も含まれますが、アイデア、表現のバラエティ、そして話の展開方法など、吸収できそうな箇所はどんどん取り入れていってください。それでは早速始めていきましょう！

実践問題 ① Art

047

Q1 How important are museums in society?

Q2 Can someone who initially seemed to lack talent develop his or her creative ability?

実践問題 ② Media

048

Q1 Do you think celebrities can be good role models for young people?

Q2 How do you think people's attitudes to media have changed over the years?

実践問題 ③ Books

049

Q1 Which type of books do you think are better for children to read: fiction or non-fiction?

Q2 Do you think electronic books will eventually replace paper books?

実践問題 ④ Business

050

Q1 What can companies do to improve their customer service?

Q2 Some people say that giving extra money is the best way to improve employee motivation. Do you agree or disagree?

実践問題

解説

実践問題 ① Art 芸術

Q1 How important are museums in society?

社会において博物館はどの程度重要ですか。

ワンポイントレクチャー

museumの社会における役割を考えると、**かなり［非常に］重要である**という主張が一般的です。博物館が果たす主な役割は、「**保存**」、「**教育**」、「**研究**」、「**経済発展**」の4つです。まず「**保存**」に関しては、文書や物品、絵画などをはじめとする歴史的、文化的遺産の保存や展示、「**教育**」は、そういった歴史的、芸術的価値を学ぶ機会の提供、「**研究**」は歴史的遺物をもとにしたデータや証拠を集める場所としての機能、そして「**経済発展**」は観光資源として、雇用創出や経済を活性化させる役割、がそれぞれ挙げられます。すべてを含めるのは難しいので、いずれか2つを選び具体的な例を入れながら話を広げるのが得策です。では早速回答例を見ていきましょう。

回答例

▸モデル回答 　051

I believe museums play an integral role in various ways. First, they're important places for education. For instance, children can visit museums to see exhibitions about things like art, fossils, or human societies. As a result, children get a greater understanding of many different aspects of our world, both past and present. Another essential role museums play involves both the preservation and development of society and culture through research. Scholars from many fields can use museums to access a huge range of information and resources, such as historical archives and artefacts.

［訳］博物館はいくつかの点で、不可欠な役割を果たしていると思います。第一に、博物館は教育に重要な場所です。例えば、子どもたちは博物館を訪れて、芸術、化石、人類社会などに関する展示を見ることができます。その結果、過去と現在の世界のあらゆる側面をより深く理解することができます。もう一つの博物館の重要な役割は、研究を通じ、社会や文化の保存をし発展させることです。さまざまな分野の学者は、博物館を利用し、歴史上の記録文書や人口遺物など、膨大な情報やリソースを利用することができます。

重要スコア UP 語彙

- ☐ play an integral role 欠かせない役割を果たす
- ☐ fossil 化石
- ☐ preservation 保存
- ☐ a huge range of 非常に幅広い～
- ☐ artefact* 人工遺物
- ☐ exhibition 展示
- ☐ get a greater understanding of ~ ～をさらに理解する
- ☐ scholar 学者
- ☐ archive 記録文書

* 人の手によって作られた、歴史的価値の高い道具や武器のこと。例：弓矢、陶器、装飾品

スコア UP ポイント

この回答は**抽象 → 具体**の流れがうまく展開されている好例です。まず 1 文目で “play an integral role in various ways”（さまざまな点で不可欠な役割を果たしている）とざっくりと主張を述べ、それに続けて 1 つ目のポイントを “First”、2 つ目のポイントを “Another” のように**順番を表す語**を用いて提示しています。同じく、First 以下の展開方法に着目すると、“they’re important places for education（教育に重要な場所である）”、と**抽象的**な内容から、“For instance” 以下で、教育に関連した**具体例**を挙げています。この流れは、Another 以下でもうまく展開されています。表現に関しては、問題文の important は重複を避けるために 1 文目で integral、そして 5 文目で essential に言い換えられており、これは語彙のスコア UP につながります。加えて **museum に関連した分野別語彙**が豊富に使われており、これもスコア UP に直結するポイントです。なお、museum のトピックは Part 1 でも出題されるので、ここに登場した表現はしっかりとおさえておきましょう。

Q2 Can someone who initially seemed to lack talent develop his or her creative ability?

もともと才能がない人でも、創造力を伸ばすことは可能ですか。

ワンポイントレクチャー

まず Yes で回答する場合のアイデアを考えていきます。ポイントとしては、**どういった分野に関連した創造力を伸ばすか**、を考えることです。Creativity は**何かを作り出す力**という意味なので、これに関連していればどんなジャンルでも構いません。例えば「芸術」、「音楽」、「料理」、「建築」、「グラフィックデザイン」などです。また、**条件付きの Yes** でも可能です。例えば、「可能ではあるが、年齢や分野、到達レベルによる」のように、一定の条件を入れて回答することもできます。それではまず **Yes**（**創造力は伸ばすことができる**）の方向から書かれた、モデル回答を見ていきましょう。

回答例

▶モデル回答❶ 052

I believe it's possible to develop your talent over time. The reason someone may seem to lack talent when they're younger might be that they just haven't had the opportunity to participate in things that suit their skillset. For example, a child may be great at playing a unique instrument like a harp, but most schools and homes don't own harps because they're expensive and rare. So, as long as opportunities and resources are readily available, I think everyone can develop their creative skills at any point in life.

［訳］時間をかけて才能を伸ばすことは可能だと思います。若い時に才能がないように思える理由は、自分の能力やスキルに合う行事に参加する機会がそれまでなかったからかもしれません。例えば、ある子どもはハープのような特殊な楽器を上手に演奏できるかもしれませんが、高価で希少なためほとんどの学校や家庭に、ハープはありません。ですから、機会とリソースがすぐに利用できる限り、誰もが人生のどの地点でも創造するスキルを伸ばすことができると思います。

重要スコア UP 語彙

- □ skillset さまざまな能力やスキル
- □ be readily available いつでも利用できる
- □ at any point in life 人生でいつでも
- □ as long as ~ ～の限り

スコア UP ポイント

先ほどの Q1 同様に、話の展開が参考になります。順序としては「才能は伸ばせる（**主張**）」→「チャンスがないから伸ばせないだけ（**理由**）」→「例えばハープは高価で珍しいため学校や家庭にない（**具体例**）」という形です。これは採点基準の coherence で紹介した、**argument の流れ**です（p. 20 参照）。また、最後の文（So 以下）は、**再主張（restatement）**と呼ばれます。このように少し長い応答では、**聞き手に主張を再認識させる**意味で効果的です。必須ではありませんが、これを入れることで**主張の一貫性がアップ**しますので、余裕があれば加えてみることをおすすめします。

次は、**No（創造力を伸ばすことは不可能／難しい）**の観点からの回答例を見ていきましょう。

▶モデル回答❷ ● 053

I'd say it's extremely difficult for that to happen, especially if we're talking about someone who has already reached adulthood. In my view, creativity is perhaps something that develops the most in childhood. At a young age, children are open to new challenges and have plenty of opportunities to engage in activities such as drama, painting and playing musical instruments. However, most grown-ups have little chance to explore their creative expression in such ways, which makes it quite difficult to develop their creative skills and thinking.

［訳］特に成人に達した人に関して言うなら、それが実現するのは極めて難しいと思います。私の考えでは、創造力はおそらく幼少期に最も発達するものです。幼少期に、子どもたちは新しいことに挑戦し、演劇、絵画、楽器演奏などの活動に参加する機会がたくさんあります。しかしながら、多くの大人はそのような方法で創造的な表現力を探求する機会がほとんどないため、創造的なスキルや思考を発達させることはかなり困難です。

重要スコア UP 語彙

- □ reach adulthood 成人する
- □ plenty of opportunities 十分なチャンス
- □ engage in ~ ~に精を出す
- □ be open to new challenges 新しい挑戦に積極的である
- □ grown-up 大人

スコアUPポイント

この回答のポイントは、**大人と子どもを対比させながら話を展開している点**です。3文目の "At a young age ... instruments." までが子ども、そして4文目の "However ... thinking." までが大人の話です。このように、**年代ごとに分類して話を展開する方法**も、話を広げるテクニックの一つです。次に表現については、"activities **such as drama, painting and playing musical instruments**" のように**具体的な項目を挙げており**、これは語彙の評価でスコアUPにつながります。最後に、語彙のバラエティにおいても、うまく**パラフレーズ**が使われています。「かなり難しい」を "**extremely** difficult"（1文目）と "**quite** difficult"（4文目）のように、副詞にバラエティを持たせている点、「チャンス、機会」を "opportunity" と "chance" で言い換えている点、そしてさらには "creativity" を "creative expression" や "creative skills and thinking" のように別の形で表現している点も、語彙の項目でスコアUPに効果的です。少しレベルは高いですが、こういった言い換えはノートにまとめてストックし、使えそうなトピックがあれば積極的に使用していきましょう。

実践問題 ② Media メディア

Q1 Do you think celebrities can be good role models for young people?

有名人は、若者にとってよい模範になりうると思いますか。

ワンポイントレクチャー

これは Yes / No のどちらでも答えやすい問題です。まず Yes の場合は、**どういった点で模範になるか**を考える必要があります。つまり、具体的に**どのような活動や功績が模範になり**、そしてそのような行いが、**どういったよい影響を与えるか**まで深く話すことが大切です。ではまず **Yes (模範になりうる)** の観点からの回答例を見ていきましょう。

回答例

▸ モデル回答❶ ●

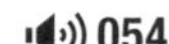

054

Yes. Aside from the ones who behave badly, I believe celebrities can be a positive influence by setting a good example. For instance, when sports stars demonstrate effort and determination, they can inspire young people to work hard and achieve their goals. Also, other celebrities, like famous singers or musicians, can raise awareness of social or environmental issues on social media. These kinds of celebrities may encourage young people to take on new challenges or take action to change things for the better.

[訳] はい、そう思います。素行が悪い人を除き、有名人は模範的な例を示すことで、若者によい影響を与えると思います。例えば、スポーツスターが努力と決意を見せれば、若者たちに全力で取り組み、目標を達成するよう刺激を与えることができます。また、有名な歌手や音楽家といった他の著名人は、SNS で社会問題や環境問題への意識を高めることができます。こういった有名人は、若者に新しいことへの挑戦や、物事をよりよい方向に変えるための行動を促したりする可能性があります。

重要スコア UP 語彙

- □ behave badly 素行が悪い
- □ demonstrate ～を示す
- □ take on new challenges 新らしいことに挑戦する
- □ set a good example よい見本を示す
- □ raise awareness 意識を高める
- □ change things for the better 物事を好転させる

スコア UP ポイント

まず 1 ～ 2 文目に着目してください。冒頭で Yes と述べ、その後に "Aside from the ones who behave badly（素行が悪い人を除き）" のように、**条件付きの Yes** の立場を述べています。この "ones" は人々（= people）を意味し、"those" としても同じです。次のポイントは、For instance 以下で、どのような celebrity が模範になるかを**具体的に述べている点**です。1 つ目は sports stars、そして 2 つ目は famous singers or musicians と表現されています。最後に、表現のバラエティに関しても、幅広く使える表現が多く盛り込まれています。例えば、3 文目の **inspire A to do（A が do するよう刺激を与える）**、またその類語の **encourage A to do（A が do するよう促す）** も幅広い文脈で使用可能です。

ではもう一方の **No（模範にならない）** の意見を見ていきます。どういった理由で、そしてどのような例を挙げているかを検証していきましょう。

▶ モデル回答❷ 055

In my opinion, celebrities have a negative influence on how young people see the world. Many celebrities create overly polished social media profiles that promote the importance of wealth and luxury, or create unrealistic expectations about how people's bodies should look. When young people compare themselves to celebrities, they tend to feel dissatisfied with their appearance or lifestyle. This can lead to mental health issues like depression, anxiety or eating disorders.

［訳］有名人は、若者の世界観にマイナスの影響を与えると思います。多くの有名人は、過度に洗練された SNS のプロフィールを作り、富と贅沢の重要性を発信したり、理想的な体型について非現実的な期待を作り出したりします。若者が、完璧に見える有名人のイメージと自分自身と有名人を比較すると、自分の外見やライフスタイルに不満を感じる傾向があります。そしてこれはうつ病、不安症、摂食障害などの精神衛生上の問題を引き起こす可能性があります。

重要スコア UP 語彙

- ☐ overly 過度に
- ☐ social media profile SNS のプロフィール
- ☐ feel dissatisfied with ～に不満を感じる
- ☐ anxiety 不安症
- ☐ polished 洗練された
- ☐ unrealistic 非現実的な
- ☐ depression うつ
- ☐ eating disorder 摂食障害

スコア UP ポイント

最初のポイントは、**話の流れです**。2 文目で、celebrity のマイナス要素 (Many celebrities ... .) → 3 文目で若者にどう影響するか (When young people ... .) のように明快な論理で展開されています。次に、最後の文の “This can lead to ~.” に着目してください。これは**攻略法❺**のアプローチ 3 で触れた、**結果について触れること**により具体性を高めるテクニックです (p. 200 参照)。ここではネガティブな主張をさらに強めるために、**どのような悪影響が出るか**まで掘り下げています。また、can を用いて、「可能性がある」のように語気を緩和している点も参考になります (p. 195 参照)。

Q2 How do you think people’s attitudes to media have changed over the years?

長年にわたって、メディアに対する人々の態度はどのように変わったと思いますか。

ワンポイントレクチャー

この問題は “ どのように変わったか ” と**現在完了形**で問われているので、**過去から現在の変化**について言及する必要があります。また、**メディアは非常に広い概念**なので、種類を絞りその特徴を挙げながら話す方がよいでしょう。テレビ、ラジオ、新聞、本、映画、SNS など何でも構いませんので、回答の中に入れてください。ちなみに、問題文の **over the years** はかなり幅のある表現です。ここ 20 年ほどの短期間を指す場合もあれば、100 年前から現在までの長い期間を指すこともあります。細かな年代を気にする必要はありませんが、いつ頃のことを指すかを明確に表現するのも一つの方法です (例: 1990 年代～現在)。それではモデル回答を見ていきましょう。

回答例

▸モデル回答 ● 056

In the past, newspapers, television and radio were the main sources of information. People trusted what was printed and broadcast, and remained loyal to particular sources. But nowadays, the growth of digital and social media has changed the ways people consume information. From what I gather, many people today seek information from a wider variety of sources than in the past. Also, young people especially tend to distrust or avoid established news sources, and instead find interactive, entertaining styles of social media more appealing.

[訳] 昔は、新聞、テレビ、ラジオが主な情報源でした。人々は印刷物や放送物を信頼し、特定の情報源に常に忠実でした。しかし今日では、デジタルメディアとSNSの発達により、情報を消費する方法が変わりました。私の理解では、現代人の多くは、以前よりも幅広い情報源に情報を求めるようになっていると思います。また若者は特に、すでに確立されている情報源を信用しないか、避ける傾向にあります。そしてその代わりに、やり取りができ、かつ娯楽的なソーシャルメディアの形態により魅力を感じています。

重要スコアUP語彙

- □ source of information 情報源
- □ consume information 情報を消費する
- □ distrust ～を信頼しない
- □ interactive やり取りができる
- □ remain loyal to ～に忠実でいる
- □ from what I gather 私の理解では
- □ established 既存の
- □ appealing 魅力的な

スコアUPポイント

1つ目のポイントは、1文目 "In the past" と3文目の "nowadays" の運用です。こういった時を表す表現を使うことで、いつのことについての話かがクリアになると同時に、**対比を行う**ことができます。また、Q2の解説で触れたように、newspaper、television、radio、social media のようにメディアの種類と、その変化が描写されています。また、最後の文に着目すると、"Also, **young people** ..." のように、若者に言及しています。問題文では "people's attitudes" と抽象的なため、このように**年代を絞り込み**具体的に表現すると効果的です。これは攻略ポイント❺のアプローチ1で触れた、**抽象概念を細分化する方法**です(p. 197 参照)。

実践問題 ③ Reading 読書

Q1 Which type of books do you think are better for children to read: fiction or non-fiction?

子どもはフィクションか、ノンフィクションのどちらを読む方がよいと思いますか。

ワンポイントレクチャー

「読書」はアイデアトレーニングの Q3 でも少し触れましたが、さらに理解を深めていきましょう。まずは基礎知識として、**フィクション（fiction）**と**ノンフィクション（non-fiction）**の違いを知ることが重要です。まず fiction はいわゆる「作り話」、「架空の話」のことで、小説（novel）が代表例です。一方 non-fiction は、事実や実際にあった出来事が書かれた文章のことです。このトピックでは、それぞれに該当する**具体的なジャンル**を考え、そしてそれらを読むことのメリットを述べる必要があります。まずは主なジャンルから見ていきます。

種別	ジャンル（genre）
fiction	novel（小説）/ romance（恋愛）/ fantasy（空想）/ adventure（冒険もの）/ historical fiction（歴史小説）/ mystery（ミステリー）/ science fiction（空想科学小説）/ folklore（伝統的な話）→ fairy tale（おとぎ話）や fable（寓話）など
non-fiction	biography（伝記）/ autobiography（自叙伝）/ narrative（事実に基づく物語）/ documentary（ドキュメンタリー）/ periodicals（定期刊行物 → 雑誌や新聞）/ self-help（自己啓発）/ textbook（教科書 → 科学や歴史といった事実を描いたもの）

例を挙げると、fiction の代表作は、『**ハリー・ポッター（*Harry Potter*）**』や、『**シャーロック・ホームズ（*Sherlock Holmes*）**』、『**星の王子様（*The Little Prince*）**』などがあります。次に non-fiction は、**伝記**が代表例で、アインシュタインやエジソンなどの半生を描いたものや、世界的にも有名な、『**アンネの日記（*The Diary of Anne Frank*）**』が挙げられます。また、新聞、雑誌、教科書も non-fiction に分類されます。こういった各ジャンルのどんな本や文章を読むことで、どのような**能力や思考が養われるか**を答えるのがベストです。ではモデル回答を見ていきましょう。

回答例

▶モデル回答　　057

I guess it really depends on the age of the child. For younger children, I'm sure that fiction books are better at developing readers' imaginations and presenting the messages in the story in enjoyable ways. Fairy tales and mysteries are good examples of such books. By contrast, non-fiction books are better for school-aged children, as they are more educational. As children grow older, they may prefer to know more about the real world. So, introducing children to either fiction or non-fiction should be based on how mature the reader is.

[訳] 子どもの年齢によると思います。幼少期の子どもには、読者の想像力を発達させる点と、物語のメッセージを楽しい方法で伝えるという点で、フィクションが優れています。おとぎ話やミステリーは、そのような本の適例です。対照的に、ノンフィクションはより教育的であるため、児童に適しています。子どもは成長するにつれ、現在の出来事など、現実の世界についてもっと知りたいと思うかもしれません。従って、フィクションかノンフィクションのどちらに触れさせるかは、読者の成熟度に基づいて考える必要があると思います。

重要スコアUP語彙

- □ present messages　メッセージを伝える
- □ school-aged children　学齢児童
- □ the real world　実世界
- □ fairy tale　おとぎ話
- □ educational　教育的な
- □ mature　成熟している

スコアUPポイント

これは、成長年齢に合わせて、どちらが適しているかを述べた例です。まず1文目を見てください。ここでは「**子どもの年齢により異なる**」のように、区別を最初に明確にし、そこから**年齢ごとに分類**して答えています。これは攻略ポイント❺のアプローチ1（p. 197参照）で取り上げた**細分化する方法**でしたね。まず前半ではyounger children（就学前児童）には、おとぎ話やミステリーといったフィクション、そして後半のschool-aged children（学齢期の子ども）には、ノンフィクション、のように分けています。表現においては、**By contrast**（対照的に）を使うことで、両者が対比されていることが聞き手にクリアになります。これらに加え、最後の "So, introducing ~." は、p. 248（モデル回答❶の解説）でも触れた、自分の主張をまとめとして述べる再主張（restatement）する方法です。こちらも復習しておきましょう。

Q2 Do you think electronic books will eventually replace paper books?

電子書籍は、最終的に紙の書籍に取って代わると思いますか。

ワンポイントレクチャー

この問いには、3通りの応答が考えられます。①取って代わる、②取って代わらない、③完全に取って代わるわけではないが、電子書籍の需要が高まる、の3パターンです。まずは②の「取って代わらない」のモデル回答から見ていきます。この場合は、**紙の本の利点**を述べることになります。代表例としては「**電子書籍より目が疲れにくい**」、「**充電が切れる心配がない**」、「**起動する必要がなくすぐに読める**」などがあります。この他にも、書き込みやすいこと、プレゼントしやすいこと、また本のにおいや手触りが感じられることも紙の本の特徴です。では1つ目の回答例を見ていきましょう。

▸ モデル回答❶ 🇬🇧 🔊058

No, I don't think they will. Electronic books may grow in popularity due to their portability and accessibility, but in my opinion, printed books will remain available for multiple reasons. For many readers, the feel of holding and turning the pages of print books is more appealing, and physical books don't cause eye strain like digital devices. It's also said that comprehension and information retention are better with print books, partly because readers are less distracted by links and scrolling.

[訳] いいえ、そうは思いません。携帯性と使いやすさから、電子書籍の人気が高まるかもしれませんが、紙の書籍はさまざまな理由で使われ続けると思います。多くの読者にとって、紙の本を手にしてページをめくる感覚はより魅力的であり、また紙の本はデジタル機器のように目が疲れません。また、リンクやスクロールすることに気を取られることが少ないこともあり、紙の本の方が理解力や情報の記憶に優れているとも言われています。

重要スコアUP語彙

- □ grow in popularity 人気が高まる
- □ accessibility 使いやすさ
- □ appealing 魅力的な
- □ cause eye strain 目を疲れさせる
- □ information retention 情報の保持
- □ be distracted by ~ ~で気が散る
- □ portability 持ち運びやすさ
- □ for multiple reasons さまざまな理由で
- □ physical book 実際の本（紙の本のこと）
- □ comprehension 理解（度）
- □ partly because その理由の一つは~である

スコア UP ポイント

この回答で参考になる点は、紙の書籍のよい点に終始するだけでなく、**電子書籍にも言及し比較している点**です。まず 1 文目の “Electronic books ... accessibility” で電子書籍のよい点を述べ、but 以下で紙の本に触れていますね。これは攻略ポイント❻で触れた **concession**（**譲歩**）の用法です（p. 201 参照）。次に、3 文目の最後で “like digital devices” に触れている点も対比の要素の一つです。そして最後の文をご覧ください。“comprehension and information retention are **better** with print books, partly because readers are **less** distracted by” となっており、下線部で**比較級**が使われていますね。このように対比することで、表現力と回答の質が UP します。比較級は文法の項目で評価が高くなるので、意識的に織り交ぜていきましょう。

次に、③の「**完全に取って代わるわけではないが、電子書籍の需要が高まる**」の観点からの回答例を見ていきましょう。

▶ **モデル回答❷** ●　　059

Not completely, and I guess printed books will remain an important resource in the future. However, demand for e-books is expected to increase. These days, it’s common to see people reading books on tablets or phones in cafes or on trains. Also, digital devices are widely used in schools instead of printed textbooks today, which was considered unthinkable in the past. Given these trends, it’s reasonable to predict that the popularity of e-books will grow in the future.

［訳］完全になくなるわけではなく、将来も紙の書籍が重要なリソースの一つであり続けると思います。しかしながら、電子書籍の需要は高まることが予想されます。最近では、カフェや電車の中でタブレットや携帯電話で本を読んでいる人を目にするのは珍しくありません。また、今や紙の教科書の代わりとしてデジタル機器が学校で広く使用されており、これは昔では考えられなかったことです。こういった傾向を考えると、電子書籍の人気が将来高まると予測することは、理にかなっています。

重要スコア UP 語彙

- □ it’s common to see　～は日常的な光景である
- □ be widely used　幅広く使用されている
- □ unthinkable　考えられない
- □ given　～を考慮すると
- □ reasonable　理にかなっている

スコア UP ポイント

この回答では、需要の高まりを予測する例が具体的に表現されています。つまり予測の根拠を高めるには、**現在の状況を考察して判断する**ことが重要です。3 文目と 4 文目で「カフェや電車でタブレットや携帯電話で本を読んでいる人を目にする」、「学校では紙の本ではなく、電子機器が使われている」の 2 つが、根拠として挙げられています。表現に関しては、will だけでなく、予測を表す "**be expected to**" が 2 文目で使われています。また、2 文目の "demand ＋ increase (需要が高まる)" の組み合わせは、最後の文で "popularity ＋ grow (人気が高まる)" に言い換えられています。これは幅広く応用が利くパラフレーズなので要チェックです。文法に関しては 4 文目に着目してください。文の後半にある、"~, **which** was considered unthinkable" の箇所で、**関係代名詞の非制限用法**が使われており、文法の採点項目でスコアUPにつながります。このwhichは、前文の "digital devices ... today (今や紙の教科書の代わりとして、デジタル機器が学校で広く使用されている)" のことを指します。

実践問題 ④ Business ビジネス

Q1 What can companies do to improve their customer service?

カスタマーサービスを向上させるために、企業はどのようなことができますか。

ワンポイントレクチャー

近年出題が増えている**カスタマーサービス**についての出題です。一見難しそうに見えますが、ある程度知識ベースで対応できるので、比較的答えやすい問題です。では本題に入る前に、このトピックで使える基本語彙を確認していきます。次の "customer" を用いたテーマ別語彙とフレーズをおさえておきましょう。

- customer satisfaction 顧客満足
- customer experience 顧客体験
- customer expectation 顧客の期待
- existing customer 既存顧客
- repeat customer リピート客
- customer enquiries 顧客の問い合わせ
- customer feedback 顧客のフィードバック
- potential customer 見込み客

- retain customers 顧客を維持する
- interact with customers 顧客と接する
- meet customer needs 顧客のニーズに応える
- build customer relationships 顧客との関係を築く
- deal with customer complaints 顧客の苦情に対応する
- deliver quality customer service 質の高い顧客サービスを届ける
- improve the quality of goods and services 商品やサービスの質を改善する

次に**カスタマーサービス向上の方法**を見ていきます。これには大きく分けて「**顧客側への直接的なアプローチ**」と「**社内で行う間接的なアプローチ**」の２つが考えられます。業種やサービス内容にもよりますが、主な候補としては次のような方法が挙げられます。

直接的なアプローチ	間接的なアプローチ
・待ち時間を減らす	・労働環境の改善を行う
・接客の質を向上させる	・能力の高い従業員を雇う
・客に成果、効果を出させる	・従業員の満足度を上げる
・顧客のフィードバックをもらう	・従業員のスキルや知識を磨く
・顧客のサポート体制を充実させる	・商品やサービスの質を高める
・感動を与える顧客体験を提供する	・商品やサービスの種類を増やす
・問い合わせに迅速かつ丁寧に対応する	・施設や機器を最新のものに変える

などが主な方法です。ある程度の分量を話すためには、上記から 2 つ選び、そこから例を挙げて展開するとよいでしょう。ただし、上記はすべての業種にあてはまるわけではありませんので、伝えたい内容に合わせて適当な項目を選んでください。ではこれらの情報やフレーズをもとにして、早速回答例を見ていきましょう。

回答例

▶モデル回答❶ 🇦🇺 　　060

The first approach that comes to mind is to provide training for customer service staff. This should ensure that staff can develop the skills and knowledge to resolve inquiries and complaints. Another idea is to have an organised system for collecting customer feedback to gather insights and identify areas for improvement. I believe taking these steps would allow companies to show their commitment to customer satisfaction and ultimately increase customer retention and long-term loyalty.

[訳] 最初に思いつくのは、カスタマーサービススタッフに研修を提供することです。これにより、スタッフは問い合わせや苦情を解決するためのスキルと知識を向上させることができるはずです。別の考えとしては、知見を得たり、改善点を見出したりするために、顧客の声を集める組織的なシステム構築が挙げられます。これらの取り組みにより、企業は顧客満足に対しての真剣な姿勢を示すことができ、最終的に顧客の維持と長期的な顧客支持を高めることができると思います。

重要スコア UP 語彙

- □ resolve ～を解決する、処理する
- □ complaint クレーム
- □ insight 識見
- □ areas for improvement 改善点
- □ long-term 長期的な
- □ inquiry 問い合わせ
- □ organised 組織化された
- □ identify ～を突き止める
- □ commitment 真剣な姿勢
- □ loyalty ロイヤリティ*

* 消費者が、特定のブランドや商品に対していだく愛着や信頼

スコア UP ポイント

この回答で特に参考になる箇所は、最後の “I believe ~” の文で、**主張の強さと一貫性をさらに高めている点**です。この文は、その前で述べられている 2 つの方法を実践することによる**結果を示す**役割をしています。これは 攻略ポイント❺のアプローチ 3 で紹介した**結果について触れる**方法（p. 200 参照）でしたね。また、表現については、最後の文で **allow を用いた無生物主語**も運用されています。次に、パラフレーズもうまく行われています。1 つ目では “The first **approach**” のように approach が、2 つ目では “Another **idea** is” のように idea が使われています。この問題では他にも、way や strategy も使うことができます。こういった、よく使う言い換えのストックも少しずつ増やしていきましょう。

では続けて、別の観点から書かれたもう一つの回答例を見ていきます。

▶ **モデル回答❷** ● 061

It really depends on the type of company. Take a supermarket as an example, it's vital that the shop staff are polite and helpful to customers and have good knowledge of the products that are stocked. Another sure way is to offer free things such as a cup of tea or coffee while customers are waiting to be served, say at a hair salon or a car repair shop. Finally, it's also a good idea for fitness gyms to provide affordable childminding services while parents work out.

[訳] それは企業の種類によって異なります。例えば、スーパーマーケットでは、店員が客に礼儀正しく、親切で、取り揃えている商品についての知識が豊富であることが極めて重要です。また、例えば美容院や自動車修理店などでは、客が待っている間にお茶やコーヒーなどを無料で提供するのも確かな方法です。最後に、フィットネス・ジムでは、親が運動している間、手頃な料金で託児所のサービスを提供するのも良いアイデアです。

重要スコアUP語彙

- □ vital 不可欠である
- □ sure way 確実な方法
- □ childminding service 託児サービス
- □ stock （品物を）店に置いている
- □ affordable お手頃な
- □ work out 運動する

スコアUPポイント

この回答は、特定の業界における具体例を挙げて展開しているパターンの例です。1つ目はスーパーマーケット、2つ目は美容室や自動車修理店、3つ目はジムです。こういった形で、**各業種における異なる方法**を提示するのも効果的なので、業種ごとにアイデアをまとめておくとよいでしょう。次に、話の展開方法です。1文目に注目してください。これは攻略ポイント❺のアプローチ1で紹介した、"It depends on ~ (～による)" を用い**抽象概念を細分化するアプローチ**（p. 197参照）です。この方法も本番でも使えるように、しっかりと復習しておいてください。最後に表現に関しては、2文目の "**Take ~ as an example,** (～を例に挙げると)" は For example のバラエティとして使えるので、例を挙げる際に活用してみましょう。

Q2 Some people say that giving extra money is the best way to improve employee motivation. Do you agree or disagree?

余分に報酬を出すことが、従業員のやる気を高める最善の方法であると言う人がいます。これについて賛成ですか、反対ですか。

ワンポイントレクチャー

ライティングでも出題される**社員のモチベーション向上**に関するトピックです。この問題は「どのようにすれば社員のやる気を高められるか」というざっくりとした形ではなく、「**金銭的報酬（financial incentives）を増やす方法が効果的か**」という少し限定的な質問内容です。そのため、他の方法を提示する場合であっても、この点については言及する必要があります。まず基礎知識として、動機付けには、**外発的動機付け（extrinsic motivation）**と、**内発的動機付け（intrinsic motivation）**の2種類があることを覚えておいてください。前者は「**明確な報酬や見返りがあるから、あるいは罰則があるから行動しようと思える要素**」、後者はその逆で「**はっきりとした見返りや報酬、罰則がなくても、頑張ろうと思える要素**」を指します。ではここで少し、ビジネスにおける動機付けの具体例をいくつか見ておきましょう。

外発的動機付け (extrinsic motivation)	内発的動機付け (intrinsic motivation)
・prizes 賞 ・pay rises 昇給 ・promotion 昇進 ・bonuses ボーナス ・additional paid holiday 追加の有給休暇	・responsibility 責任 ・autonomy 決定権、裁量 ・job satisfaction 仕事の満足度 ・growth opportunities 成長の機会 ・positive work environment よい職場環境

まず外発的動機付けから見てみると、具体的かつ明確なことがわかりますね。このような**目に見える利益**（**tangible rewards**）は、やる気を高めるうえで非常に重要です。一方、**目に見えない報酬**（**intangible benefits**）である内発的動機付けについては、例えばautonomyであれば、「すべての業務がマニュアル化されており、一切の裁量権がないよりも、従業員がある程度決定の自由がある方がやる気が高まる」といった内容です。

では問題に戻ります。まずは賛成意見から見ていきましょう。

回答例

▶ **モデル回答❶** ● 062

Yes, I generally agree that higher pay produces better results. To my understanding, staff motivation will usually increase if people are rewarded according to the amount of effort they put into their work. That said, one important consideration in this regard is that money alone doesn't make jobs enjoyable or fulfilling. Therefore, employers should put employees in the right position where they can make the most of their strengths, which can further increase their drive and commitment to work.

［訳］はい、給料が高いほどよい結果につながるということには、おおむね賛成です。私の理解では、仕事に費やした努力に見合う報酬があると、たいていの場合従業員のやる気が向上します。とはいえ、この点において念頭に置くべき重要なことの一つは、お金だけでは仕事が楽しく充実したものになるわけではない、ということです。従って、雇用主は、従業員が自身の強みを最大限に発揮できる適切なポジションに配置することが大切です。これにより、従業員の意欲と、仕事に取り組む姿勢をさらに高めることができます。

重要スコア UP 語彙

- □ reward　～に報いる
- □ put effort into ～　～に力を入れる
- □ alone ～　～だけ
- □ make the most of one's strengths　長所を最大限に活かす
- □ according to ～　～に応じて
- □ in this regard ～　この点において
- □ fulfilling　充実している
- □ further　さらに
- □ drive　やる気

スコア UP ポイント

この回答はまず 1 文目で "generally agree"（おおむね賛成）と述べ、賛成意見を述べつつも、それ以外の要素についても触れている例です。特に 3 文目以降の、That said（とは言うものの）の箇所からがポイントです。ここでは「金銭的動機付けの**留意点**」を述べ、それに続けて別の観点を付け加えています。このように「賛成」、「反対」と述べてから、「**ただし～は考慮すべき**」、「**～には注意が必要**」といった形で、**補足的な条件を加える**話の展開方法も、論理性と応答の質を UP させるアプローチの一つです。最後に、表現においては motivation が、類義語の drive や commitment にうまく言い換えられています。文法においても、最後の文の "the right position **where**" という**関係副詞**の用法も、文法の項目でスコア UP につながります。

続けて、**反対の意見**を見ていきます。こちらはどういった観点から、金銭的報酬が効果的ではないと展開しているか、分析しながら読み進めてください。

▸ モデル回答❷　　063

I don't necessarily agree. Of course, paying staff members more will work to some extent, perhaps temporarily. However, it's not always the case, I believe. For one thing, financial incentives may not be appealing to people who are already receiving a comfortable salary. For such workers, different incentives, like career progression or longer vacations, might be better options. Additionally, I believe showing praise and appreciation for individual contributions to the company can also be a great incentive and serve as a source of motivation.

[訳] 必ずしもそうとは思いません。当然ながら従業員の給料を上げることは、おそらく一時的とはいえ一定の効果があります。しかし、必ずしもそうとは限らないと思います。一つには、金銭的インセンティブは、すでに十分な給料を受け取っている人にとっては、魅力的ではないかもしれないからです。そういった社員にとっては、キャリアアップや長期休暇など、異なるインセンティブの方がよりよい選択肢になるかもしれません。また、社員一人ひとりの会社への貢献に対し、称賛や感謝を示すことも大きなインセンティブとなり、やる気の源になると思います。

重要スコア UP 語彙

- □ to some extent ある程度
- □ temporarily 一時的に
- □ be not always the case 常にそうとは限らない
- □ financial incentives 金銭的動機付け
- □ comfortable salary 十分な給料
- □ career progression キャリアアップ
- □ praise and appreciation 賞賛と感謝の気持ち
- □ serve as a source of motivation やる気の源になる

スコア UP ポイント

この回答は、p. 201 で紹介した **concession**（**譲歩**）が効果的に使われている例です。1 文目で、"I don't necessarily agree." と述べていますが、続く 2 文目の Of course 以下で「**一時的には効果が期待できる**」と一部主張を受け入れています。つまり自分の主張をするだけでなく、逆の面にも少し触れることでより説得力を上げています。この部分はなくても構いませんが、あれば説得力がさらに増します。次のポイントは、しっかりと**代替案を述べていること**です。ここでは、給料を上げることが必ずしも最善ではない理由を述べるだけでなく、5 文目（For such workers, ...）で**異なるモチベーション UP の方法**を提示しており、より回答の質が高くなっています。つまり、何かに反対する場合は**説得力のある代替案を提示すること**が論理性をアップさせるコツです。最後に表現面に関しても、パラフレーズで参考になる箇所が多くあります。例えば、"giving extra money" → "paying staff members more"、そして "money" → "financial incentives" などが挙げられます。

以上で実践問題、そしてすべてのパートが終了です。お疲れさまでした。かなりの情報量だったと思いますが、スコア UP に必要な表現や背景知識、そして攻略ポイントはご理解いただけましたか？ 吸収できるまで時間はかかると思いますが、何度も繰り返し学習して、定着率と運用力を高めていってくださいね。

それでは最後は本番と同じ形式で、模擬試験にチャレンジしていただきます。これまで学習した内容をフル活用してくださいね。少し休んで気合を入れなおし、ラストスパート、頑張りましょう！

✦ Jamesのスペシャルコラム ③

イディオムって使った方がいいの？

よく生徒さんから、「イディオムを使う方がよいとネットで見かけるのですが」という声を聞きます。「**イディオム**」とは**慣用句**のことで、単語自体からは意味が推測しにくい特徴を持つ表現です。ここでみなさんに覚えておいてもらいたいのは、IELTSで「**イディオムは無理に取り入れる必要はない**」ということです。主に以下がその理由です。

❶ 地域ごとに違いがある
➤ 使われる地域ごとに言い回しが異なる場合があり、同じ国の出身であっても通じないこともある。

❷ はやり廃りがある
➤ 古くなってしまい、ほとんど使われていない場合がある。世代が異なると、通じない可能性もある。

❸ 誤って使うリスクがある
➤ 訳語を覚えたからといって、使用するのはリスクが高い。その表現が使われる状況を正しく理解していないと、不自然に響く。

このことから、ネットや単語帳に掲載されているすべてのイディオムが、自然かつ現在も使われているかは不明です。例を挙げると、次の表現は古く、ユーモアで使う場合を除き、現代英語で使われることはまれです。

△ ・be in seventh heaven すごくうれしくて
・be as cool as a cucumber 落ち着いている
・It's raining cats and dogs. 土砂降りである

また、**ことわざ**も同様です。次の表現も辞書や単語帳によく掲載されているものですが、[　]の部分は日常会話ではほとんどの場合省略されます。

・Time flies [like an arrow]. 光陰矢のごとし
・Killing two birds [with one stone]. 一石二鳥
・The grass is always greener [on the other side of the fence].
隣の芝生は青く見える

日本に住んでいると、このような省略や、はやり廃りについて知ることはなかなか困難

日本に住んでいると、このような省略や、はやり廃りについて知ることはなかなか困難です。そのため、「辞書に載っているからOK」と信じてしまうのは危険です。

加えて、「ネイティブが使う表現集」といった、本などに掲載されている例文を使う場合も、**文脈にうまく合っていないと評価が下がります**。試験官はプロなので、その表現を自然に使いこなせているか、あるいは付け焼き刃で暗記したものかはすぐにわかります。オンライン英会話などで試しに言ってみるのは構いませんが、**正確性が評価されるIELTSで安易に使うのは非常にリスキー**です。

また、もしイディオムを使いこなせると**かっこよく響く**という考えを持っている方がいれば、今からマインドを変えてください。「イディオムを使うこと」自体は、**何もかっこよくありません**。日本語でも、例えば「涙をのむ」、「歯が立たない」、「油を売る」、「頭が切れる」、「メスを入れる」など慣用表現は無数にありますが、単なる決まり文句なので、もし外国人が使えば「おーよく知ってるなー」程度にしか思いませんね。これは英語でも同じです。

IELTSのスピーキングで何よりも重要なのは、試験官を表現力で驚かせることではなく、**正確性の高い英語力と、幅広い語彙力を示すこと**です。これまで300名以上の生徒さんを直接指導しましたが、**イディオムを使わなくても6.0は余裕で、7.0以上も使う必要はほとんどない**という例を数多く見てきました。むしろそれよりも、**句動詞**（例：make out / put off）や**テーマ別語彙**の運用の方が、はるかに印象がよくなります。

本書でも時々イディオムは登場しますが、推奨するものではなく、もし使えそうであれば使ってみよう、くらいの意識でOKです。なので、まずは「**ネイティブがよく使う～**」という方面に走るのをやめましょう。そして、世界で確実に通じる**基本語彙約2,000～3,000語レベル**（英検3級～準2級の単語）の運用力向上を優先し、その次に**句動詞**や**テーマ別語彙**の知識を広げてください。

背伸びせず常に聞き手を第一に考え、ノンネイティブを始め、**世界の誰もが理解できる基本語彙の運用力UP**を優先しましょう！

模擬試験

▸ PART 1

[Cars]

🔊 064

Q1. How often do you drive?

Q2. Do you prefer to be the driver or a passenger in a car?

Q3. Where is the farthest place you have travelled to by car?

[Maths]

🔊 065

Q1. Did you enjoy studying maths when you were a child?

Q2. When are maths skills useful in our daily lives?

Q3. What kind of job requires maths skills?

▸ PART 2

[Street market]

🔊 066

Describe a street market in your city or town.

You should say:
where it is
what you can buy there
what is special about it
and explain how you feel about the market.

▸ PART 3

[Shopping]

067

Q1. How have people's shopping habits changed over the last ten to twenty years?

Q2. What are the disadvantages of online shopping?

Q3. Do you think shopping malls will disappear one day?

Q4. Why do you think many people like to buy branded products?

Q5. Many people say we have become more materialistic today than in the past. What do you think?

Q6. Do you think that the benefits of consumerism outweigh the drawbacks?

Part 1 模擬試験

解説

Cars
車

▶ **背景知識と語彙力をレベル UP!**

「車」は一見易しそうなトピックですが、意外と難問です。特に普段運転しない、あるいは免許を持っていない方にとってはより難易度が上がります。最初のステップとして、使用頻度が高く、スコア UP に直結する関連語彙からマスターしていきましょう。

■ **形容詞：car の特徴を表す**

・robust 頑丈な
・electric 電気の
・classic* クラシックな
・compact コンパクトな
・stylish スタイリッシュな
・used 中古の
・luxury 高級な
・efficient 燃費のよい
・spacious 広々とした
・comfortable 快適な

* 型は古いが、今でも人気があり、おしゃれさも兼ね備えたシンプルなデザインの車

■ **動詞表現**

・park 駐車する
・drive to work 車通勤する
・get distracted 気が散る
・come to a stop 停止する
・take a wrong turn 道を間違う
・use a hands-free phone ハンズフリー電話を使う
・turn the steering wheel ハンドルを切る
・get car sick 車酔いする
・change lanes 車線変更する
・hire [rent] a car 車を借りる
・be a safe driver 安全運転である
・hit a kerb 縁石に当たる
・hit the brake 急ブレーキをかける
・be behind the wheel 運転中で
・honk the horn クラクションを鳴らす

■ **名詞表現**

- luggage 荷物
- boot space 荷台
- petrol [gas] station ガソリンスタンド
- road rage あおり運転
- roadside assistance ロードサービス
- interior [exterior] design 内装 [外装]
- insurance 保険
- fuel price 燃料価格
- pedestrian 歩行者
- road toll (道路の) 通行料
- busy road 交通量が多い道路
- repair and maintenance 修理とメンテナンス

よくあるミスとして、「**車を運転する**」は通常 drive a car ではなく **drive 一語**で表します。同様に「ドライブに行く」も drive ではなく、**"go for a drive"** と表現するので注意が必要です。また、Part 1 の 7. Travelling and Transport (旅行・交通) で紹介したフレーズ (p. 88 参照) もこのトピックで使えるので、復習しておいてくださいね。それでは、回答例を見ていきましょう。

Q1 How often do you drive?

どのくらいの頻度で車を運転しますか。

ワンポイントレクチャー

この問題の一番のポイントは、**応答の最初で頻度を明確にすること**です。頻度を表す代表的な表現は以下です。

頻度	表現例
高	regularly / usually / very often / (almost) every day
中	sometimes / every once in a while / several times a month
低	(almost) never / rarely / hardly ever / a few times a year

頻度を述べた後は、乗る目的や、どういった時に乗るかを具体的に話してください。もし車に乗らない場合は、「免許を持っていない」、「公共交通機関へのアクセスがよいので車は不要」といった理由を述べます。まずは「**ほぼ毎日乗る**」の回答例から見ていきましょう。

▶モデル回答❶ ● 068

I drive almost every day, as it's the most convenient way for me to get to work and go shopping. I also drive my child to school on weekdays, because they're not old enough to walk to and from school alone. Honestly, I'd be stuck without a car.

［訳］通勤や買い物に一番便利な方法なので、ほぼ毎日車に乗ります。また、子どもはまだ一人で歩いて登下校できる年齢ではないので、平日は車で学校まで送っています。正直車がないと困ります。

重要スコアUP語彙

- □ get to work 職場に行く
- □ walk to and from school 通学する
- □ on weekdays 平日は
- □ be stuck 困る

スコアUPポイント

まず最初に"almost every day（ほぼ毎日運転する）"と明らかにし、そこから用途を話しています。これが頻度を問われた際に、理想的な話の展開方法です。次に、表現に関して、2文目の後半で**形容詞 enough to *do***（～するのに十分〔形容詞〕である）の用法が使われています。表現の幅が広がるので、積極的に取り入れてみてください。また、最後の"I'd be stuck without a car"の箇所に着目してください。仮定法の

would、そして **without** がセットで使われています。これは「(車がなくなることはないが) **仮になくなったとすれば**困る」という意味で、**I'd ~ without ...** .(…がないと~になる) の形でよく使う、スコア UP につながるおすすめの表現です。また、上記のアイデア以外にも、例えば「旅行に行くことが多く、**キャンピングカー** (**campervan**) **をよく使う**」、「ドライブが好きで、**毎週末**に愛車の**オープンカー** (**convertible**) で海岸や山に行く」のように、**特定の車種について触れること**も、話を広げる効果的なアプローチの一つです。

では次は、「一切運転しない」という観点の回答例を見ていきましょう。

▸モデル回答❷ 🇬🇧　🔊069

I never drive, as I don't own a car. Admittedly, it'd be good to have a car when the weather is bad or public transport is not reliable, but cars are too expensive to maintain. You need to budget for many annual costs, including insurance, repairs, parking and petrol.

[訳] 車を持っていないので、一切運転しません。確かに、天候が悪い時や、公共交通機関があてにならない時に車があればいいですが、維持費が高すぎます。保険、修理、駐車場、ガソリン代など、毎年多くの費用を慎重に考えなければいけません。

重要スコア UP 語彙

- □ admittedly 確かに
- □ annual 1年間の、毎年の
- □ budget 慎重に予算を立てる
- □ petrol ガソリン (北米では gas)

スコア UP ポイント

2文目に着目してください。ここでは単にデメリットを述べるだけでなく、前半 (Admittedly, ... reliable) で車を持つことのメリットにも触れることで、より回答の幅を広げています。これはp. 201で触れた**譲歩**の用法です。同じく、この2文目の but 以下の "**too ~ to *do*** (~すぎて do できない)" の用法も要チェックです。否定表現のバラエティとして役立つので、機会があれば取り入れていきましょう。

Q2 Do you prefer to be the driver or a passenger in a car?

車に乗る時、運転するか、同乗するかどちらが好きですか。

ワンポイントレクチャー

これは時々出題される難問です。回答パターンは、①運転する方が好き、②同乗する方が好き、③両方好き、の3つです。いずれかを選び、続けて理由を述べますが、注意点は、**両方に当てはまる理由は避ける**ことです。例えば、「好きな音楽を聴きながらドライブを楽しめる」、「会話が楽しめる」は運転手、同乗者両方可能です。よって、このような二者択一の問題の応答を考える場合は、**選んだ方の内容が、もう一方にも当てはまらないか**、という点に注意してください。

回答例を見る前に、①と②の応答で考えられるいくつかの理由を見ていきます。

① 運転する方がよい	② 同乗者の方がよい
・車酔いしにくい ・道のりやスピードを自由に決めることができる ・自分の都合で、いつでも車で外出できる	・景色を楽しむことができる ・特に長距離移動の場合疲れない ・運転に神経を使わなくていいので気が楽

おおむねこれらのアイデアで対応が可能です。ではまず②の同乗者の方がよい、という回答から見ていきましょう。

▶モデル回答❶ 　070

I prefer to be a passenger as I don't really like driving all that much. I find it stressful if I have to drive on congested roads in cities, as some drivers can be impatient. I also like to look at the scenery or sleep a little if I'm on a longer journey.

[訳] 運転があまり好きではないので、同乗する方がいいです。都市の混雑している道を運転しなければいけない時は、いらいらしているドライバーもいるので、ストレスを感じます。また、長旅の時は、景色を眺めたり、少し眠ったりするのも好きです。

重要スコアUP語彙

- □ congested road 混雑している道路
- □ impatient いらいらしている
- □ scenery 景色

スコア UP ポイント

この回答例では「混雑した道を運転する時にストレスを感じる」、「景色を見たり、眠ったりできる」という2つの理由が述べられています。Part 1では、このように理由は2つ述べるか、あるいは1つに絞ってそれについて詳しく話すことも可能です。表現に関しては、2文目のfindに着目下さい。これは**find A B**（AをBだと感じる、思う）の用法です。ただしここでは "find it ~ if ... (…の場合、~に感じる)" のように、if節と一緒に使われています。**"I think" を多用しがちな方**は、このfindの用法も意識的に使っていきましょう。

では次は、「**免許はないが、もしあれば運転する方がいい**」という回答例です。

▶モデル回答❷ ● 071

That's hard to say as I don't have a driver's licence myself. But if I did, I think I'd like to be the driver, because it'd give me a sense of control and independence. If I were behind the wheel, I'd be able to choose or change my own route and schedule.

[訳] 運転免許を持っていないので、何とも言えません。でも、もし持っていれば、自分で操作したり、好きなようにできると思うので、運転する方がいいです。もし自分が運転することになったら、ルートやスケジュールを自分で決めたり、変更したりできます。

重要スコア UP 語彙

- □ give me a sense of ~ ～の感覚を与えてくれる
- □ behind the wheel 運転して
- □ independence 自由にできること

スコア UP ポイント

この回答は「運転免許は持っていないが、持っていれば~」という形で、**仮定法を中心とした例**です。これはPart 1の攻略ポイント❺のテクニック3（p. 54参照）で触れた、**想像上の出来事で話を組み立てる方法**です。ここでは2文目の最初の "But if I **did**"、3文目の "If I **were** behind the wheel" が過去形になっており、それに呼応する形でそれぞれ、"I think **I'd**"、"because **it'd** give"、"**I'd** be able" とすべてwouldを使っています。p.43仮定法の項目を再確認し、普段から少しずつ意識的に使っていきましょう。なお、「免許」はイギリス英語ではlicen**ce**、アメリカ英語ではlicen**se**とつづります。

Q3 Where is the farthest place you have travelled to by car?

これまで車で旅行した場所で、最も遠い場所はどこですか。

ワンポイントレクチャー

この問題は、単に場所を答えるだけではなく、「**遠いこと**」と「**車での旅行**」の２つの要素を含める必要があります。特に、遠いことに関しては、**距離**、あるいは**旅にかかった日数**について触れることで、距離感を表現することができます。また、過去のことを中心に話すため、**時制**にも注意してください。それでは早速回答例を見ていきましょう。

▶モデル回答 ● 072

When I was in college, my friends and I took a road trip from my hometown to Kagoshima, which is in southern Japan. We hired a minivan and took turns driving for roughly 10 hours a day. The trip was done over several days as we stopped at hotels and tourist sites along the way.

［訳］大学時代、友人たちと自分のホームタウンから、日本の南部にある鹿児島へ車で出かけました。ミニバンを借り、１日約 10 時間交代で運転しました。途中で、ホテルや観光地に立ち寄ったこともあり、旅は数日かかりました。

重要スコア UP 語彙

- □ take a road trip to ～に車で旅行する
- □ minivan ミニバン*
- □ roughly およそ
- □ tourist site 観光地
- □ hire ～をレンタルする
- □ take turns *doing* 交代で～する
- □ stop at ～ ～に立ち寄る
- □ along the way 道中、途中で

* minivan ワゴンタイプの自動車。３列シートで、乗車人数が６～８人の、ファミリー向けの車が主流

スコア UP ポイント

１つ目のポイントは、「**遠さ**」がわかりやすく表現されている点で、２文目の「１日約 10 時間交代で運転したこと」、３文目の「旅は数日かかったこと」が該当箇所です。２つ目は、１文目の "~ Kagoshima**, which** is in southern Japan." の箇所です。日本の地理に詳しくない試験官には、鹿児島の場所がわかりません。そのため、このように**関係代名詞の非制限用法を用いて**位置の説明を加えることで、**聞き手にやさしい英語**に変わります。表現に関して、問題の travel by car が、１文目で **take a road trip** にパラフレーズされている点は、印象がアップします。**go on a road trip** も同じ意味でよく使われるので、あわせて覚えておきましょう。

Maths
数学

▶ **背景知識と語彙力をレベル UP!**

「**数学**」は Part 1 で出題頻度の高いトピックです。英語圏では、日本と異なり小学校から数学が教科となっており、その中に算数が組み込まれています。ではまずは、数学の基本語彙を見ていきます。声に出して何度も練習し、運用力を高めていきましょう。

■ **基本数学用語**

- formula 公式
- decimal 小数
- fraction 分数
- equation 方程式
- geometry 幾何学
- probability 確率
- square metre 面積
- volume 体積
- pi 円周率
- angle 角度
- statistics 統計
- mental calculation 暗算

■ **重要動詞**

- add ～を足す
- subtract ～を引く
- multiply ～を掛ける
- divide ～を割る
- count ～を数える
- calculate ～を計算する
- weigh 重さを測る
- measure ～を測定する
- analyse ～を分析する
- compare ～を比較する
- estimate ～を見積もる
- interpret ～を解釈する

■ **動詞フレーズ**

- draw lines and shapes 線と図形を描く
- make simple calculations 簡単な計算をする
- be bad with numbers 数字が苦手である
- use the calculator on my phone 携帯電話の計算機を使う
- identify patterns and connections パターンや関係性を見つけ出す
- work [deal] with numbers and data 数字やデータを扱う

Q1 Did you enjoy studying maths when you were a child?

子どもの頃、数学の勉強は楽しかったですか。

ワンポイントレクチャー

これは Yes / No どちらでも答えやすい質問です。Yes の場合は、具体的に楽しかった単元（例：計算、図形、分数）と、学んだ内容を述べてください。例えば**幾何学**（**geometry**）の単元であれば、**形**（**shape**）、**空間**（**space**）、**位置**（**position**）について学んだ、といった形です。また、楽しかった活動や、役に立った単元について話すのも効果的です。ではまず Yes（楽しかった）の回答例から見ていきましょう。

▶モデル回答❶ ● 073

Yes, I learned a great deal in maths class. Although I could barely keep up and struggled a lot, I think I have fairly decent proficiency now. One topic I found useful was statistics. It was interesting to interpret and analyse information using a variety of graphs, charts and tables.

[訳] はい、数学の授業では多くのことを学びました。付いていくのがやっとでかなり苦労しましたが、今はそれなりの能力があると思います。役立ったと感じた単元は、統計でした。さまざまなグラフ、チャート、表を使用して情報を解釈、および分析することは興味深かったです。

重要スコア UP 語彙

- □ learn a great deal 多くのことを学ぶ
- □ barely かろうじて
- □ keep up ついていく
- □ struggle a lot かなり苦労する
- □ fairly decent それなりに高い
- □ proficiency 能力
- □ chart 図表
- □ table 表

スコア UP ポイント

最初のスコア UP につながるポイントは、2 文目の **although の運用**です。これにより**複文を作る**ことができます。ここで楽しかった内容だけでなく、**つらかった点にも触れて**応答の幅を広げています。次のポイントは、数学の単元を挙げて、それに続けてしっかりと例が述べられている点です。3 文目で統計（statistics）、そして 4 文目でその**具体的な内容**に展開されています。このように、先ほど述べた「単元 → 何を学んだか」の流れがわかりやすくベストです。

では続けて No（楽しくなかった）の回答例を見ていきます。どういった点が楽しくなかったのかについて触れることが重要です。話の展開方法に着目しましょう。

▸ モデル回答❷ 🇬🇧 074

Only for a few years at primary school. Maths was my strongest subject until Year 3 or 4, but after the syllabus started to focus on complicated topics such as equations, functions and geometry, I remember the actual classes were tortuous most of the time.

［訳］楽しかったのは、小学校の数年間だけです。数学は 3、4 年生まで最も得意な科目でしたが、シラバスが方程式、関数、幾何学などの複雑な単言中心になり始めてから、ほとんどの授業は難しかった記憶があります。

重要スコア UP 語彙

- □ strong subject 得意科目
- □ syllabus シラバス
- □ equation 方程式
- □ function 関数
- □ geometry 幾何学
- □ tortuous 難解な

スコア UP ポイント

こちらは「数年間楽しかった」という始まりですが、but 以下から「途中から嫌いになった」という形で展開しています。表現に関しては、equation、function、geometry といった**トピック別語彙**もうまく使われています。この他にも、数学が嫌いな理由として、「**実生活に応用ができない（not applicable to everyday life）**」、「**ルールや公式を丸暗記しなければいけない（require rote memorisation of rules and formula）**」などを挙げてもよいでしょう。気を付けるべき点は、数学に関連性のある理由を述べることです。「難しかった」や「退屈だった」のみでは、すべての教科に言えることなので、具体的な例やエピソードを述べましょう。

関連情報

イギリスでは「～年生」は回答にあるように “**Year 数字**” の形で表します。一方北米では、例えば「小学 5 年生です」は “I'm **in the 5th grade.**” や、“I'm **a 5th grader.**” と表現します。

Q2 When are maths skills useful in our daily lives?

数学のスキルは、日々の生活のどのような場面で役立ちますか。

ワンポイントレクチャー

答えやすいのは、**数字を使う場面について話すこと**です。つまり、以下のような簡単な計算が必要な事例を挙げると話を広げやすくなります。

- file taxes 税を申告する
- manage credit card bills クレジットカードの支払いを管理する
- manage the household budget 家計を管理する
- describe and present data in class
  授業でデータの説明を行う
- read timetables and maps when planning a journey
  旅の計画時に、時刻表や地図を読み取る
- keep track of monthly expenses, including mortgages, credit card payments and health insurance
  住宅ローン、クレジットカードの支払い、健康保険など毎月の支出を把握する

▶モデル回答 ● 075

Calculation skills are the first thing that springs to mind. They are essential for everyday tasks such as shopping, paying bills, and even driving. When traveling, math is necessary to work out the distance, time, and cost.

［訳］真っ先に思いつくのは、計算能力です。それは、買い物や請求書の支払い、さらには車の運転といった日課に不可欠です。旅行の際は、距離、時間、費用を計算するために数学が必要です。

重要スコアUP語彙

- □ calculation skills 計算能力
- □ spring to mind 思い浮かぶ
- □ be essential for ~ ~には欠かせない
- □ pay bills 請求書の支払いをする
- □ work out ~を計算する（= calculate）

スコアUPポイント

この問題は、**一般論**を問う問題です。そのため、「私は普段の生活で~が役立っています」のように**自分の例を挙げること**は避け、**一般論主体**で述べてください。この回答にも、個人的な内容は入っていませんね。次に、例として挙げやすいのは先ほど触れ

た「**計算が必要な場面**」です。回答の前半は、「買い物」、「請求書の支払い」、後半は「旅行の際の距離、時間、費用の計算」となっています。このように、特定の場面を例として挙げるのが最もシンプルで、わかりやすい回答です。表現としては、決まり文句ではありませんが **XXX is [are] the first thing that springs [comes] to mind.**（XXX が最初に思い浮かぶものです）は、幅広いトピックで使える表現です。何度も音読して、運用できるようにしておきましょう。

Q3 What kind of job requires maths skills?

数学のスキルが必要な仕事にはどのようなものがありますか。

ワンポイントレクチャー

この問題で考えるべき点は 2 つあります。1 つは「仕事の種類」、そしてもう一つは「具体的にどのようなスキルが必要か」です。冒頭（p. 279）で紹介した、計算にまつわる基本的な能力に加え、別の例も考えておくと賢明です。次のような候補が考えられます。

- logical reasoning 論理的推論
- problems-solving skills 問題解決能力
- critical thinking クリティカルシンキング
- analytical skills 分析能力
- data processing 情報処理
- spatial awareness 空間把握力

職種については、主に候補として次のようなものが考えられます。

- scientist 科学者
- architect 建築家
- statistician 統計学者
- engineer エンジニア
- analysist アナリスト
- economist 経済学者
- accountant 会計士
- interior designer インテリアデザイナー

職種の表現の仕方としては、“**people working [who work] in the XXX industry [sector]**（XXX 業で働く人たち）”とすることも可能です。次に、どのような場面で数学のスキルが必要か触れてください。この問題は “What kind of job” と単数形で聞かれているので、**職業は 1 つ**挙げればOKです。では 1 つ目の回答例を見ていきましょう。

▸ モデル回答❶ [●] 🔊076

I think people working in the finance industry need to be strong in maths, as they deal with numbers and data on a daily basis. For example, financial advisers offer clients advice on investment, taxes, and estate planning for effective financial management.

［訳］金融業界で働く人は、日常的に数字やデータを扱うので、数学に強くなければいけないと思います。例えば、ファイナンシャルアドバイザーは、効果的な資産運用のために、顧客に投資や税金、不動産設計などの助言を行います。

重要スコアUP語彙

- □ be strong in ~ ～に強い
- □ on a daily basis 毎日
- □ estate 不動産
- □ financial management 資産運用

スコアUPポイント

回答の流れとしては、このように1文目で職業を述べ、2文目で例を挙げるとわかりやすくなります。また表現に関して、先ほど紹介した"people working in the XXX industry"を用いていることがわかります。加えて、2文目にあるようにinvestment（投資）、tax（税）、estate（不動産）といった**数学を連想させる表現**を入れることで、問題に即した応答が可能になります。

続けて、別の観点からの回答を見ていきます。こちらは、**数字以外の数学スキル**が登場します。どう数学に関連しているか分析しながら読み進めてください。

▸ モデル回答❷ 🔊077

One example I can think of is interior designers, as they need to be proficient in geometry and measurement. These skills are particularly important when space planning and precise calculations are needed for a successful layout.

［訳］思いつく例としては、インテリアデザイナーで、彼らは幾何学と計測に長けている必要があります。これらのスキルは、うまくレイアウトを行うための空間設計と緻密な計算が必要な際、特に重要です。

重要スコアUP語彙

- □ be proficient in ~ ～の能力が高い
- □ space planning 空間設計
- □ precise 正確な
- □ layout 配置、レイアウト

スコア UP ポイント

この回答例は「インテリアデザイナー → 幾何学と計測の能力 → 空間設計と正確な計算の際に重要」といった要点の流れで話が展開されています。特にスコア UP につながるポイントは 2 文目で、どのような業務の際に、そのスキルが必要かを述べている点です。表現に関して、最初の **"One example I can think of is ~"** は、例を挙げる際に役立つのでそのまま暗記してください。また、「~に強い」、「~に長けている」という意味を表す表現は、これまで登場した **be strong in, be proficient in** 以外に、**be great at** や **be excellent at** も使えます。あわせてチェックしておきましょう。

Part 2 模擬試験

解説

Street market
露天市

ワンポイントレクチャー

Street market は Part 1でも問われる重要トピックの一つです。これはいわゆる「**露天市**」のことで、毎日、毎週末と頻繁に開催されるものもあれば、祭りや、クリスマスといったイベント時など期間限定で行われるものまでさまざまです。この問題は「**あなたの町や市で行われる露天市について話しなさい**」といったものなので、もし行われていない場合は、それについて話を作らなければいけません。そのため、トピックの背景知識と、アイデア、関連語彙の準備は必須です。まずは、売られている代表的な商品をいくつか見ておきましょう。

■ 露天市の商品

商品	概要
food 食品	**屋台の食べ物** (**street food**) や、野菜、果物が最も一般的。魚介類、肉類、またパンなどの食品も多い。
flowers 花	プレゼント用やガーデニング用まで幅広く売られている。その土地固有の花や、季節ごとの花について話すのがおすすめ。
clothing 衣服	T シャツや**民族衣装** (**traditional costume**) などさまざま。**古着** (**second-hand clothing**) について話すのも OK。
arts and crafts 美術工芸品	絵画や彫刻、陶器といった工芸品や民芸品などの、いわゆる**骨董品** (**antique**) や**手作り** (**handmade**) のものが多い。

他にも、アクセサリー、家具、**履きもの** (**footwear**)、**部屋の飾り付け** (**ornament**)、食器 (**tableware**) などを扱う店などさまざまです。いずれにしても、prompt (You should say: 以下の指示文) にあるように、場所、特徴、売られている物、そしてその**マーケットの雰囲気**について詳しく話せるように、アイデアを整理しておいてください。

そしてさらに話を広げるためには、例えば**観光地**（**tourist attraction**）として有名であることや、**露天商**（**vendor / stallholder**）と会話を楽しんだ、値段交渉をした、といったエピソードを入れるのも効果的です。もし露天市の雰囲気をつかみたい場合は、Google の検索エンジンで street market とタイプして画像を見るとわかりやすいので、試してみてください。

では次に、このトピックで使えるスコア UP につながるテーマ別表現を見ていきましょう。

スコア UP テーマ別語彙 7 選

① **vibrant** 活気にあふれた（≒ lively / bustling / buzzing）

➤ a **vibrant** street market with food from all over the world
世界中の食べ物を扱う活気にあふれた露天市

② **the hustle and bustle** にぎやかさ

➤ enjoy **the hustle and bustle** of a traditional outdoor market
昔ながらの屋外市場のにぎやかさを楽しむ

③ **stall** 露店

➤ a **stall** that sells fresh local produce 地元の新鮮な農産物を売っている**露店**

④ **a wide range of** さまざまな、幅広い～（＝ a wide variety [array] of ~）

➤ **a wide range of** unique stalls and shops さまざまな珍しい露店や店
sell **a wide range of** items from clothes to fruit and vegetables
衣類から果物や野菜といった幅広い商品を売る

⑤ **be filled with the smell of ~** ～の香りであふれている

➤ The market **was filled with the smell of** roasting meat and kebabs.
その市場は、ロースト肉やケバブの香りであふれていた。

⑥ **have a look around ~** ～を見て回る（＝ browse around）

➤ 名詞として、It's definitely **worth a look around.**（絶対見て回る価値がある）のように使えばワンランク UP！

⑦ **feature** ～の特徴がある

➤ The market **features** a variety of stalls offering traditional crafts and foods during the Christmas period.
その市場は、クリスマス期間中は伝統工芸品や、食品を取り扱うさまざまな露店が並んでいるのが特徴である。

では次にモデルスピーチを見ていきましょう。

Describe a street market in your city or town.

You should say:
  where it is
  what you can buy there
  what is special about it
and explain how you feel about the market.

［訳］あなたが住んでいる市か町にある露天市について話してください。
次の項目について触れるとよいでしょう：
それはどこにあるか
そこで何を購入できるか
何が特別か
そして、その市場についてどう感じているか説明してください

▶ **モデル回答（9.0 レベル）** ● ★太字は文のつながりをスムーズにする接続語 **078**

There're several street markets that take place in my city, and my favourite is Takasaki Open-Air Market. It's held down a side-street in the downtown area on the first Saturday of every month. There're a huge number of vendors that sell a wide variety of locally produced products, including food, flowers, clothing, ornaments and arts and crafts.

When I was at college, I lived in a flat that overlooked the market area, so I often saw the stallholders setting up their things and shoppers browsing around the market. When I first visited, everything was unique and refreshing to me; **for example**, I tried haggling a bit on the price of some clothing and crafts, and I actually managed to get a good price.

This market is particularly famous for selling loads of fresh produce from farms just outside of the city. The taste of the market's fruit and vegetables blew my mind the first time I tried them. They were totally different to the bland products I had bought in supermarkets.

Apart from the products, what I love about this market is the fun and exciting vibe it creates. You can enjoy seasonal music and various forms of entertainment, **while** you also have a chance to interact with the stallholders. There're also lots of queues in front of the stalls, which makes the atmosphere livelier. I hope this market will continue to serve as the heart of its community and provide a special shopping experience for all.

[訳]　私の住んでいる市では、いくつか露天市が開催されますが、お気に入りは高崎青空市です。毎月第一土曜日に、繁華街の横丁で開催されています。食品、花、衣類、装飾品、美術工芸品など、地元で生産されたさまざまな製品を販売する大勢の露天商がいます。

私は大学時代、市場が見渡せるアパートに住んでいたので、出店者が商品を並べ、買い物客が市場を見て回っている姿をよく見かけました。初めて訪れた時は、すべてが独特で真新しく感じました。例えば、服や工芸品の値段を少し交渉してみたら、実際にまけてもらうことができました。

この市場は、郊外の農場で採れた新鮮な農作物がたくさん売られていることで特に有名です。売られている果物や野菜を初めて食べた時、その味に驚きました。それらは、スーパーで買っていた味気ないものとは全く違いました。

商品以外で、私がこの市場を気に入っているのは、楽しくてワクワクするような雰囲気です。季節の音楽やさまざまな娯楽を楽しめますし、出店者と交流することもできます。また、屋台の前にはたくさんの行列ができ、活気があります。これからも地域の中心的な存在として、みんなが特別な買い物ができる市場であってほしいと思います。

重要スコア UP 語彙

- □ take place 行われる
- □ side-street 横町の（本通りから横に入った、細い通りのこと）
- □ vendor 露天商
- □ overlook ～が見える
- □ browse around 見て回る
- □ get a good price お買い得な買い物をする
- □ loads of 多くの～
- □ blow *one*'s mind 驚かす
- □ apart from ～ ～以外では
- □ queue 列
- □ open-air 野外の
- □ a huge number of ～ かなりの～
- □ locally produced product 地元の特産品
- □ ornament 装飾品
- □ set up ～ ～を設置する
- □ refreshing 真新しい
- □ haggle 値切る
- □ fresh produce 新鮮な農産品
- □ bland 味気ない
- □ vibe 雰囲気
- □ lively 活気のある

スコア UP ポイント

スピーチの中から、特にスコア UP につながる項目を抜粋して見ていきましょう。

Point 1 パラグラフの情報整理

まずはこのスピーチにおける、各パラグラフの概要を見ておきましょう。

1 パラグラフ	市場の概要（名前、開催場所、開催日、販売品）
2 パラグラフ	初めて行った時の出来事（衣服と工芸品を購入した）
3 パラグラフ	新鮮な野菜と果物を初めて食べた時の話
4 パラグラフ	市場の雰囲気の説明

第2パラグラフは衣服と工芸品、3パラグラフは野菜と果物、という形で、異なる種類の商品を購入した際の話をパラグラフで分けて情報を整理しています。また、第4パラグラフでは、製品以外の**市場の魅力**も書かれています。このように情報ごとに分けて話の内容を組み立てることで、**聞き手に伝わりやすいスピーチ**が完成します。

Point 2 while の用法

第4パラグラフの次の2文目で while が使われています。

You can enjoy seasonal music and various forms of entertainment, **while** you also have a chance to interact with the stallholders.

接続詞の while がうまく使えるとスコア UP につながります。また、while は **and に近い対比をすることが可能**です。つまりこの語は、異なる内容を対比させることも可能ですし、このように**類似した内容を並列すること**も可能です。

Point 3 過去完了形の運用

実践問題でも登場しましたが、**過去完了**がうまく運用されています。このスピーチは過去の話なので過去形が主体ですが、以下の3パラグラフの最後の文で使われています。

They were totally different to the bland products I **had bought** in supermarkets.

この露天市で新鮮な野菜や果物を食べた以前に、スーパーマーケットで味気ない食品を購入していたので、時系列を明確にする過去完了がうまく機能しています。

Part 3 模擬試験

解説

Shopping
ショッピング

「**ショッピング**」はすべてのパートにおける超頻出テーマで、準備は必須です。Part 3では、**トレンド**や、**近年の買い物における変化**に関する問題がよく出ます。まずは、スコアUPにつながる語彙を見ていきます。何度も音読し、運用力をUPさせていきましょう。

■ 名詞

- retailer 小売業者
- shop assistant 店員
- independent shop 個人店
- shopping complex 商業複合施設
- generic product ノンブランド製品
- used [second-hand] item 中古品
- home delivery 宅配
- overspending 浪費
- impulse spending 衝動買い
- spending habits お金の使い方
- closing sale 閉店セール

■ 動詞フレーズ

- cut back on spending 支出を減らす
- attract shoppers 買い物客を引き付ける
- shop on a budget 予算内で買い物をする
- boost demand for ~ ~の需要を高める
- find the best deal(s) お買い得品を見つける
- make a big purchase 高価な買い物をする
- rack up credit card debt クレジットカードの負債がたまる
- splurge on unnecessary items 不要なものに大金を使う
- compare prices between different stores 異なる店で価格を比較する

これらの表現以外にも、Part 1の10. Shopping and Fashion（p. 92参照）で紹介したフレーズも幅広く活用できます。そちらもあわせて復習しておきましょう。

Q1 How have people's shopping habits changed over the last ten to twenty years?

ここ 10 年から 20 年の間で、人々の買い物の習慣はどう変わりましたか。

ワンポイントレクチャー

これは買い物習慣に起こった変化の、経緯を述べる問題です。最も話しやすいアイデアは**オンラインショッピングの成長**（**the growth of online shopping**）です。例えば、「20 年前は、小売店やショッピングモールに行くのが一般的だったが、今ではオンラインでのショッピングが主流になった」のように、20 年前から現在までの変化を述べます。あるいは、ここ数年間で見られる変化に焦点を当てることも可能です。細かな年代にこだわる必要はありませんが、変化が表れる内容の回答を心がけてください。ではまずは、**オンラインショッピング**と**宅配サービス**について述べた回答例を見ていきましょう。

▶ モデル回答❶ 079

A huge change that we've seen is a shift towards online shopping. Although there're still plenty of brick-and-mortar stores, many people prefer shopping from the comfort of their home. Customers can shop, pay and receive their purchases without going anywhere. Similarly, home delivery services seem to have become the norm today. Now that remote work and virtual events have grown so much in popularity, many people are opting to have their food, like their groceries and takeout meals, delivered to their home or office.

［訳］これまで起きた大きな変化の一つは、オンラインショッピングへの移行です。実店舗数はまだ十分ありますが、自宅でくつろぎながらの買い物を好む人が多くいます。顧客は、どこにも行かずに買い物、支払い、商品の受け取りが可能です。同様に、宅配便を利用する人も増えています。今では、リモートワークやオンラインでのイベントの人気が非常に高まっていることから、多くの人は食料品やテイクアウトの食事といった食品類を、自宅やオフィスまで配達してもらうのを選びます。

重要スコア UP 語彙

- □ a shift towards ~ ~への移行
- □ from the comfort of *one's* home 自宅でくつろぎながら
- □ become the norm ごく普通になる
- □ opt to *do* ~することを選ぶ
- □ brick-and-mortar store 実店舗（イギリス英語では “bricks” のように s が付く）
- □ purchase 購入物
- □ grow in popularity 人気が高まる
- □ takeout 持ち帰り用の（英 takeaway）

スコア UP ポイント

1つ目のスコア UP につながる項目は、**譲歩（concession）**の用法です。（p. 201参照）実践問題でも何度か取り上げた内容で、逆の意見に少し触れることで説得力を高める方法でしたね。ここでは2文目の Although ~ stores, が該当箇所です。次に、4文目の Similarly に着目してください。ここは Similarly を使うことで、これに続く文（home delivery service ...）が、類似した内容であることがクリアになるため、**文同士の関係性が明確**になっています。表現に関しては、6行目の **"Now that"** の用法に着目してください。これは〈now that SV, S'V'（今は SV なので、S'V'）〉の形で、**接続詞的**に機能する語です。また、最後の文の後半にある **"have** their food ... **delivered** to their home or office" の箇所を見てください。ここは**使役動詞 have** を用いた〈**have ~ 過去分詞形**〉の用法で、「～を…してもらう」の意味になります。こちらもぜひ回答に取り入れてみてください。

▶ **モデル回答❷** ●　　080

As I understand things, the spread of influencer marketing has changed consumer behaviour. Specifically, consumers, especially young ones, make purchasing decisions based not only on the brand or the quality of a product, but also on who recommends or approves the product. Another change I can think of is the increasing use of shopping apps when it comes to comparing prices. Customers used to check inserts or digital ads, but now they can instantly learn which shops offer the best deals through these apps.

［訳］私の理解では、インフルエンサーマーケティングの普及により、消費者の行動が変化しています。具体的には、消費者、特に若い人たちは、ブランド名や品質だけでなく、誰がその商品を推奨しているか、評価しているかという点でも購入の意思決定をするようになりました。もう一つ考えられる変化は、価格を比較する際に使えるショッピングアプリを使う人が増えていることです。以前は、顧客は折り込みチラシやデジタル広告をチェックしていましたが、今はアプリを使うことでどの店が一番お得なのかを瞬時に知ることができます。

重要スコア UP 語彙

- □ as I understand things　私の理解では
- □ specifically　詳しく言うと
- □ approve　～を認める
- □ insert　折り込みチラシ
- □ best deal　お買い得品
- □ consumer behaviour　消費者行動
- □ make purchasing decisions　購入を決める
- □ instantly　瞬時に

スコア UP ポイント

こちらは「インフルエンサーマーケティング」と「アプリの活用」の2つを挙げています。インフルエンサーマーケティングとは、**有名人を起用して商品の購入を促すマーケティング手法**です。また、類似表現として **celebrity endorsement**（著名人によるお墨付き）も、このトピックで使えるので、あわせておさえておいてください。

1つ目のスコア UP ポイントは、**especially を用いて具体的に表現している点**です。"consumers" のみでは、子ども～高齢者まで含み意味が広いため、絞り込むことでどういった人が対象であるか説明しています。"young ones" の ones は "consumers" を指し、同じ語の繰り返しを回避しています。2つ目のポイントは、3文目の後半の "**when it comes** to comparing prices" のように、**どういった目的でアプリを使うか**を具体的に述べている点です。3つ目は、2文目で **"used to" を使う**ことで、「昔は～だったが今はそうではない」という、**過去との対比**をしています。なお、このようによく似た商品の品質や価格を、複数の店を比較しながら行う買い物のことは **comparison shopping**（比較購買）と言います。最後に少し応用ですが、2行目の "**not only A but (also) B**（A だけでなく B も）" の用法はスコア UP につながります。ここでは、**based on**（～にもとづいて）とのセットで次のように使われています。

based not only on ① the brand or the quality of a product, **but also on** ② who recommends or approves the product.

今回は based on の間に not only と but also が入り込んでいます。下線部①が not only A but also B の A の部分、そして下線部②が B に該当します。この表現は、Part 1 のようなカジュアルなやり取りで使うには不自然ですが、Part 3 のような**フォーマルなトピックには適しています**。少しずつ取り入れていきましょう。

Q2 What are the disadvantages of online shopping?

オンラインショッピングのデメリットは何ですか。

ワンポイントレクチャー

こちらはショッピングのテーマにおける鉄板問題で、準備は必須です。ここでは、**2つか3つデメリットを挙げること**を心がけてください。また、**メリットとあわせて**問われるタイプも過去に出題されているため、**両面から2つずつ**アイデアをまとめておくことが重要です。ではまず、メリットとデメリットを見ていきます。以下は**買い物の客視点**からの内容です。

メリット	デメリット
① **価格が安い** ► 店舗運営のコストが圧倒的に低いため、実店舗の価格よりも安く買える	① **手に取って確認できない** ► 色、デザイン、サイズが思っていたものと異なる場合がある
② **店に行く手間と費用が省ける** ► 時間と交通費を節約することができる	② **その場で疑問を解決できない** ► 店員に質問することができない
③ **待ち時間なく購入できる** ► 混雑がなく、会計時に並ぶ必要がない	③ **詐欺のリスクがある** ► 個人情報の盗難や、クレジットカード詐欺に遭う可能性がある
④ **口コミや評価を確認できる** ► ユーザーからの声を参考にできる	④ **配達後に盗難の可能性がある** ► 置き配だと、盗まれるリスクがある
⑤ **いつでもどこでも購入できる** ► 時間や場所を気にしなくてよい	⑤ **散財してしまう** ► お金を使いすぎてしまい、クレジットカード負債におちいるリスクがある
⑥ **種類が豊富** ► 国内外の商品を手軽に購入でき、好みの商品を見つけやすい	⑥ **運送の遅延が起こる** ► 天候や事故、その他のトラブルにより配達が遅れることがある
⑦ **比較しやすい** ► サーチ機能で、店や価格、品質を比べやすい	

もちろん販売者側からの視点で話すこともできますが、上記の例で話す方が複雑な表現を使わずに済みます。では早速回答例を見ていきましょう。

▶モデル回答 ● 081

I suppose the most obvious one is that the actual product might be somewhat different from the online images. When you buy clothes or shoes, for example, they can turn out to be a bad fit or the wrong colour, or even damaged in some way. Another drawback is there're cases where the order arrives late or never turns up at all. And worse still, packages can be stolen from doorsteps, which forces customers to wait a few days for a replacement to arrive.

［訳］最も明らかなデメリットは、ネットの画像と実際の商品が少し異なる可能性があることだと感じます。例えば、洋服や靴を買うとすれば、サイズが合わない、色が違う、あるいは何かしら破損していることがあります。また、商品の到着が遅れたり、全く届かないこともあります。さらに悪いことに、玄関先で荷物が盗まれることがあり、その場合代替品が届くまで数日待たされます。

重要スコア UP 語彙

- □ somewhat やや～
- □ turn out to be ～だとわかる
- □ turn up 到着する、届く
- □ doorstep 玄関口
- □ online image オンラインでの画像
- □ bad fit 着け心地が悪い
- □ worse still さらに悪いことに
- □ replacement 代替品

スコア UP ポイント

1つ目のスコア UP につながるポイントは、**代名詞の使い方と言い換え**です。問題文の disadvantage が1文目では、**代名詞 one** で代用されており、3文目では **drawback** に言い換えられています。これは繰り返しを防ぐだけでなく、表現のバラエティもアピールできるので、ぜひ活用してください。次に、3文目の **there're cases where SV**（SV の場合がある）の表現です。こちらは**関係副詞**の決まり文句で、幅広い文脈で使用可能です。3つ目は、最後の文の**関係代名詞の非制限用法**で、ここでは "~ from doorsteps**, which** forces ..." となっており、which は前の文の内容（玄関口から配達物が盗まれること）を指します。また、**force A to *do***（A が～せざるを得ない状況にする）の用法は、**無生物主語構文を作る**際に役立ちます。こちらも意識的に取り入れてみてください。ちなみに、アメリカやカナダでは「置き配」が一般的で、盗難が社会問題の一つとなっています。このような配達物の盗難は **package theft** と呼ばれ、こういった行為を行う人たちを **porch pirates** と言います。背景知識として覚えておきましょう。

Q3 Do you think shops and shopping malls will disappear one day?

いつの日か店舗やショッピングモールはなくなると思いますか。

ワンポイントレクチャー

まず背景知識として、ショッピングモールの現状について知っておきましょう。

ショッピングモールの数は世界的に減少傾向にあります。例えばアメリカでは、1980年代はおよそ2,500ありましたが、2022年には約700にまで減少しました。また、空き店舗（**vacant unit**）が多い倒産寸前のモールも増えています。背景にあるのは、主にディスカウントチェーン（**discount retail chains**）の増加、オンラインショッピングの成長、そして2020年から続いたロックダウンが衰退にさらに拍車をかけました。

一方で、**実店舗での買い物**（**in-store shopping**）を娯楽と考える人も多く、ショッピングモールは地域の集いの場であり、経済を支える重要な役割を果たします。さらに、オンライン主体でビジネスを行う企業であっても、モールに出店することで**ブランドの認知を高める**（**increase brand awareness**）ことができるため、需要はゼロにはならないと考えられます。

では問題に戻ると、この問いに対する回答候補は① Yes（なくなる）、② No（なくならない）、③なくならないが減る、の3つです。まずは、③の「**なくなるわけではないが減る**」の回答例から、分析していきましょう。

▶ **モデル回答❶** ● 　　082

Not entirely, but I think we'll continue to see more shopping malls close. My understanding is that malls have been losing ground over the last ten or twenty years. I think several factors have contributed to this decline: of course, there's the rise in online shopping; there have also been changes in spending habits; and most recently, there was the COVID-19 pandemic. So, given these ongoing trends, it's probably safe to say that malls and other retailers which don't make the effort to adapt and evolve are likely to disappear.

[訳] 完全になくなるわけではありませんが、今後もショッピングモールの閉店が続くと予想されます。私の理解では、ショッピングモールはここ10年から20年衰退を続けており、これにはいくつかの要因が考えられます。当然、ネット通販の台頭、消費行動の変化、そして直近ではコロナの大流行が挙げられます。このことから、こういった現状を考えると、変化や進化する努力をしないモールや、その他の小売業者は消えてしまう気がします。

重要スコア UP 語彙

- □ lose ground 勢いをなくす
- □ spending habits お金の使い方
- □ given ~ ~を考慮すると
- □ adapt 適応する
- □ contribute to ~ ~の一因となる
- □ rise 台頭
- □ ongoing 進行中の
- □ evolve 進化する

スコア UP ポイント

最初のポイントは、2～3文目でショッピングモールの現状と減少している要因を述べている点です。つまり、論理的に予測を述べるためには、**現状分析にもとづき意見を述べること**が重要です。次に予測を表す表現も見ておきましょう。p. 196 でも述べたように、will は確定的未来を表すため、語気を緩和する必要があります。この回答では、1文目の "I think we'll continue" にある **I think**、同様に最後の文の "... are likely to disappear." にある "**be likely**" を使うことで、それぞれ語気を和らげています。

次は②の「**なくならない**」という主張のパターンです。具体例がどのように提示され、話がどう展開されているかに着目しながら読み進めてください。では見ていきましょう。

▶ モデル回答❷ 083

No, I don't think so. Despite the growth of e-commerce, in-store shopping is still considered a relaxing pastime. Many people also enjoy going to the mall to window-shop or hang out with their friends. That being said, I expect malls that are dedicated only to brick-and-mortar shopping will struggle to survive. I think malls need to turn into multi-purpose destinations that include supermarkets, specialty stores, food courts, childcare services, clinics, and hotels so that they can cater to the needs of all kinds of visitors.

[訳] いえ、そうは思いません。イーコマースの成長があるとはいえ、実店舗での買い物はいまだにリラックスできる娯楽と考えられています。また、モールに行ってウィンドウショッピングをして楽しんだり、友人と遊ぶことを楽しむ人も多くいます。とはいえ、実店舗のみに特化しているショッピングモールは生き残りに苦労すると思います。スーパーマーケットや専門店、フードコート、託児所、診療所、ホテルなど、あらゆる人のニーズに対応できる複合型モールに変わる必要があると思います。

重要スコア UP 語彙

- □ in-store shopping 実店舗での買い物
- □ window-shop ウィンドウショッピングをする
- □ that being said とは言うものの
- □ turn into ~ ~に変わる
- □ specialty store 専門店
- □ pastime 気晴らし
- □ hang out 遊ぶ
- □ be dedicated to ~ ~に特化する
- □ multi-purpose 多目的の
- □ cater to the needs of ~ ~のニーズに応える

スコア UP ポイント

最初のポイントは、2 文目で、"Despite the growth of e-commerce" のように、イーコマースの成長に触れている点です。これは Q1（p. 201 参照）でも登場した**譲歩**（**concession**）の一つで、これにより「別の視点を考慮した上での意見だな」という、よい印象を試験官に与えることができます。次のポイントは、4 文目の That being said 以下です。ここからは、予測を含め、ショッピングモールが生き残るための案を提示しています。モデル回答❶は減少の要因が中心でしたが、このように**提案を述べる構成**も可能です。表現に関しては、最後の文の〈**so that S can *do***（S が～できるように）〉の so that 構文はスコア UP につながります。また、in-store shopping ≒ brick-and-mortar shopping の言い換えも要チェックです。

Q4 Why do you think many people like to buy branded products?

どうして多くの人は、ブランド製品を好んで買うのでしょうか。

ワンポイントレクチャー

主な理由を考えてみると、「**品質がよい**」、「**知名度や信頼性がある**」、「**種類やデザインが豊富**」、「**使いやすく機能性が高い**」、「**カスタマーサポートが充実している**」などが挙げられます。そしてポイントは、**productsが何かを明確にすること**です。つまり、どのような製品かを述べることで、具体性と説得力がアップします。これは、例えば食品、家具、電化製品、衣服、靴、車など何でも構いません。ちなみに、この“branded products”は、高級品以外も含めた**銘柄**、**商標品**を指します。価格帯やジャンルにかかわらず、**特定の企業名やデザイン**があるものはすべてbrandedです。最後に回答方法に関しては、2つ理由を挙げるのがベストですが、1つを掘り下げても構いません。ではまず「**品質の高さ**」をキーアイデアとして述べた回答例を見ていきましょう。

▶ モデル回答 ● 084

I think the most obvious reason is that quality is assured. For example, brand-name fashion items such as clothes and shoes are usually made of high-quality, natural materials. This guarantees they're durable and comfortable, unlike some non-branded items. People also buy brand foods expecting good taste or high nutritional value. As opposed to most supermarket own-label food items, branded ones contain more natural ingredients and are usually free of artificial preservatives and flavours.

［訳］最も明確な理由は、品質が保証されていることだと思います。例えば、洋服や靴などのファッションアイテムは、ブランド品であれば高品質な天然素材でできていることがほとんどです。このため、ノンブランド品とは異なり、耐久性や快適性が保証されています。また、人々はおいしさや栄養価の高さを期待して、ブランド製品を購入します。スーパーマーケットの自社ブランド食品とは対照的に、ブランド食品はより自然な原材料を使用しており、保存料や人工香料を使用していないものがほとんどです。

重要スコアUP語彙

- □ be assured 保証されている
- □ durable 丈夫で長持ちする
- □ nutritional value 栄養価
- □ own-label food items プライベート食品
- □ free of ~ ~がない
- □ flavour 香料
- □ natural material 天然素材
- □ unlike ~とは異なり
- □ as opposed to ~ ~とは反対に
- □ ingredient 原材料
- □ preservative 保存料

スコアUPポイント

この回答は、「品質」を理由として、具体例を2つ述べています。1つ目が、「衣服や靴といったファッションアイテム」、2つ目が「食品」で、レクチャーで触れたように**具体的な製品の種類を提示**しています。ここでのポイントは、そのような**銘柄製品がどういったメリットがあるか**を述べることです。つまり、ノンブランドの商品との違いを対比させることが重要です。特に3文目の "... , **unlike** some non-branded items"、そして5文目の "**As opposed to** most supermarket own-label food items" が該当箇所です。このunlikeとas opposed toは比較する際に幅広く使える便利な表現です。また、"branded products" の対義語として、"**no-name products**" や "**generic products**" もよく使われます。あわせて覚えておきましょう。

Q5 Many people say we have become more materialistic today than in the past. What do you think?

多くの人は、我々は昔より物質主義的になったと言います。あなたはどう思いますか。

ワンポイントレクチャー

まずは、問題文にあるmaterialistic、そしてmaterialismについて背景知識を高めていきましょう。

materialism（物質主義）とは、「お金や物は、人生に幸福をもたらす最も重要なものであるという考え」を意味します。例えば、「消費志向が強い」、「高い地位や高収入を得ることが人生の目標である」、「ブランド品や流行品を好み、自己顕示欲が強い」といった思考が挙げられます。こういった特徴を持つ人たちの特徴や、考え方のことを**materialistic**（物質主義的）と言います。

ただし、materialismはネガティブな面がある一方で、**資本主義**（**capitalism**）、そしてこの次の問題で登場する**消費主義**（**consumerism**）においては非常に重要です。もし物質主義的思考が衰えれば、消費志向が減り、その結果**経済活動が鈍化する**（**the economy slows down**）からです。また、何かを消費することで、ストレスの解消や豊かな人間関係の構築につながることもあります。例えば、誕生日やクリスマスにプレゼントを渡すことで、相手は喜び、その結果関係が良好になる、といったケースです。

では本題に戻ると、現代社会は昔に比べて物があふれ、そして手に入れやすくなっており消費が増えています。

従ってこの問いに対し、「物質主義的になっていない」とするのは論理的に無理があるため、この問いに対する応答は「**物質主義的になっている**」です。そしてこれに続けて、なぜそうなったか、または、どういった形で物質主義になったか、という内容を付け足してください。では１つ目の回答例を見ていきましょう。

▶モデル回答❶ ● 🔈085

I believe we've become more focused on material possessions than ever before. In modern society, materialism is impossible to avoid, as we're constantly surrounded by adverts that promote products as symbols of social status and success. Indeed, today's young people are targeted by marketing that has powerful effects on their economic and moral decision-making. So, I think it's reasonable to say that the more we're exposed to advertising, the more likely we'll crave products regardless of necessity.

［訳］私たちは、以前にも増して所有物をより重視するようになったと強く感じます。現代社会では、物質主義を避けることは不可能であり、これは社会的地位や成功の象徴として製品を宣伝する広告が、常に私たちの周りにあるからです。実際のところ、今日の若者は、経済的、そして道徳的な意思決定に大きな影響を与えるマーケティングの標的とされています。このことから、広告に触れれば触れるほど、必要性とは関係なく商品が欲しくなると言うことは、もっともなことだと思います。

重要スコアUP語彙

- □ material possession 所有物（→ お金や物のこと）
- □ constantly 常に
- □ advert 広告
- □ be targeted by ~ ～に標的にされる
- □ moral 道徳上の
- □ decision-making 意思決定
- □ it's reasonable to say that ... …ということは理にかなっている
- □ be exposed to ~ ～にさらされる、触れる
- □ crave ～を強く欲しがる
- □ regardless of necessity 必要か否かにかかわらず

スコアUPポイント

この回答のポイントは、**現代の特徴**に焦点を当てて話している点です。2～3文目が該当箇所で、現代広告が与える影響について述べています。特に3文目では "today's young people" とすることで、どういった人たちがその対象となっているか、という点が具体化しています。materialism について問われた場合、このような**広告が与える影響**はアイデアとして使えるので効果的です。表現に関しては、最後の文で〈**the 比較級 SV + the 比較級 S'V'**（SV すればするほど、S'V'）〉が使われています。上級者向けですが、使いこなせれば好印象ですので、覚えておいてください。

次は、別の観点からの応答例です。こちらは、人々の態度の変化について書かれています。では続けて見ていきましょう。

▶ モデル回答❷ 🇬🇧 🔊086

It's clear that we are driven to consume; to have the latest, the best, and the most stylish items. But as I look at it, in recent years, there's been a shift in attitudes towards consumption. This is largely due to growing concerns about the environment. Many people are now choosing to live more sustainably by only purchasing what they truly need. Others are more willing to upcycle or recycle old or damaged items rather than throwing them away.

[訳] 私たちが今日、最新かつ最良、そして最もスタイリッシュな物を消費するように駆り立てられていることは明らかです。しかし私が思うには、近年消費に対する考え方に変化が生じています。これは、主に環境問題への懸念が高まりつつあるからです。今日では、多くの人は本当に必要なものだけを購入し、より環境にやさしい形で生活しようとしています。他にも、古いものや傷んだものを捨てるのではなく、積極的にアップサイクルやリサイクルを行う人もいます。

重要スコアUP語彙

- □ be driven to *do* ～するよう駆り立てられる
- □ largely due to ～ 主に～が原因で
- □ sustainably 環境にやさしく
- □ upcycle アップサイクルする*
- □ as I look at it 私が思うには
- □ a growing concern about ～ ～に対してますます高まる懸念
- □ be more willing to *do* ～することをいとわない

★ 廃棄物や古くなったものを新たに改良することで、よいものに作り変えること

スコアUPポイント

この例は、モデル回答❶とは異なる観点で述べられています。1文目は、materialisticについての記述ですが、2文目以降は、**近年の動向**（消費についての考え方に変化が見られる）について話が展開されています。このような社会問題を議論する場合、**ここ数年の変化や傾向、課題について触れる**と、より議論を具体的かつ効果的に進めることができます。また、**話の広げ方**も参考になります。まず3文目で、「消費に対する考え方に変化が見られる」とざっくりとした内容に触れてから、4文目の“Many people ... .”、そして5文目の“Others are ... .”で異なる考えについて述べられています。このように、一つの事象に対して、**考え方や取り組み、姿勢などを細分化して述べる方法**も議論の展開で有効ですので、覚えておきましょう。

Q6 Do you think the benefits of consumerism outweigh the drawbacks?

消費主義の恩恵は、不利益よりも大きいと思いますか。

ワンポイントレクチャー

consumerism に関する問題は難問ですが、出題頻度が高いため準備は必須です。consumerismとは「**消費活動の拡大は、経済発展と人々の幸福に不可欠である**」という消費主義の考えで、**資本主義**（**capitalism**）における重要な要素です。そのサイクルをチャートにすると、次のようになります。

■ consumerism のサイクル

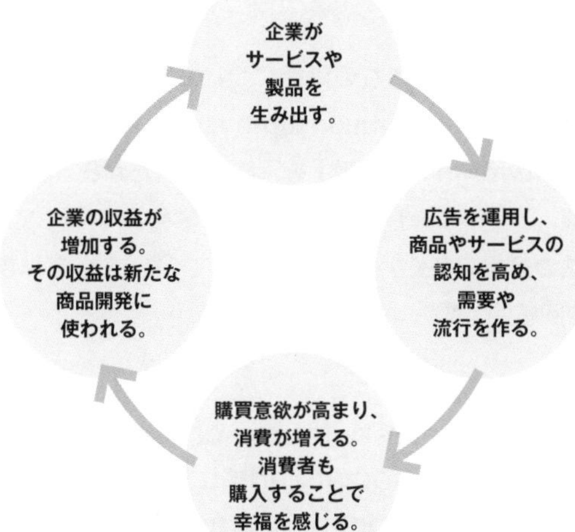

企業がサービスや製品を生み出す。
広告を運用し、商品やサービスの認知を高め、需要や流行を作る。
購買意欲が高まり、消費が増える。消費者も購入することで幸福を感じる。
企業の収益が増加する。その収益は新たな商品開発に使われる。

このサイクルが繰り返されることで、**経済の活性化やGDPの成長**につながります。ただし、consumerismはどちらかというと**ネガティブな響きを持つ**語であり、悪い面もあります。では次に、問題でも問われているメリットとデメリットを見ていきます。

メリット	デメリット
① 製品の需要が高まり、雇用が生まれることで、経済が活性化される ② 商品の種類や価格帯が増えることで、消費者の選択肢が増える ③ 企業間で競争が生まれ、製品やサービスの質が向上したり、新たな製品が生まれる	① 浪費や負債が増える ② 倫理観や精神衛生に影響を与える ③ 低賃金労働による労働者搾取が起こる ④ 大量生産可能な安価な製品が増えると、伝統品の需要が減り、産業が衰退する ⑤ 汚染やごみの増加、天然資源の過剰消費など環境に被害をもたらす

なお、このような「消費が最も重要とされる社会」のことを、**consumer society**（**消費者社会**）と言います。では、まとめとして、先ほど登場した materialism との違いをもう一度確認しておきましょう。

・**materialism** → 物やお金を持っていることが、人生で最も重要であるという考え
・**consumerism** → 消費活動が、経済発展と、個人の幸福に最も重要であるという考え

では問題に戻ります。この問いへの応答は、以下の 3 パターンが考えられます。

① 不利益よりも恩恵が大きい
② 恩恵よりも不利益が大きい
③ 同程度の恩恵と不利益がある

ここでのポイントは、**利益と不利益の両面について触れること**です。これは、問題文が "Do you think the benefits of consumerism **outweigh** the drawbacks?" となっており、この **outweigh は「比較」を示唆する語だから**です。従って、両面に触れながら、①の場合は、不利益の分量を少なく**恩恵の量を多く**、そして②の場合は恩恵の分量を少なく**不利益の分量を多く**することを意識してください。ではまず、①**不利益よりも恩恵が大きい**、の回答例です。

▶ モデル回答❶ 🇨🇦 🔊087

Despite its controversial reputation, consumerism is crucial for the functionality of a society and its economy. On the downside, consumerism can harm the environment and may encourage a culture that prioritises material possessions over personal connections and ethical values. However, consumerism creates job opportunities and spurs economic growth by stimulating demand for goods and services. In addition, increased competition encourages companies to strive for quality and service improvements, which benefits consumers. Overall, I believe our society would be in trouble without the consumerism model in place.

［訳］消費主義には賛否両論ありますが、社会と経済の機能性には欠かせないものです。マイナス面に関しては、消費主義は環境に害を及ぼしかねず、そして個人的なつながりや倫理的価値よりも物質的な所有物を優先する文化を助長することもあります。しかしながら、消費主義は雇用機会を創出し、商品やサービスに対する需要を高めることで経済成長を促します。また、競争が激化することで、企業は品質やサービスの向上に努めるようになり、これは消費者にとって恩恵をもたらします。概して、消費主義モデルがうまく機能していなければ、私たちの社会は大変なことになると思います。

重要スコア UP 語彙

- □ controversial 賛否両論のある
- □ functionality 機能性
- □ prioritise A over B BよりAを優先する
- □ spur ~ ~を促す
- □ strive for ~のために努力する
- □ overall 概して
- □ crucial 極めて重要な
- □ on the downside マイナス面は
- □ ethical value 倫理観
- □ stimulate demand for ~ ~への需要を高める
- □ in place 機能して、適切な状態で

スコア UP ポイント

この回答は、**文章の構成**が非常に参考になります。まず1文目で、主張（消費主義は社会と経済の機能性には不可欠である）を明確にしています。そこから、2文目のOn the downside以下でまずはマイナス面を述べ、そして3文目のHowever以下で、プラスの面を述べています。このように、**反対の主張を先に述べ**、そして**自分の主張を後に述べることで強調され**、**より論理性がUP**します。次のポイントは、最後の文（Overall, ...）で、もう一度自分の主張を述べており、これにより聞き手に立場を明確に伝えることができます。これはp. 248やp. 255で触れた**再主張（restatement）**で、これにより主張が強くなります。最後に、2文目の"~ consumerism **can** harm the environment and **may** encourage ... ."をご覧ください。このcanとmayは、p. 195で触れた**hedging**で、うまく**語気緩和されている**点も、スコアUPにつながります。

それでは最後に、②**恩恵よりも不利益が大きい**、の回答例を見ていきます。こちらも、話の展開に着目しながら読み進めてみてください。

▸ モデル回答❷ ●　　🔊088

On the whole, I believe consumerism comes with more negatives than positives. While it may drive the economic growth of a country, consumerism has a significant negative impact on the environment. The production of consumer goods requires enormous amounts of energy, and increased demand for products inevitably leads to the generation of waste. Additionally, the rise of fast fashion, or cheap, on-trend clothing has exacerbated the exploitation of low-paid workers, especially in developing countries. Therefore, I'd argue that consumerism is more of a burden on society than a boon.

［訳］全体として、消費主義にはプラスよりもマイナスが多いと思います。国の経済成長を促す可能性がある一方で、消費主義は環境に大きな悪影響を与えます。消費財の生産には膨大なエネルギーが必要であり、製品需要の増加は必然的に廃棄物の発生につながります。さらには、安価な流行の服であるファストファッションの台頭により、特に発展途上国では低賃金労働者の搾取がさらに悪化しました。従って、消費主義は、恩恵よりも害の方が多いと思います。

重要スコア UP 語彙

- □ on the whole 概して
- □ drive economic growth 経済成長を促す
- □ generation of waste ゴミの発生
- □ exacerbate ～を悪化させる
- □ burden 負担
- □ come with ～を伴う
- □ inevitably 必然的に
- □ fast fashion ファストファッション*
- □ exploitation 搾取
- □ boon 恩恵

* fast fashion 流行に合わせ、大量生産により低価格で提供するアパレル業態

スコア UP ポイント

この回答は、「**環境への被害**」と「**労働者搾取**」の 2 つのデメリットを中心に話を展開しています。まずは 2 文目をご覧ください。ここでは、メリットに関しては "While ~ a country" の箇所で**軽く触れているだけ**です。ライティングでは、自身の主張の反対の面をもう少し述べなければいけませんが、ディスカッションではその必要はありません。次に、表現について見ておきましょう。まず 4 文目 "Additionally, the rise of fast fashion, **or** cheap, trendy clothing" にある、"or" に着目してください。この "**or**" は「つまり」という意味で、前に出てきた語を説明する働きがあります。fast fashion は近年少しずつ浸透してきましたが、まだ知らない人も多くいます。このことから、**なじみの薄い語はこのように簡単に説明を加えること**で、聞き手の理解を高めることができます。この他のスコア UP につながるポイントは、**適切なパラフレーズ**で

す。問題文の “benefits” と “drawbacks” は、まず 1 文目それぞれ “positives” と “negatives” に、同じく最後の文でも、“boon” と “burden” に言い換えられています。少しレベルは高めですが、このパラフレーズは、メリットとデメリットについて述べる問題タイプで応用可能です。

以上で、模擬テスト、そして本書のすべての項目が終了です。長時間お疲れさまでした。初めて見ることや覚えることが多く、圧倒された方もいたと思います。ただ、留学中はこの何倍もの予習や課題があるので、留学前の準備運動とポジティブにとらえてください。本番で運用できるようになるまで時間はかかりますが、最低 3 回は本書を通読し、フレーズやアイデアの運用力を高めていってくださいね。

IELTS 学習は孤独と停滞との戦いですが、必ず道は開けます。しんどい時こそ前に一歩踏み出してください。それが一番の近道です。みなさんの目標スコアの達成、そしてその先にある新たな未来の実現を心から応援しています。頑張ってください。

付録

巻末スペシャルレクチャー

巻末スペシャルレクチャー ①

表現力・正確性をワンランクUP！

語法ミスに注意！ トップ10

ここでは、スピーキングで犯しがちな**語法ミス**を紹介します。友人との英語のおしゃべりや、カジュアルなオンライン英会話とは異なり、IELTSでは、単語の運用能力、つまり語法の**正確性や自然さ**が重要です。そのため、「通じるが不自然な英語」は最小限にする努力が必要です。そこで、「**自然で試験官に通じる英語**」をコンセプトに、10年以上の指導の中で多かった語法ミスと、誤りではないが不自然な単語の使い方10項目を厳選しました。これを読むことで正確性が向上するだけでなく、英語の語感も研ぎ澄まされます。では始めましょう！

トップ1 「紹介する」→ introduceへの機械翻訳に注意！

以下の文をご覧ください。どの単語の使い方が不自然か、そしてどのように変えれば正確な英語になるか考えてください。

× She introduced several nice cafes.
彼女は、素敵なカフェをいくつか紹介してくれた。

答えはintroduceです。まず、introduceは「**初対面の人に自分や他人を紹介する**」という意味で用います。

○ She **introduced** me to her brother. 彼女は私に兄を紹介してくれた。

「レストランを**紹介する**」のように**人以外**のことを「すすめる」という意味でintroduceを使うことは一般的ではありません。「何をどのように紹介する」かで該当する英語が変わるので、文脈に合わせて適語を選ぶ必要があります。「人に物や場所を紹介する」と言いたい場合であれば、**suggest**や**recommend**が使われます。

例 | She **suggested** [**recommended**] several nice cafes in London.
彼女は、ロンドンの素敵なカフェをいくつか**紹介してくれた**。

ニュアンスの違いは、**suggest** は「～はどう?」といった軽い提案、**recommend** は自分自身の経験に基づいて「すすめる」、といった感じです。

では次に、以下の「紹介する」はどのように訳せばよいか、考えてみてください。

「先日、その 3 つ星レストランがテレビで**紹介されていた**」

この場合は「**～を取り上げる**」、「**～を特集する**」という意味の「**紹介する**」です。よってこちらは、**feature** を用いて次のように表現できます。

o The other day, the three-star restaurant was **featured** on TV.

トップ 2 「自然」= "greenery" と覚えよ!

「自然」を、機械的に "nature" と訳すのは禁物です。nature は、「自然」ではなく「**大自然**」という意味合いで、ネイティブスピーカーには、forest、mountain、wildlife (野生生物) などを連想させます。**国立公園**や**原生林**、**山々に囲まれた湖**などのイメージがあるので、例えば知床半島や屋久島、小笠原諸島などの様子を指します。都会の**公園**や**河川敷にある花、木などの緑**といった自然は **greenery** で表現できます。

例 1 | There's a lot of **greenery** near my flat.
マンションの近くは自然が多い。

例 2 | I want to live in an area with more **greenery**.
もっと自然の多い地域に住みたい。

または、次のように単に **park** でも木々や植物などの自然を連想することができます。

例 3 | I think living close to a **park** makes people more active and healthier.
公園のそばに住むことで、人はより活発で健康になると思います。

また、**green space**（緑地）でも日本人がイメージする自然を表すことが可能です。これは**芝生が広がる広場**をイメージしてください。

例 4 | **Parks and green spaces** play an essential role in society as they're where people exercise, socialise and relax.
公園と緑地は、運動、社交、くつろぎの場であるため、社会で不可欠な役割を果たしています。

このようにさまざまな表現がありますが、自然の度合いを見極めた上で、nature と greenery を使い分けるようにしましょう。

トップ 3 「SNS」は英語ではない！

「SNS」はあらゆる場面で使う機会が多い単語ですが、日本語に詳しくないネイティブスピーカーには通じません。英語では **social media** が最も一般的で、SNS の種類（Twitter や Instagram など）に言及する場合は、**social media platforms [sites]** もよく使われます。

例 1 | Many young people get most of their news through **social media**.
若者の多くは、ほとんどのニュースは SNS を通して知ります。

例 2 | I regularly use **social media platforms** like Twitter and Instagram.
ツイッターやインスタグラムといった SNS をよく利用します。

関連表現として、**SNS ユーザー**（**social media user**）や、**SNS インフルエンサー**（**social media influencer**）もあわせて覚えておきましょう。

◆ トップ 4 "job" の使い方には要注意！

これは**カテゴリー**分けに関する、頻度の高いミスです。次の英文を見て、どこを改善すればよいか考えてください。

× (1) One job I'm interested in doing is primary school teachers.
× (2) I think nurses are one of the most popular jobs in Japan.

訂正すべき箇所は、(1) の **primary school teachers**、(2) の **nurses** です。これらはそれぞれ「小学校教員」、「看護師」という「**人**」**を指す**ので、"job"（職業）に対する答えになっていません。つまり**主語と目的語における名詞のカテゴリーがずれています**。これは、次のように直すと正確な文になります。

o (1) One job I'm interested in doing is **teaching at primary schools**.
o (2) I think **nursing** is one of the most popular jobs in Japan.

job = teaching at primary schools（小学校での教職）、**nursing**（看護職）**= job** のように、主語と目的語のカテゴリーが一致しましたね。ただし、teaching や nursing のように職業にできる名詞は限定的で、その他 policing（警察）、engineering（エンジニア）、acting（俳優業）などです。そして職種に限定されず幅広く使える表現が、"**work as a 職業名**"と、"**work in 業種**"の2つです。次のやり取りで見ておきましょう。

例1 | Q. What are most popular jobs among young people in your country?
あなたの国で、若者の間で人気の職業は何ですか。

A. I'd say **working as a nurse** [**working in health care**] is a pretty popular option in Japan.
日本では、看護職［医療業界で働くこと］が、とても人気のある選択肢だと思います。

他にも、"**work in the ~ sector**（～業界で働く）"とすることも可能です。

例2 | **work** in the healthcare [fashion / tech / service / education] **sector**
医療［ファッション／IT／サービス／教育］業界で働く

このことから、仕事について回答する場合は、**カテゴリーの一致**に注意して答えるようにしましょう。

◆ トップ5 Prefecture（都道府県）は通じない!?

ネイティブスピーカーにとって、「都道府県」＝ prefectureという概念はありません。例えば日本の地理に詳しくないネイティブに“I live in Osaka **Prefecture.**”と言うと、「私は大阪**プリーフェクチャ**に住んでいます」と響きます。これは**英語圏の行政区分的にprefectureが存在しないから**です。よって、**日本の行政区分について話す時以外は、**prefectureの使用は不要です。なお、世界的にTokyoはcityとして認識されていますので、prefectureを使わず次のように表現するのが一般的です。

例 | I live in Tokyo. 東京に住んでいます。

また、「～市」と表す場合についても、**市であることをあえて明確にする必要がなければ**、次のように表現するのが自然です。

例 | I worked in Yokohama for 5 years. 5年間横浜で働いていました。

「横浜市」を“Yokohama City”とするのは不自然で、これはLondonやSydneyを、London CityやSydney Cityと言わないのと同じです。

★ ただしNew YorkはStateと区別するために、New York Cityとすることがあります。

もし「市」や「町」を区別して描写したい場合には、次のように説明してください。

例 | I live in Yokohama, **which is one of the biggest cities in Japan**.
横浜に住んでいて、そこは日本の大都市の一つです。

► **関係代名詞の非制限用法**を用いて、それがどのような場所かの説明を加えます。

本番では試験官がどの程度日本について知っているのかはわかりません。そのような理由からも、誰でも理解しやすい、**聞き手に誤解なく伝わる英語**を話すよう心がけましょう。

◆ トップ 6 数えられる名詞か否かを常に意識せよ！

英語には**可算名詞**（数えられる名詞）と**不可算名詞**（数えられない名詞）という概念があります。ここでは意味は類似しているが、可算と不可算の使い分けが必要な名詞を見ていきます。普段から意識して、語彙の正確性を高めていきましょう。

	可算名詞	不可算名詞
仕事	job	employment
作業	task	work
研究	study	research
冗談	joke	humour
語彙	word	vocabulary
道具、器具	tool	equipment
興奮	thrill	excitement
進歩	advance	progress
広告	advertisement	advertising
渋滞	traffic jam	traffic congestion
増加	increase / rise	growth
助言	tip / suggestion	advice / feedback
ニュース	news story [report]	news
従業員	worker / staff member	staff

◆ トップ7 できた → could への機械翻訳に要注意！

英語で、日本語の「**～をやりとげた**」という意味の「**できた**」を表現したい場合、文脈から慎重に判断することが重要です。候補は主に次の３つです。

❶ **過去形**：事実を述べる際に使い、最も一般的
❷ **managed to *do***：なんとか、やっとできた、というニュアンス
❸ **was able to *do***：能力や技術、チャンスがあってできたという意味。達成、成功が強調される。❶と❷よりもフォーマル

そして、これらは**一時的な 1 回の動作や結果**について使います。

例 1 | She **passed** the exam. 彼女は試験に合格できた。
→ 過去形で「合格した」という事実を述べている。最も一般的。

例 2 | She **managed to** pass the exam. 彼女はなんとか試験に合格できた。
→「大変だったけど、なんとか合格した」というニュアンス。

例 3 | She **was able to** pass the exam. 彼女は試験に合格できた。
→「能力があったので合格できた」という能力や成功が強調される。

▸ また、**達成を強調する場合**は、それぞれ **finally** passed / **finally** managed to / was **finally** able to（ついに合格できた）のように、**finally** を付けて表します。

では本題の "could" についてです。**could** を使って「～できた」と言う場合には、「**（過去の一時点で）しようと思えばできた**」というニュアンスになります。

例 4 | I **could** run a marathon in under three hours when I was younger.
若い時は、3 時間以内でマラソンを完走できた。

この could は例 1 ～ 3 の一時的な動作と異なり、そういった**能力を持ち合わせていた**という意味です。ただし「**できなかった**」と表したい場合には、**I couldn't pass the exam.**（試験に合格**できなかった**）のように使い分けは気にせず **couldn't** が使えます。

まとめると、「**～できた**」という 1 回の出来事は、通常**過去形**で表し、伝えたい内容により **managed to *do*** や **was able to *do*** を使います。そして、**could** は「**～しようと思えばできた**」を意味し、**couldn't** は「できなかった」の意味で使用可能、となります。

◆ トップ 8 “hobby” は趣味の度合いを見極めよ！

「趣味」→ hobby への安易な転換は禁物です。まずは hobby を活動ごとに分けた次の表をご覧いただき、どういった特徴で分類されているか考えてみてください。

❶ hobby	marathon / gardening / painting / fishing / skydiving / photography / arts and crafts
❷ hobby にもなりうる	swimming / cycling / singing / hiking / travelling / dancing / reading / cooking
❸ hobby ではない hobby とは言いにくい	jogging / walking / watching films [TV] / listening to music / eating out / shopping

違いはわかりましたか？ ❶の分類は「**特定の能力や専門知識、道具などが必要で、interest よりも熱心に行う活動**」と考えてください。別の見方では、「**明日やろう思っても、すぐにできないもの**」とも言えます。例を挙げると、jogging はいつでも気軽にできますが、marathon（フルマラソン）は完走する体力が必要で、明日すぐにできるわけではありませんね。次は❷の分類です。cycling を例に取ると、週末に運動や気晴らしで 30 分程度行うのは hobby とは言えませんが、本格的なロードバイクで大会に出たり、長距離の旅行をするのであれば hobby です。そして、もし❸のように hobby でないもの、または❷の項目を気晴らしに行うことを言う場合、あるいは **hobby か否かの見極めが難しい場合**には、次の表現がおすすめです。

○ **I enjoy *doing* [like to do] ~ in my free time** [**on my days off**].

例 | I **enjoy** listening [**like to** listen] to music in my free time.
趣味は音楽を聴くことです。

このように、hobby を使う際は**趣味の度合いを見極めて**使うようにしましょう。

◆ トップ 9 "learn" と "learn about" を使い分けよ！

この2語は日本語では「学ぶ」や「知る」と訳されますが、混同して使用しているミスが目立ちます。まずは次の2つの表現の違いを考えてみてください。

① **learn** communication skills
② **learn about** communication skills

違いはわかりましたか？ ①は「コミュニケーションスキルを**身に付ける**」、②は「コミュニケーションスキル**について知る、知識を深める**」となります。つまり次のような違いがあります。

learn： ①（一定の水準まで）身に付ける　② ～を学習する
learn about： ～について知る（≒ acquire knowledge about ~）

では次は、「**異文化について学ぶ**」は、どちらの表現が正確か考えてみてください。

① **learn** different cultures
② **learn about** different cultures

正解は②ですね。**異文化は身に付けることはできない**ので、「～について知る」を表す **learn about** が正解です。

これに関連して、日本語の「**マスターする**」を表現する際も、注意が必要です。master は「**達人レベルで習得する**」という意味なので、単に「一定水準まで身に付ける」とする場合は、次のように learn で十分です。

例　**learn** new skills　新しいスキルを身に付ける
　　learn a foreign language　外国語を身に付ける

◆ トップ 10 「発信する」の訳語に注意！

日本語でも「発信する」は高い頻度で使われる表現です。しかしながら、これを表す**万能な英語表現はありません**。**誰が何を発信するか**によって、表現が異なってくるためです。

では最初に、使う機会の多い「**情報を発信する**」と表す際、注意すべき表現から見ていきます。次の 2 つは、辞書やネット検索で表示される「発信する」の英訳ですが、これらをそのまま使うことはほぼありません。

× transmit information

► transmit は「ある地点から別の地点に～を送る」が原義で、information と相性がよくありません。頻度の高いフレーズとしては、**transmit electricity**（送電する）、や **transmit data [a signal]**（データ［信号］を送る）があります。また「～を感染させる」もよく使われ、**sexually transmitted disease**（性感染症）は決まり文句です。

△ spread information

► spread を他動詞（～を広める）で使う場合、**目的語はネガティブな名詞**をよく取ります。例えば、spread a **rumour [gossip]**（うわさを広める）や、spread the **virus [disease]**（ウィルス［病気］を広める）があります。他にも spread **misinformation**（誤った情報を広める）や、ネガティブな形容詞を付けた spread **false information** は可能です。ネガティブではない名詞としては、spread the **news [knowledge]** などが挙げられます。

では次は、幅広く使うことができる「発信する」の表現です。最も一般的な「**（自分の意見や考え、ストーリーなどを誰かに）伝える、共有する**」の意味の場合、次のいずれかで表現すると、ニュアンスが伝わりやすくなります。

- ○ **share *one*'s story** ストーリーをシェアする
- ○ **express *one*self [*one*'s opinions]** 意見を言う
- ○ **make *one*'s voice heard** 意見や信念を主張する
- ○ **communicate *one*'s knowledge and ideas** 知識や考えを伝える

また、このような表現は通常、**特定の媒体を通して**行われます。例えば、SNS やテレビをはじめとするメディアが一般的ですので、以下のような表現が考えられます。

例 | Teenagers often **express their opinions and share their stories** through social media.
10 代の若者は、SNS を通じて自分の意見やストーリーを**発信する**ことが多い。

そして、もう一つよく使われるのは、政府、企業、学校が**「何かの魅力を発信する」**という用法です。ただしこのままでは、**何の魅力を発信するかがあいまい**なので、英語的発想では、具体的に表現する必要があります。

例 1 | Nowadays, many companies use social media to **promote the appealing aspects of** their products and services.
今日では、SNS を使い、自社の商品やサービスの魅力を**発信する**企業が多い。

► **発信する内容** (their products and services) を明確にし、**SNS を用いて** (use social media)、と媒体を具体化しています。企業の発信は「宣伝」がメインなので、動詞は **promote** が適切です。

例 2 | I think the government should focus on **promoting Japan's appealing aspects**, including culture, food and safety.
政府は、食べ物、文化、安全性といった日本の魅力を**発信する**ことに力を入れるべきである。

► culture、food、safety のように、発信する内容を具体的に挙げています。この「発信する」は、「外国人観光客に**日本のことを宣伝する**」という意味なので、同じく promote で表せます。ただし、日本の魅力を強調することに重きを置く場合は **emphasise**、また情報拡散が焦点の場合は **disseminate** (～を広める) がベストです。

使い分けはおわかりいただけましたか？ 具体的に「何を」、「誰に向けて」、「どのように」発信するか、という部分を意識して表現していきましょう。

巻末スペシャルレクチャー ②

日本文化はこう発信せよ! その1

基本表現

IELTS ではすべての Part で、文化を中心に「あなたの国」、つまり日本のことを問う問題が出題されます。そのため、一定の知識とアイデア、そして描写に必要な表現をカバーしておくことが大切です。Part ごとに出題例を見ておきましょう。

▸ Part 1

Q1. Is there a place of natural beauty in your country?
あなたの国には、自然の美しさのある場所はありますか。

Q2. What are popular modes of transport in your country?
あなたの国で、一般的な交通手段は何ですか。

▸ Part 2

Q1. Describe a flower or tree that is important in your country.
あなたの国で重要な花か木について話してください。

Q2. Describe a tourist site in your country that you would recommend visiting.
あなたの国で、おすすめの観光地について話してください。

▸ Part 3

Q1. How do people show politeness in your culture?
あなたの文化ではどのように礼儀を表しますか。

Q2. Are there any special foods that are eaten for important events in your culture?
あなたの文化で、重要な行事に食べる特別な食べ物はありますか。

このような質問に答える際に重要なのは、**試験官は日本についてあまり知らない**という前提で話すことです。これは、日本で受験したとしても試験官がどの程度日本に詳しいかはわかりません。そのため、必要に応じて日本独自の地名や行事、料理などについては**簡単な説明を加えること**が必要です。次の回答例を見て、どのように説明を加えるか参考にしましょう。

▶ 回答例 ❶

During the New Year's holiday period, Japanese people usually eat *osechi ryōri*, **which is a variety of special dishes presented in boxes**.

正月の期間中、日本人はおせち料理を食べるのが一般的で、これは箱詰めされたさまざまな種類の、特別な料理のことです。

下線部は、おせち料理の簡単な説明になっていますね。このように、**聞き手はおせち料理が、どんな食べ物か知らない**という意識を持って話すことが大切です。そして、この説明を加える際に役立つのが、本書で何度か登場した**関係代名詞の非制限用法**（p. 41参照）です。ではもう一例見ておきましょう。

▶ 回答例 ❷

If I get the chance, I'd like to go to Kusatsu, **which is one of the most famous hot spring resorts in eastern Japan**.

機会があれば、草津に行きたいです、そこは東日本で最も有名な温泉リゾート地です。

ここでは草津（群馬県）がどんな場所か、which 以下で解説を加えています。場所について話す際にも、その特徴を補足すると聞き手がイメージしやすくなります。

上の 2 つの例は “, which ...” のみで終わっていますが、必要に応じてもう 1、2 文説明を加えても構いません。ただし、それは日本独特の事情や文化、または世界でも認知度が低いことについて話すケースです。例えば、sushi、sashimi、anime、karate、samurai などのよく知られている語については、補足説明は不要です。

では次に、使う機会の多い語を見ていきます。これらは日本人、文化、行事、場所などについて述べる際に使える、汎用性が高いものです。覚えて活用しましょう。

■ **人や行動の特徴を表す基本表現**

- polite 礼儀正しい
- rude 失礼な
- welcoming 歓迎する、友好的な
- hard-working 勤勉な
- punctual 時間を守る
- respectful 敬意を示す
- reserved 控えめな
- unacceptable 受け入れられない

■ **日本の社会問題を表す表現**

- long working hours 長時間労働
- the average life expectancy 平均寿命
- the widening income gap 広がる所得格差
- low birthrate and ageing society 少子高齢化
- rising prices and stagnant wages 上昇する物価と上がらない賃金

■ **一般事象を表す表現**

- the bullet train 新幹線
- cherry blossom viewing 花見
- honorific language [terms] 敬語［敬語表現］
- the Great East Japan Earthquake 東日本大震災
- the universal healthcare system 国民皆保険制度
- the nine-year compulsory education system 9年間の義務教育制度

■ **動詞を用いたフレーズ**

- bow in greeting おじぎして挨拶する
- be prone to natural disasters 自然災害の影響を受けやすい
- enjoy a high standard of living 生活水準が高い
- express *one's* gratitude to 人（for 行為）～に感謝の気持ちを表す
- It's illegal [against the law] to *do* ~ in Japan. 日本で～することは違法である
- be designated [listed] as a UNESCO World Heritage Site
  ユネスコ世界遺産に認定［登録］されている

巻末スペシャルレクチャー ②

日本文化はこう発信せよ！ その2

厳選スコアUP表現10

では最後に、幅広く使える**定型表現**を例文とともに見ていきます。これらはさまざまなトピックで活用できるので、何度も音読して運用力を高めていきましょう。

089

1 be well known for ~ ～でよく知られている

主語は、Japan、Japanese people をはじめとして、都市名や日本のシステムなど幅広い語が来る。また、類語の be famous for も重要で、この応用である be **locally famous**（特定の地方で有名である）と be **internationally famous**（世界的に有名である）もあわせてチェック。

例 Japan's railway system **is well known for** its safety and punctuality.
日本の鉄道システムは、安全性と時間の正確さでよく知られている。

2 be considered (as) ~ ～だと考えられている

主語に、特定の行為を表す語を置いて使うことが多い。あわせて**consider A** (**as**) **B**（AをBと考える）の形も幅広く使えるので要チェック。

例1 Talking loudly on public transport **is considered rude** in Japan.
日本では、公共交通機関内で大声で話すことは失礼だと考えられている。

例2 Japanese people tend to love pets and **consider** them a part of the family.
日本人はペットに愛情を注ぎ、彼らを家族の一員と考える傾向にある。

3 be unique to Japanese culture [Japan] 日本文化（独自）のものである

主語に、日本文化独特の習慣や行事などを入れて使う。unique は「そこにしかない、オリジナルの」という意味。日本語の「ユニーク」とは意味が異なるので要注意。

例 | I think going out for a drink after work **is unique to** Japanese culture.

仕事終わりに飲みに行くことは、日本文化独特のものだと思います。

4 **be frowned upon** 嫌がられる、ひんしゅくを買う、よく思われない

嫌われる行為を表す際に使われる。frowned は /fráund/ と読むので注意。

例 | Being late **is frowned upon** and seen as bad manners in Japan.

日本では、遅刻は嫌がられる行為であり、マナーが悪いと思われます。

5 **tend to avoid ~** ～を避ける傾向にある

主語 "Japanese people" に続けて使うことが多く、敬遠することを avoid の目的語に入れれば OK。

例 | Japanese people **tend to avoid** the number four as it represents death.

日本人は、死を示す 4 という数字を避ける傾向にある。

6 **date back to ~** ～にさかのぼる

伝統文化や、歴史上の出来事について話す際に使う。目的語は、世紀や年代、または 15th-century Japan（15 世紀の日本）のような語を取る。

例 | The tea ceremony **dates back to** the 16th century and is a symbol of Japanese hospitality.

茶道は 16 世紀にさかのぼり、日本のおもてなしの象徴です。

7 **value** ～を重んじる、大切にする

能動態だけでなく、"XXX is valued in Japan."（XXX は日本で重んじられている）といった受け身でもよく使う。強調する場合は、"highly value" と表現する。

例 | Japanese people are taught to **value** politeness and good manners from a young age. They include using polite language to show respect, queuing in an orderly manner, and respecting the possessions of others.

日本人は、幼少期から、礼儀正しさと行儀を重んじるように教えられます。例えば、敬意を示すために丁寧な言葉を使うこと、きちんと列に並ぶこと、そして他人の物を大切にすることです。

8 It is common practice (for ~) to *do* ～するのは習慣である

この practice は「社会の習慣」という意味。バラエティとして、**It is customary to *do***（～するのが習慣である）も使えれば、表現力倍増！

例 **It's common practice for Japanese people to** go to a local Shinto shrine over the New Year period to wish for prosperity, better health, or academic success.

日本人は、お正月になると、商売繁盛や健康、学業成就などを願って、地元の神社にお参りに行くのが習慣です。

9 be commonly found / be a common sight よく見られる

ある光景や、花、木といった物体など、幅広い名詞を主語にして使える便利な表現。

例1 Vending machines **are commonly found** everywhere in Japan, from train stations to tourist attractions.

日本で自動販売機は、駅や観光地などいたるところでよく見られます。

例2 The *sugi* tree, which is known as the Japanese cedar, **is a common** sight across the country, from forests to parks.

スギの木は、日本のスギとして知られており、森や公園など国のあちこちでよく見られます。

10 Over the Christmas [holiday / New Year] period, Japanese people usually ~

クリスマス［長期休暇／年末年始］の時期、日本人はたいてい～

この表現は、上記の行事中に慣習的に行うことを述べる際に役立つ。usually 以降に行うことを述べれば OK。

例 **Over the Christmas period, Japanese people usually** decorate their homes, exchange gifts, and have a special meal at home or at a restaurant.

クリスマス期間中、日本人はたいてい家を飾り付けたり、プレゼントを交換したり、家やレストランで特別な食事をします。

巻末スペシャルレクチャー ③

音読練習 & 直前対策！

厳選例文 30

これまで学習した表現を中心に、30 の例文で総仕上げを行います。普段の音読練習として、またはテストの直前対策として取り組むのもおすすめです。以下の手順で学習を進めると効果的です。

Step 1 英文に一通り目を通し、日本語訳と語注を見ながら意味を確認する

Step 2 音声を聞いて発音を確認する

Step 3 自然に読めるようになるまで音読する（各英文毎日 10 回以上を推奨）

上記を終えたら、**例文中の表現を自分の言いたい内容に合わせて取り入れてみてください。**そうすることで、より定着し、運用力も UP します。それでは、頑張っていきましょう！

Part 1、Part 2 で使えるスコア UP 例文 20

▶基礎レベル ›››6.0 を確実に突破！ 090

(1) The success of the group project gave me a lot of confidence.

(2) If I had more time, I'd like to take up photography or painting.

(3) The annual fireworks display takes place in the middle of summer.

(4) I hear the town's tourist sites attract millions of visitors every year.

(5) There's quite a lot of traffic in my neighbourhood during rush hour.

(6) I want to give myself a challenge and learn something new next year.

(7) I try to make sure I eat a balanced diet and get plenty of exercise to stay fit.

(8) I used to struggle to make time for exercise, but it's become a habit for me to work out every day.

(9) I basically use public transport to get to and from work as it's more efficient and less stressful than using a car.

(10) I keep in touch with friends via a messaging app. I find it really convenient and quick, and I don't think I could live without it.

▶日本語訳・解説

(1) そのグループプロジェクトが成功して、とても自信がつきました。

(2) もしもっと時間があれば、写真か絵画を始めたいと思います。

□ take up ~　~を（趣味で）始める

(3) その毎年ある花火大会は、真夏に行われます。

□ annual　毎年の　□ take place　行われる

(4) その町の観光地は、毎年何百万人もの人が訪れるそうです。

□ tourist site　観光地　□ attract　~を引き付ける　□ millions of ~　何百万の~

(5) ラッシュアワー時、近隣では交通量がかなり増えます。

□ during rush hour　ラッシュアワー時は

(6) 来年は、自分自身に課題を与え、何か新しいことを学びたいと思います。

□ give myself a challenge　自分自身に課題を与える

(7) 健康を保つために、バランスのよい食事を取り、十分な運動を心がけています。

□ eat a balanced diet　バランスのよい食事を取る　□ stay fit　健康を保つ

(8) 昔は運動する時間をつくるのが大変でしたが、今では毎日の運動が習慣になりました。

□ struggle to *do*　~するのに苦労する　□ make time for ~　~の時間を作る
□ work out　運動する

(9) 時間的に効率がよくストレスも少ないので、普段の通勤は車よりも公共交通機関を使います。

□ get to and from work　通勤する　□ efficient　効率がよい

(10) メッセージ専用アプリを使って友達と連絡を取り合います。これはすごく便利で速いので、それがない生活は考えられません。

□ keep in touch with ~ ~と連絡を取り合う
□ could live without ~ ~なしでも生きていける
(→「もしもなくなったとしたら」という仮定法の用法)

▶標準~応用レベル ››› 7.0 を突破！ 091

(11) It's pretty exciting to work with people from diverse backgrounds and cultures.

(12) Autumn is the perfect season to explore the outdoors and enjoy the gentle sunshine.

(13) In my experience, local festivals are truly great examples of community spirit and tradition.

(14) The museum holds an extensive collection of historical objects and contemporary art.

(15) She's a very talented musician who manages to captivate her audiences with her soulful voice and expressive performances.

(16) I'm not a big fan of fast food. I'd normally only grab a burger if there's nowhere else open or there're no other restaurants around.

(17) If you're visiting Tokyo for the first time, after going to the main attractions, I'd recommend visiting the local art galleries for a change of pace.

(18) The restaurant always has a nice vibe, and offers a wide variety of dishes made from local ingredients at a reasonable price. I think it's a great place for both casual dining and special occasions.

(19) I think it's definitely better to go to a live concert rather than listen to a recording because you can experience the atmosphere of the concert hall, feel the energy of the crowd, and even get inspiration from the performers.

(20) The story was first adapted into a film ten years ago, which became a global box-office hit. The success not only brought the cast and the director international fame, but also had a huge economic impact on the locations featured in the film.

▶ **日本語訳**

(11) 幅広いバックグラウンドや文化を持った人たちと働くことは、なかなか刺激的です。

□ diverse 多様な

(12) 秋は、野外を探索し、穏やかな日差しを楽しむのに最適な季節です。

□ explore the outdoors 野外を散策する □ gentle 穏やかな

(13) 私の経験では、地域の祭りはまさに共同体意識と伝統の素晴らしい例です。

□ truly 真に □ community spirit 共同体意識

(14) その博物館は、多数の歴史的遺物や、現代美術品を収蔵しています。

□ hold ～を収蔵する □ an extensive collection of ~ ～の多数のコレクション

(15) 彼女は、気持ちのこもった歌声と表現力豊かなパフォーマンスで聴衆を魅了する、とても才能のあるミュージシャンです。

□ captivate ～を魅了する □ soulful 気持ちのこもった □ expressive 表現力豊かな

(16) 私はファストフードがあまり好きではありません。普段は、他に開いているところがないか、周りに他のレストランがない場合にしか、ハンバーガーを食べません。

□ grab ～を軽く食べる

(17) 初めて東京を訪れるなら、主要な観光スポットを回った後、気分転換に地元のアートギャラリーを訪れるのがおすすめです。

□ for a change of pace 気分転換に

(18) そのレストランはいつも雰囲気がよく、地元の食材で作ったさまざまな料理を手頃な価格で提供しています。カジュアルな食事や特別な行事にも最適な場所だと思います。

□ a nice vibe よい雰囲気 □ local ingredients 地元の食材
□ at a reasonable price お手頃な価格で

(19) 録音された音声を聞くよりも、ライブに行く方が絶対いいです。それは、コンサート会場の雰囲気を味わえたり、観客のエネルギーを感じられたり、さらには演者から刺激をもらえたりするからです。

□ experience the atmosphere of ~ ～の雰囲気を体験する
□ get inspiration from ～から刺激を得る

(20) その物語は、10 年前に初めて映画化され、世界中で大ヒットしました。この成功は、キャストや監督に国際的な名声をもたらしただけでなく、映画に登場した場所にも大きな経済効果をもたらしました。

□ be adapted into a film 映画化される □ box-office hit 大ヒット
□ bring ~ international fame ~を世界的に有名にする □ cast 出演者

Part 3 で使えるスコア UP 例文 20

092

(21) Healthy eating habits help prevent various health problems, such as cancer and heart disease.

(22) It's important for families to prioritise spending quality time with each other whenever possible.

(23) E-learning has grown in popularity and is now considered to be a flexible and convenient option for education.

(24) Job satisfaction is often influenced by factors, such as work-life balance and professional growth opportunities.

(25) While social media helps keep you updated and connected, it can also create unrealistic expectations and affect self-esteem.

(26) It's essential to implement sustainable tourism practices to minimise the negative impact on local environments.

(27) Internships give students a better understanding of the real world, and help them think seriously about job applications and potential employers.

(28) A teacher should act as a role model and set a good example, as their behaviour and values have a significant influence on students' development.

(29) People's lives are increasingly controlled by technology these days, especially children, so it's crucial that parents set screentime limits to avoid internet addiction and keep an eye on what they are viewing.

(30) Natural disasters, such as flooding and earthquakes have a devastating impact on communities. For example, thousands of people lose their homes and suffer from lack of access to food, shelter and medical care.

▸ **日本語訳**

(21) 健康的な食生活は、がんや心臓病といった健康上のさまざまな問題を防ぐ助けになります。

(22) 可能な限り、家族は互いに充実した時間を過ごすことを優先するのが重要です。

☐ prioritise ～を優先する ☐ spend quality time 充実した時間を過ごす
☐ whenever possible 可能な時はいつでも

(23) E ラーニングは人気が高まり、今では柔軟かつ便利な教育の選択肢として考えられている。

☐ grow in popularity 人気が高まる ☐ flexible 柔軟な

(24) 仕事の満足度は、ワークライフバランスや、職業上の成長機会といった要素に影響されることがよくあります。

☐ job satisfaction 仕事の満足度 ☐ growth opportunities 成長できる機会

(25) SNS は最新の情報が得られ人とつながることに役立つ一方で、非現実的な期待を生み出したり、自尊心に悪影響を与えたりします。

☐ unrealistic 非現実的な ☐ self-esteem 自尊心

(26) 現地の環境への悪影響を最小限に抑えるために、持続可能な観光の実施が不可欠です。

☐ implement 実施する ☐ minimise ～を最小限に抑える

(27) インターンシップは、学生が実社会をより深く理解し、就職活動や就職先の候補について真剣に考えるきっかけになります。

☐ give ~ a better understanding of ... ～は…をより理解できるようになる
☐ the real world 実社会 ☐ potential employer 就職先の候補

(28) 教師の行動や価値観は生徒の成長に大きな影響を与えるため、教師はロールモデルとして行動し、よい手本を示す必要があります。

☐ have a significant influence on ~ ～に重大な影響を与える

(29) 人々の、とりわけ子どもの生活は今日ますますテクノロジーによって支配されているため、インターネット中毒にならないよう、保護者はスクリーンタイムの制限を設け、彼らが視聴している内容に目を光らせることが重要です。

□ crucial 極めて重要な □ set screentime limits スクリーンタイムに制限を設ける
□ internet addiction インターネット中毒 □ keep an eye on ~ ~を監視する

(30) 洪水や地震などの自然災害は、地域社会に壊滅的な影響を及ぼします。例えば、何千人もの人々が家を失い、食料、避難所、医療へのアクセス不足に苦しみます。

□ have a devastating impact on ~に壊滅的な影響を与える

[著者紹介]

小谷延良（こたに のぶよし）／**James**

マッコーリー大学翻訳・通訳学・応用言語学修士課程修了。ケンブリッジ大学認定教員資格 CELTA、レスター大学でアカデミック英語指導者学位を取得。大阪府立高校、東京都市大学を経て、現在は横浜市立大学専任講師・明治学院大学非常勤講師。11年で1,800人以上を指導し、受験は5カ国で70回を超えるMr. IELTS。ワークショップや講演活動に加え、IELTSオンラインスクールの運営も行う。ライティングは8.0以上を14回、スピーキングは8.0以上を24回取得。主な著書に『はじめてのIELTS 全パート総合対策』（アスク出版）、『IELTS ライティング徹底攻略』（語研）がある。Twitter（現X）でもIELTS情報を発信中。フォロワーは1万7,000人を超える。

☞ 限定5大追加特典教材・最新情報・講座、イベント案内の受け取りはこちらから！

新セルフスタディ

IELTS スピーキング完全攻略

2023年7月5日 初版発行
2024年4月20日 第2刷発行

著　者　小谷延良

発行者　伊藤秀樹
発行所　株式会社 ジャパンタイムズ出版
〒102-0082 東京都千代田区一番町2-2 一番町第二TGビル2F
ウェブサイト https://jtpublishing.co.jp/
印刷所　日経印刷株式会社

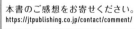

本書の内容に関するお問い合わせは、上記ウェブサイトまたは郵便でお受けいたします。
定価はカバーに表示してあります。

万一、乱丁落丁のある場合は、送料当社負担でお取り替えいたします。
ジャパンタイムズ出版・出版営業部あてにお送りください。
Printed in Japan　ISBN 978-4-7890-1861-6

本書のご感想をお寄せください。
https://jtpublishing.co.jp/contact/comment/